APPROCHES COGNITIVES
DE LA CRÉATION ARTISTIQUE

 *PHILOSOPHIE ET LANGAGE*

Sous la direction de Mario Borillo

Approches cognitives de la création artistique

MARDAGA

© 2005 Pierre Mardaga éditeur
Hayen, 11 - B-4140 Sprimont (Belgique)
D. 2005-0024-01

REMERCIEMENTS

Ce livre n'aurait probablement pas vu le jour sans les Rencontres «Art/Sciences de la Cognition» dont il tire une bonne part de sa substance et qui ont été accueillies par le Musée d'Art Moderne et Contemporain de Toulouse (Les Abattoirs).

C'est ici le lieu pour remercier leur Comité de Pilotage : Catherine Gadon (Service Culture de l'UPS), Jean-Pierre Goulette (École d'Architecture de Toulouse), Philippe Joly (Institut de Recherche en Informatique de Toulouse), Bernard Thon (Laboratoire Acquisition et Transmission des Habiletés Motrices), Simon Thorpe (Laboratoire Cerveau et Cognition).

Et très spécialement Catherine Gadon qui, en sa qualité de Responsable du Service Culture de l'Université Paul-Sabatier, a apporté une contribution décisive à la tenue des Rencontres et à la préparation de cet ouvrage.

Enfin, comment ne pas être également reconnaissants à Alain Mousseigne et à son équipe du Musée des Abattoirs, grâce à qui cette première passerelle a pu être jetée entre Art et Cognition, sur les lieux mêmes de la création contemporaine.

Pour entrer dans ce livre...

Les textes que l'on trouvera ici sont issus des Rencontres « Art/Sciences de la Cognition » qui ont eu lieu en mars 2002 au Musée d'Art Moderne et Contemporain de Toulouse (*Les Abattoirs*) et dont l'objet était de poursuivre une réflexion entamée depuis quelques années[1] sur le regard nouveau que le développement des Sciences de la Cognition permet de porter sur certains des aspects les plus intimes de notre relation à l'œuvre d'art, qu'il s'agisse de sa conception et de sa réalisation ou, sur un tout autre plan, des facettes multiples de sa jouissance.

Il serait vain de prétendre définir en quelques lignes la mosaïque que composent les problèmes de toute nature associés à une telle ambition — qui pourrait courir des processus neuropsychologiques de la perception à l'émergence de la signification dans les systèmes symboliques, en passant par les diverses modalités individuelles et sociétales qui entrent dans la formation de la sensibilité, de l'émotion et finalement de la culture. Quel est le rôle de tel constituant biologique ou symbolique de notre système cognitif dans la création et/ou dans la contemplation et l'interprétation de l'œuvre d'art? Comment l'isoler? Comment le décrire au niveau empirique ou, sur un plan théorique, exprimer ses fonctionnalités en termes formels? Comment se compose-t-il éventuellement avec d'autres constituants, la vue avec l'ouïe, avec le toucher... dans la réalisation ou la jouissance de l'œuvre? Quelle est la nature des états mentaux — l'émotion... — qui habitent le sujet confronté à la signification, à l'esthétique de l'œuvre? Etc. La liste potentielle des questions ainsi ouvertes est en effet fort longue et complexe, puisqu'elle ne vise à rien de moins qu'à découvrir jusqu'où pourrait porter le regard exigeant de la raison dans un domaine qui s'est largement constitué à ses antipodes.

Nous sommes loin de prétendre à de telles ambitions. Si la simple combinatoire des problèmes énumérés ci-dessus suffit à convaincre de la difficulté, pour le moins, d'une conceptualisation précise organisant ce que serait un « programme » de cette sorte, il n'en reste pas moins qu'un champ d'investigation nouveau s'ouvre aujourd'hui à l'étude scientifique, celui du rôle de la cognition, dans ses multiples composantes, comme instrument d'une compréhension plus intime de ce territoire

---

[1] *Cognition et création. Explorations cognitives des processus de conception*, sous la direction de M. Borillo, J.-P. Goulette, Pierre Mardaga éditeur, Liège, 2002.

inédit. En témoignent effectivement les contributions rassemblées sous cette couverture, ainsi que les déjà nombreuses références auxquelles elles renvoient. Il est remarquable que les chercheurs qui apportent ici leurs contributions à cette tâche couvrent l'arc transdisciplinaire des Sciences de la Cognition : dans ce cas, la neuropsychologie, la psychologie, la linguistique, la logique et l'informatique, enfin la philosophie, dont le rôle est essentiel pour baliser conceptuellement un territoire aussi nouveau que celui que l'on se propose de faire émerger à propos de l'art, tout en assurant sa consistance ontologique et épistémique.

L'ouvrage est organisé en deux parties. La Partie I propose précisément les éléments d'une réflexion qui, inscrite dans le cadre général d'une philosophie de la cognition, définit l'«algèbre» subtile qui articule quelques-uns des principaux éléments qui composent le territoire problématique de l'art : pour n'en citer que quelques-uns, les modalités de la perception et leurs rapports à la symbolisation et à l'esthétique, les problèmes théoriques de la représentation des processus et des structures artistiques, l'émergence de l'émotion et son inscription dans la culture...

Dans la Partie II, on présente un ensemble de travaux expérimentaux et formels qui témoignent avec précision, à travers un certain nombre d'études particulières, de la fécondité de diverses recherches conduites dans le cadre conceptuel esquissé dans la Partie I. Dans leur diversité, ces recherches plus circonscrites tentent de mettre en lumière et de représenter la nature et le rôle des composantes du système cognitif pour des modes d'expression aussi divers que la musique, la danse, l'architecture, la composition de parfums...

Peut-être les résultats obtenus illustrent-ils tout d'abord la complémentarité de ces deux volets, la nécessité d'associer aujourd'hui la réflexion métathéorique à tout travail empirique; mais ils établissent aussi, et c'est probablement le plus important, que malgré l'originalité et la difficulté reconnues à ce questionnement, des lumières nouvelles peuvent commencer à être apportées au sujet du socle cognitif sur lequel reposent les activités artistiques. De cela, de cette manière de s'exposer, tous les auteurs doivent être remerciés.

Pourquoi ne pas imaginer que par ce détour peut-être inattendu, en soumettant à la science des questions inédites qui touchent au plus intime de nous-mêmes, il se pourrait qu'à terme l'art contribue à l'approfondissement du savoir rationnel, en particulier sur cette terre encore largement *incognita* qu'est l'univers de notre cognition.

Mario Borillo

PREMIÈRE PARTIE

BALISES POUR UN TERRITOIRE ÉMERGENT

Les émotions esthétiques

Pierre Livet

Département de Philosophie, Université de Provence, Aix-en-Provence

INTRODUCTION

À première vue, les émotions esthétiques consistent simplement dans des affects qui soustendent immédiatement un jugement de valeur esthétique (c'est beau ou non, c'est sublime, agréable, etc.), face à n'importe quel objet ou spectacle. Mais en fait, il est plus intéressant de commencer d'abord par se demander ce que sont les émotions ressenties à la vue ou à l'audition d'œuvres reconnues socialement comme œuvres d'art, par exemple à l'écoute d'œuvres de musique (ou de poésie et de théâtre), sans poser dès le départ la question de leur valeur. Car si le problème de savoir comment nos affects peuvent nous mener à un jugement de valeur est très difficile, d'autres difficultés se présentent dès ce premier niveau, quand nous nous demandons si les émotions ressenties dans des conditions «esthétisantes» sont similaires ou différentes des émotions «non esthétiques». Nous reviendrons *in fine* au problème du rapport entre émotions dans le domaine de l'esthétique et jugements de valeur esthétique. Dans un premier temps, nous utiliserons donc l'expression «émotions esthétiques» comme un raccourci pour «émotions ressenties dans des domaines de perception liés à des œuvres d'art où à des situations culturellement esthétisées» (comme les paysages du genre coucher du soleil, montagnes, etc.). La notion d'œuvre d'art est prise ici dans son acception culturelle et sociale (ce qui est reconnu par une communauté comme œuvre d'art).

1. DIFFICULTÉS

Les émotions esthétiques ne sont pas apparemment affectivement déterminées de la même manière que le sont des émotions supposées « de base » comme la peur ou le contentement. Il n'est pas totalement évident qu'elles se situent toutes dans le domaine du contentement. De plus et surtout, elles n'ont pas un contenu intentionnel aussi déterminé que par exemple la jalousie, l'indignation, la culpabilité ou la révolte.

Quand on veut relier impressions esthétiques et émotions, on rencontre bien des problèmes.

1) On ne peut pas soutenir que toute musique, peinture, sculpture, architecture exprime une émotion bien déterminée, mais on ne peut pas soutenir non plus qu'elle n'exprime pas une émotion et que cette émotion n'entre pas dans l'appréhension esthétique

2) On ne peut pas soutenir qu'il existe une émotion spécifique à un art ou un type d'œuvre voire à une œuvre, parce qu'on ressent aussi des émotions similaires pour d'autres œuvres ou d'autres arts, et qu'on ne peut pas définir cette émotion spécifique et intrinsèque.

3) On ne peut pas soutenir qu'une œuvre d'art transmet l'émotion de son auteur. Sinon l'œuvre ne susciterait pas en elle-même l'émotion, ce qui semble être le cas.

4) On ne peut pas soutenir qu'une œuvre d'art exprime une émotion par analogie ou similarités avec l'expression humaine des émotions (cela pourrait marcher pour les portraits, la danse, mais pour la musique déjà cela pose des problèmes, et *a fortiori* pour l'architecture).

5) Il semblerait possible cependant de dire que nous ressentons une émotion non pas parce que l'œuvre présente une similarité avec une expression d'émotion, mais parce que nous faisons semblant, faisons comme si (make-believe) l'œuvre exprimait cette émotion (Walton). Mais il reste à savoir pourquoi nous faisons comme si en écoutant de la musique, voyant un tableau, etc., et de plus l'émotion du faire comme si ne semble pas être une émotion réelle, ou du moins la théorie du faire comme si n'explique pas du tout en quoi ce pourrait être une émotion réelle.

6) Même si on donnait une solution à ces problèmes, il resterait à distinguer en quoi cette émotion est esthétique. Cela semble lié à un jugement de valeur (qui devrait au moins être justifié *prima facie* par l'émotion).

Mais comment avoir une émotion qui produise par là même un jugement de valeur ?

On peut tout d'abord se débarrasser du problème non résolu par la théorie du make-believe. Il suffit de concevoir l'émotion comme la perception et/ou cognition d'un différentiel entre nos perceptions et actions en cours et une nouvelle situation, différentiel apprécié affectivement selon nos préférences en cours. Or, nous pouvons, quand nous imaginons une situation, déclencher les attentes et quasi-activités en cours qui présentent le même différentiel avec la nouvelle information que les vraies activités en cours. L'émotion est cependant un peu atténuée par le fait qu'aucune réponse réactive n'est nécessaire. Mais elle peut sinon être tout aussi vive (d'autant que nous devons inhiber nos réactions motrices, ce qui peut intensifier l'émotion).

Mais le problème principal est là : ce n'est pas visiblement au niveau des émotions qui ont un contenu culturel très précis et dont le scénario de la situation qui les produit peut être reconstruit à partir de l'émotion, que nous pouvons directement trouver les émotions esthétiques. Non pas que les émotions très bien définies dans le contenu intentionnel, comme l'indignation pour la mort de Webern, tué par un GI, ou la connaissance d'une situation dramatique précise dans un opéra, ne puissent influencer nos émotions esthétiques. Mais nous pouvons avoir des émotions esthétiques sans connaître le destin tragique de Webern, et être ému par un air d'opéra sans même savoir de quoi il parle et dans quelle situation dramatique il se situe. Or, les émotions esthétiques qui nous posent problème sont justement ces émotions qui peuvent se produire indépendamment de ces savoirs des situations. Les autres sont expliquées, précisément, par notre connaissance des situations et de leurs enjeux.

Nous ne pouvons pas non plus, semble-t-il, associer directement les émotions esthétiques avec les émotions dites de base, qui dessinent notre espace affectif, comme la peur, la colère, la tristesse, le dégoût et le contentement et la surprise. En elles-mêmes, ces émotions ne sont pas esthétiques.

2. ÉMOTIONS ESTHÉTIQUES, DYNAMIQUES D'HUMEUR, ET DIMENSIONS AFFECTIVES

Nous pouvons alors revenir à un niveau moins spécifié encore, celui des humeurs, que nous concevons simplement comme des dynamiques affectives à plus ou moins long terme, que nous allons préciser. Dans un deuxième temps, nous pourrons montrer que les émotions esthétiques s'analysent plus finement dans les termes des dimensions affectives, qui dessinent les différenciations sur le fond desquelles les émotions de base se définissent. Dans un troisième temps, nous ferons une analyse encore plus fine des processus de révision perceptive, et de reconnaissances de cohérence entre révisions, qui nous permettront de poser les bases de nos jugements de valeur esthétique.

Les humeurs sont liées à nos dynamiques actionnelles. Nous sommes d'humeur positive quand nous avons tendance soit à nous activer sans obstacle, soit à nous reposer sans inquiétude, et nous sommes d'humeur négative quand nous nous sentons contraints soit à nous activer de manière à réagir à des obstacles ou des agressions, soit à diminuer notre activité en cours. Il y a donc deux aspects dans les humeurs, la relation au monde qui nous est favorable ou défavorable, et la dynamique qui relance notre activité, ou la contraint à diminuer, avec un passage par le repos.

Les objets esthétiques produisent des humeurs relativement déterminables, ou du moins ils ne permettent pas certaines humeurs. Ainsi, nous ne pouvons pas nous sentir alertes et excités de manière rapide en entendant un adagio. Inversement, nous ne pouvons pas nous sentir reposés et alanguis en entendant un ensemble rapide de sons heurtés et de forte intensité.

Dans le domaine plastique, de même, nous ne pouvons pas ressentir une humeur de repos en voyant des couleurs très vives et très contrastées, et nous ne pouvons pas ressentir une humeur d'activité violente en voyant des couleurs pastels peu différenciées dans leurs contrastes.

Dans le domaine de la sculpture, nous ne pouvons pas nous sentir dans la même humeur en voyant des formes arrondies et des courbes douces, et des formes anguleuses hérissées de pointes dans différents sens.

Dans l'architecture, nous ne pouvons pas non plus nous sentir à l'aise et reposés devant des pans qui basculent à l'encontre de nos prolongements perspectifs, ou qui nous surplombent de manière écrasante, et nous ne pouvons pas nous sentir agités et violents devant des lignes fluides et qui préservent des dimensions à notre taille, ou bien qui sont reliées à notre taille dans leur apparence perspective.

Il semble donc que les affects qui soient les plus reconnaissables dans le domaine esthétique soient les humeurs liées à une dynamique d'activation ou de repos, au tonus, à la motricité, à la rythmicité et aux postures, ainsi qu'à une relation positive ou négative avec le monde environnant, plus qu'à des affects particuliers.

Ici déjà se pose un problème classique : puisque nous devons en principe trouver du plaisir dans ce que nous considérons comme esthétique, pourquoi des humeurs négatives pourraient-elles produire une impression esthétique ? Pour l'instant, nous ne pouvons donner qu'une réponse partielle (il faudra attendre l'analyse des révisions pour donner une réponse plus élaborée). Les objets esthétiques suscitent en nous une activité perceptive d'accompagnement. Notre humeur de fond est donc positive (le monde est en connivence avec nous). Mais sur le fond de cette humeur de base, nous pouvons vivre des dynamiques humorales qui sont associées soit aux humeurs positives, soit aux humeurs négatives, parce que même une fois installée une relation favorable avec notre environnement, nous pouvons être sensibles à l'opposition entre une relance de notre activité, un repos, ou une contrainte de diminution de cette activité.

C'est là un premier niveau d'analyse des émotions esthétiques, mais il reste assez grossier. Or, une fois qu'on a ancré les émotions dans les domaines de l'art sur le terrain des humeurs liées à l'activation, au repos, et à la contrainte de diminuer notre activité, on peut y rajouter des orientations plus spécifiques que nous retrouvons par ailleurs, dans le domaine affectif de base, liées à la colère, à la peur, la tristesse, d'une part, et au contentement, de l'autre.

Cela exige que l'on n'en revienne pas à la peur, au dégoût, à la colère, etc., mais bien aux dimensions affectives qui les organisent entre elles. Les émotions esthétiques, n'étant pas autant marquées par des scénarios particuliers, sont plus facilement analysables dans les termes de ces dimensions affectives que nous pouvons reconnaître derrière les émotions dites de base. Il s'agit tout d'abord de l'opposition entre situations favorables et situations défavorables, avec la surprise comme terme neutre ; la division entre un mode de rapport au monde où le monde nous envahit (une onde) et un rapport au monde où il intervient de manière ciblée (un vecteur) ; la division entre une réaction à ce rapport au monde qui consiste à lui céder et à abandonner nos activités en cours et une réaction qui consiste à les maintenir. Ces dimensions affectives donnent, par croisement, la tristesse (invasion, l'on cède), le dégoût (invasion, l'on réagit), la colère (intervention, l'on réagit), la peur (intervention, l'on cède).

Pour éviter des malentendus, je rappelle que ces dimensions ne structurent pas un véritable espace (comme les dimensions de Putchick, calquées sur l'organisation perceptive des couleurs), mais assurent

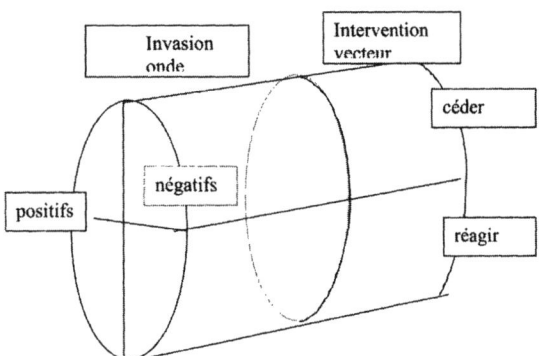

simplement que deux émotions proches et qui peuvent se mêler soient proches l'une de l'autre dans cet espace. De même, bien des émotions culturelles pourront occuper plusieurs régions de cet espace, et non pas un seul point. Le principe est que plus les émotions sont culturelles, plus elles sont définies par des scénarios précis, et moins elles ont besoin de se situer précisément dans l'espace affectif, et qu'inversement, ce sont les émotions de base qui sont les plus précisément situées dans cet espace, encore qu'elles occupent toute une région.

Ecartons une difficulté : si les émotions esthétiques sont sensibles aux dimensions affectives qui organisent notre espace affectif de base, pourquoi ne produisent-elles pas directement les émotions de base (comme la peur ou la colère), ou, inversement, ne devrait-on pas en conclure que ces dimensions ne produisent pas directement nos émotions de base? La réponse est simple : les dimensions de l'espace affectif produisent nos émotions de base quand la réaction et réponse comportementale est incitée à se donner cours, ou qu'on doit faire un effort pour l'inhiber. Elles ne les produisent pas quand il n'est pas question d'une réponse comportementale développée, ni d'un effort d'inhibition. Dans la situation esthétique, la réponse comportementale se borne à accompagner quelque peu le rythme, ou à se mouvoir pour mieux percevoir d'autres aspects des objets, et l'effort d'inhibition de la réaction n'est donc pas bien grand. Dès lors, notre système affectif se borne à distinguer les tendances vectorielles des vecteurs de base de cet espace, sans déclencher la réaction comportementale dont le développement va de pair avec l'émotion de base. Le propre des situations esthétisantes est qu'elles n'exigent aucune réaction comportementale développée — même si nous pouvons avoir des débuts de mouvements de danse en entendant tel ou tel rythme. L'absence d'une véritable réaction d'opposition tient, comme on l'a vu, à ce que toute œuvre esthétique provoque une attitude d'accompagnement de la dynamique de formes qu'elle nous propose. Nous sommes mis dans une attitude «sympathétique» par les rythmes et scansions des formes de ce que nous voyons ou entendons. Cette attitude «accompagnante» est dictée par la mise en forme particulière des formes, des couleurs, des sons, qui est propre à toute production esthétique (naturelle ou artistique). L'objet esthétique est plus facilement mis en accompagnement avec nos processus de perception qu'un autre. On peut penser que c'est là une particularité intéressante et qui semble spécifique au domaine esthétique (le domaine religieux semble dicter des comportements plus développés). J'utilise «mise en accompagnement» plutôt que «mise en correspondance», parce que c'est dans la dynamique de notre perception que nous découvrons que les propriétés de l'objet relancent nos scansions perceptives.

Sur le fond commun de cette mise en accompagnement entre les structures des objets et les activités de notre perception, différentes dynamiques émotionnelles peuvent se faire jour, en empruntant les dimensions affectives de base, mais sans donner lieu à ce que nous appelons des émotions de base comme la peur ou la colère. Ainsi, nous pouvons ressentir le besoin de réagir vigoureusement quand nous entendons une musique avec des changements violents d'intensité et un rythme soutenu, mais notre réaction consiste simplement à accompagner le rythme de la musique et à anticiper la production du prochain accord. Elle ne consiste pas à nous mettre en colère. Ce n'est pas que des œuvres d'art ne puissent nous mettre en colère, comme en attestent les premières d'*Hernani* ou du *Sacre du Printemps*, ou des premiers Salons impressionnistes. Mais cette colère-là consiste justement à refuser l'œuvre d'art, à la disqualifier, et cela parce que le public n'arrive pas à accompagner la dynamique que lui propose l'œuvre, tout simplement parce qu'il n'a pas assez l'habitude de ce type de provocation à une dynamique, et qu'il ne sait pas comme s'y repérer. Nous pouvons aussi ressentir du dégoût pour une œuvre, dans les mêmes conditions. La peur proprement dite ne semble pas être une émotion que produisent directement les œuvres d'art, sinon en liaison avec un scénario. Les musiques d'ambiance des films à suspense ne feraient pas peur en dehors de la situation que présente le scénario. Mais nous pouvons ressentir une inquiétude devant les tableaux de Chirico. Le sentiment du sublime devant la nature implique la sublimation d'un sentiment de peur, qui se transforme en exaltation. De même, si nous entendons un son violent suivi de notes continues de très faible intensité, mais avec un crescendo très progressif, nous pourrons avoir une réaction qui a quelque similarité avec celle de la peur, puisque nous anticipons une nouvelle agression sonore, alors même que nous ne pouvons réagir en l'accompagnant comme dans l'exemple précédent, puisque nous n'entendons maintenant que des sons de faible intensité. Quand nous accompagnons la dynamique sonore de cette séquence, nous allons donc devoir nous laisser surprendre par la nouvelle agression sonore, ce qui crée une dynamique similaire à celle de la peur (nous devrons céder et changer notre activité en cours). Mais cela ne crée pas de peur. Simplement, la dynamique différentielle de notre affect présente des similarités avec la dynamique différentielle propre à une dimension de l'espace affectif.

Le fait que les émotions esthétiques retiennent seulement les « germes vectoriels » de nos dimensions affectives dans le domaine des émotions négatives explique à la fois qu'elles ne soient pas réductibles à des émotions de base positives, et qu'elles ne soient pas des émotions qui provoquent des affects pleinement négatifs, comme la peur, la colère, le dégoût, la tristesse. Mais elles ont cependant surtout pour caractéristique d'explorer plus finement que nos termes d'émotions de base le domaine des émotions positives et neutres, le domaine du contentement et de la surprise. Elles nous permettent de différencier nettement des invasions du monde et des interventions du monde, et des réactions qui consistent à réagir ou à céder, dans le domaine du contentement. Il est des formes rythmiques, harmoniques, mélodiques, qui nous portent à nous laisser envahir, et d'autres qui nous portent à réagir et à nous activer, ou bien à être « retournés » par l'intervention. Il nous est facile de nous laisser envahir quand c'est positif, et de participer à une activité dans les mêmes conditions. Nous pouvons aussi simplement nous laisser « retourner », sur le mode de la surprise, par une intervention esthétique qui fait du monde tout d'un coup un monde plus accueillant ou favorable (passage du mineur au majeur, qui résulte, rappelons-le, d'un apprentissage culturel).

Dans ces dimensions affectives, la distinction entre humeurs et émotions occurrentes est parfois difficile à faire, puisqu'une invasion peut durer longtemps, et qu'un mode réactif peut s'installer durablement. Mais les exemples que nous venons de prendre montrent que les émotions occurrentes sont légion dans le domaine esthétique. Simplement, d'une part, elles interviennent sur le fond des humeurs, en se présentant comme des changements par rapport à l'humeur mise en place, par exemple par des modulations (majeur, mineur, etc.), des changements d'harmonie de couleur dans une partie du tableau, des traits incisifs dans un tableau ou tout le reste est fait de formes plus brouillées, etc. Et, d'autre part, elles ne développent pas une pleine réponse comportementale émotionnelle, mais elles esquissent simplement les germes vectoriels des dimensions affectives. Enfin, nous y viendrons plus loin, elles ne se différencient pas tellement par l'ajout de scénarios intentionnels (sinon dans le théatre, le cinéma, la littérature), mais bien davantage par une structure dynamique très fine de révisions et de cohérences entre révisions, qui particularise chaque émotion.

Nous pouvons donc d'abord différencier nos émotions esthétiques, sur le fond de l'accompagnement positif nécessaire à toute expérience esthétique, selon leur polarité positive vers le contentement, ou négative, vers des émotions négatives comme la tristesse ou la mélancolie, la nostalgie, ou encore la participation à une souffrance, à une inquiétude ou à une révolte. Positifs et négatifs sont ici à comprendre dans leur orientation dynamique (puisque la relation à un monde favorable est présupposée), le positif comme accroissement de notre activité ou confirmation de notre repos, le négatif comme diminution contrainte de notre activité. Une position neutre est possible, quand nous sommes surpris, mais sans que cela nous amène à changer notre rythme d'activité.

Ces émotions, positives ou négatives, sont très fortement différenciées par ailleurs entre elles, d'abord selon une première opposition entre invasion (onde) et intervention (vecteur). Les répétitions, les variations continues, vont de pair avec un mode invasif, alors que les ruptures, les focalisations rapides, vont de pair avec une vectorialité interventionnelle. En musique, par exemple, on obtient un effet d'invasion par des rythmes répétitifs, par des effets de «batterie harmonique», par des tuilages harmoniques, etc. On obtient un effet d'intervention par des rythmes qui changent brutalement, et qui exigent une accélération ou une brusque baisse par rapport à nos rythmes corporels de base, ou encore par un soudain silence, par un accord avec dissonance non prévisible, par un changement de tonalité, par l'intervention d'un nouveau motif, la rentrée d'un thème de fugue, etc.

Une deuxième opposition se présente ensuite. Notre mode de réaction à l'invasion peut être de nous laisser envahir, et à l'intervention de nous laisser mobiliser ou retourner; ou bien il peut être de réagir en maintenant notre activité.

Nous pouvons rapidement évoquer des exemples, pris dans le domaine musical, des différentes combinaisons possibles.

Le triplet «invasion et réaction, positif» fait que nous recherchons activement les prochaines résonances. En musique, c'est la recherche d'une résolution attendue, ou encore du prochain temps fort, etc.

Dans le triplet «invasion, réaction, négatif», nous recherchons activement ce qui nous ferait échapper au train d'ondes qui nous envahit. En musique, c'est la recherche d'un retour au majeur si on est passé en mineur, c'est la recherche d'une rupture d'un rythme répétitif, etc.

Dans le triplet «invasion, céder, positif», nous nous laissons porter, ou bien nous nous activons simplement pour accompagner le rythme.

Dans le triplet «invasion, céder, négatif», nous renonçons à notre rythme et à notre dynamique d'activité pour suivre celle imposée par l'objet esthétique, et cela nous contraint à une diminution de notre activité. Par exemple, dans un ralentissement de rythme, dans un retour constant au mineur, dans une répétition de non-résolutions.

Le triplet «intervention, céder, positif» donne lieu à une modification de notre activité qui suit le rythme imposé, mais cela augmente notre activité, ou nous permet un repos (accélération, crescendo, retour d'une syncope).

Le triplet «intervention, céder, négatif» nous fait céder au retournement et au dérangement imposé (accord qui intervient brutalement, rupture de rythme).

Le triplet «intervention, réagir, positif» nous fait maintenir notre dynamique précédente, mais elle est en quelque sorte renforcée par l'intervention (recherche du contre-sujet, empilement de rythmes différents).

Le triplet «intervention, réagir, négatif» nous fait résister à l'intervention en recherchant des résonances différentes (pour un accord dissonant, l'attente d'un retour à la tonalité).

On peut trouver des équivalents en peinture : les interventions imposent des formes saillantes et des taches de couleur, les invasions procèdent par installation d'accord de formes à différents niveaux du tableau et par dégradés de couleurs. Le même procédé (un renforcement des contours en noir, par exemple) peut donner, s'il est omniprésent, une invasion et, s'il est isolé, une intervention.

Pour qu'il y ait émotion esthétique, il faut donc installer une humeur d'arrière-plan, puis produire des émotions occurrentes par des différentiels par rapport à l'entretien de cette humeur, différentiels qui se diversifient selon les orientations propres des différentes dimensions affectives, telles que nous venons de les préciser. Un problème est que ces humeurs s'usent par la répétition. Ainsi, l'exemple de «peur» esthétique que nous avons donné ne pourrait fonctionner deux fois de suite. Il faut donc renouveler les arrière-plans d'humeurs par des variantes tout en réservant suffisamment d'homogénéité dans ces variations pour permettre à ces arrière-plans de présenter un différentiel reconnaissable pour des émotions de l'instant.

Mais notre analyse révèle un point important : il est très rare qu'on puisse installer une émotion esthétique artistique qui soit homogène. Si la mer ou des paysages de collines vont installer une invasion sans intervention, alors que tel pic montagneux est une intervention, les œuvres d'art combinent systématiquement les différentes dimensions affectives, invasion et intervention, réagir et céder. Même la musique répétitive de Reich, qui procède par invasion, introduit des transitions qui sont d'autant plus saillantes et qui apparaissent dans ce contexte comme des interventions alors que le même procédé aurait donné une invasion dans un autre contexte.

On peut penser que la mise en place des humeurs et des dynamiques de base par une œuvre d'art est universellement partagée. On peut penser que les humeurs de base ne dépendent pas des cultures (que l'on trouvera actives, violentes, pacifiantes, les mêmes musiques ou harmonies de couleur, à travers les cultures). En revanche, ces relations de contraste entre les humeurs et les émotions occurrentes peuvent exiger des conventions culturelles (ainsi, majeur/mineur), qui nécessitent un apprentissage assez long. C'est le rapport entre humeur et émotion occurrente, selon les grilles plus fines de l'espace des affects, qui exige les conventions et donc des constructions culturelles. Ainsi, nous trouvons dérangeants et inquiétants ou grotesques (une sorte de dégoût esthétisant) les masques de démons balinais avec leurs yeux exhorbités, mais ils sont faits sur le modèle des yeux européens par rapport aux yeux orientaux.

On note cependant à l'intérieur d'une même culture une labilité des émotions culturelles quand l'émotion ressentie est de celles qui sont liées à un scénario intentionnel plus précis que celui des émotions de base. Ainsi, *Ich habe genug* (cantate de Bach) est ressenti comme mélancolique ou comme plein de sérénité. Nous pouvons adopter les deux attitudes sur le fond d'une humeur ou d'une dynamique générale qui va vers le repos, et qui va bien avec un envahissement du monde auquel nous cédons, et non pas avec une intervention ciblée à laquelle nous réagirions ou céderions. L'humeur est donc invariante, mais l'interprétation culturelle dépend du scénario que nous évoquons mentalement. De même, nous pouvons entendre la *Reine de la Nuit* comme chantant des trilles de virtuose qui montreraient sa gaieté, ou bien savoir qu'elle est en colère. La connaissance du scénario change notre émotion, mais sans changer l'humeur ou la dynamique affective, qui reste une réactivité partagée à une intervention ciblée et une dynamique active.

3. RÉPONSE AUX OBJECTIONS

Cette approche répond à nos objections de départ.

1) Les œuvres d'art (ou leurs équivalents naturo-culturels) ne suscitent pas une émotion de base ni une émotion au scénario intentionnel bien précis. Elles évoquent des dynamiques d'humeur, sur le fond desquelles nous pouvons saisir les germes vectoriels des dimensions affectives dans des émotions occurrentes.

2) Il n'existe pas d'émotion spécifique à un art, puisque les dynamiques humorales peuvent se retrouver à travers différents arts. Cependant, certaines émotions semblent difficiles à suggérer (la peinture ne suggère pas la peur, mais peut suggérer le dégoût, et c'est l'inverse pour la musique).

3) Une œuvre d'art n'est pas censée transmettre l'émotion de son auteur, mais il peut utiliser une dynamique artistique qui transmet plutôt telle humeur et telle émotion occurrente, telle dimension affective, que telle autre.

4) L'analogie avec l'expression humaine des émotions est toujours possible, puisque la dynamique humorale et les dimensions affectives s'expriment dans les variations des expressions. Mais ce sont ces dimensions et ces dynamiques qui sont communes, pas les moyens expressifs qui varient entre les expressions faciales et posturales et les expressions propres à tel ou tel art, voire tel type d'œuvre d'art.

5) Le problème de l'émotion «comme si» a été résolu par une conception «différentialiste» de l'émotion en général.

6) Il reste donc à traiter le dernier problème : en quoi une émotion esthétique (au sens de «dans des domaines culturellement reconnus comme esthétisants») est-elle toujours conjointe à un jugement de valeur, et comment ce jugement de valeur se fonde-t-il sur cette émotion?

4. JUGEMENT DE VALEUR ET ÉMOTION ESTHÉTIQUE

Qu'en est-il donc de la valeur esthétique dans tout cela? Il semble que nous pourrions vivre une certaine dynamique ou certaines dimensions affectives à propos d'œuvres d'art qui ont des valeurs esthétiques tout à fait différentes.

Pour approcher des fondements de jugements de valeur artistiques, il nous faut développer le lien entre émotion (ou, du moins, dimensions affectives), et révision. L'émotion naissant d'un différentiel, elle nous suggère une révision de nos attentes. Ces révisions peuvent prendre des formes différentes. Au niveau de la perception esthétique, elles consistent, d'une part, en des modifications par rapport à des attentes, et, d'autre part, à des mises en place de cohérence entre révisions successives. Si une révision se répète, ce n'est plus une révision importante, et son retour peut même devenir une attente. C'est là un mode primaire de cohérence, mais, nous allons le voir, il y a bien d'autres modes de cohérence plus sophistiqués.

On peut voir dans cette approche une reviviscence de la théorie des rapports entre information et redondance, ou de l'idée de la réduction des tensions, mais elle permet des analyses plus raffinées. Mais la nouveauté, c'est de ne pas considérer un réduction de tension qui reviendrait à l'absence de tension initiale, mais au contraire de considérer les cohérences artistiques comme des cohérences entre révisions — donc entre tensions. Nous pouvons ainsi donner une réponse plus précise au problème évoqué plus haut. Les œuvres d'art nous plaisent alors même qu'elles peuvent évoquer des émotions négatives (tristesse, brutalité, etc.) parce qu'elles ne se bornent pas à nous imposer les révisions qui produisent en nous ces émotions, mais qu'elles construisent des cohérences entre ces émotions. Il est donc possible de considérer comme œuvres d'art des installations qui se proposent de nous faire percevoir des cohérences entre des choses supposées laides, violentes, dégoûtantes, ou, de manière plus complexe, des cohérences entre des révisions par rapport à des cohérences entre les révisions que met en branle notre colère, notre dégoût, etc.

Si donc une œuvre nous attire et nous suggère une dynamique, qu'elle nous amène ensuite à réviser nos anticipations perceptives (la continuation des dynamiques perceptives) tout en nous permettant de retrouver une cohérence entre chaque révision, et qu'elle permet ce retravail plusieurs fois, en articulant entre elles de manière complexe mais lisible les révisions et les cohérences, nous lui attribuerons une haute valeur esthétique, sinon elle aura une plus faible valeur.

Ce sont là des conditions nécessaires, si du moins nous donnons un sens précis (qui varie avec chaque type artistique et chaque culture artistique) à ce qu'est une révision et ce qu'est une cohérence, mais assurément pas des conditions suffisantes. Une œuvre d'art est celle qui nous donne une impression d'ensemble attirante parce qu'indiquant une dynamique, et qui nous permet une perception de détail plus complexe, modifiant cette dynamique localement sans la remettre en cause globalement, et ainsi de suite dans le détail. Il est cependant aussi possible que certaines proportions très simples soient suffisamment prégnantes pour nous attirer, mais alors nous n'aurons pas d'excitation ni d'émotion, mais seulement une humeur générale de satisfaction paisible ou de contentement actif. Ainsi, à un premier niveau global, la définition d'une dynamique d'humeur, à un second niveau plus différencié, l'excitation des dimensions affectives sont nécessaires au sentiment esthétique (et la présence d'émotions que l'on puisse nommer selon le vocabulaire ordinaire des émotions ne l'est pas) mais, de surcroît, au niveau même de la production de l'œuvre d'art, les émotions esthétiques résultent de cette combinaison de révision et de cohérence.

On peut sans doute observer expérimentalement ces révisions et cette cohérence, par exemple par l'analyse des saccades visuelles de celui qui regarde un tableau, une sculpture ou une architecture (les retours pourraient être liés à la recherche de cohérences). On pourrait aussi analyser de plus près les retours du regard pendant un plus long examen de l'œuvre, ou encore se demander quel est le rapport entre les mouvements de pinceau du peintre et ces mouvements du regard. La musique définit encore plus strictement, en fonction du type d'harmonie adoptée, ce qu'est une révision (par exemple une dissonance) et une cohérence (par exemple une résolution). On peut renvoyer ici au travaux de Stephen McAdams et Emmanuel Bigand, qui montrent que même les non musiciens sont sensibles à l'organisation tonale et à la hiérarchie des tons qu'elle implique, comme à la structuration rythmique, si bien qu'ils ont des anticipations et des préférences tonales, qui permettent de donner un sens précis à la notion de dynamique humorale (un certain type d'activation des anticipations qui accompagnent la musique) et à celles de dimensions affectives (certains types de différentiels qui produisent les germes vectoriels liés à nos émotions esthétiques occurrentes). On peut évidemment lier la notion de révision avec celle de tension, et la notion de cohérence avec celle de résolution, relier le jugement de valeur esthétique avec la richesse et la variété des tensions et des résolutions, mais on risque alors de ne pas pouvoir rendre compte du fait qu'il existe des cohérences de second ordre entre révisions. Or, ce fait est très important parce qu'il permet de comprendre comment une œuvre d'art installe elle-même dans la dynamique de sa perception une grande partie des cohérences qu'elle propose.

Je vais donner un exemple de cette analyse de la dynamique émotionnelle, qui procède non pas simplement par tension-réduction, mais par révision-cohérence, en prenant pour exemple les 18 premières mesures de l'Andantino de la sonate posthume en la majeur pour piano de Schubert. Une différence importante avec les analyses de Lerdahl, Jackendoff, de McAdams et Bigand, est que tout en devant, pour une musique tonale, présupposer la structure hiérarchique (tonique, dominante, etc.) qu'ils mettent en évidence, je n'ai pas besoin d'imposer leur postulat que cette hiérarchie n'est pas enchevêtrée, c'est-à-dire que les sous-articulations sont incluses dans les sur-articulations, et cela sans chevauchement possible. Il peut en effet y avoir superposition de plusieurs révisions et de plusieurs cohérences dans un segment musical, et les segments que découpent ces différentes révisions et cohérences superposées peuvent se chevaucher. L'idée principale est que (une fois admise l'organisation des gammes, quand on est en musique tonale), ce sont les révisions successives et les cohérences d'une révision à l'autre, ce que nous appelerons les *résolutions de révision par cohérences*, qui nous font peu à peu découvrir et constituer perceptivement l'organisation de la musique, et que c'est cette organisation progressive qui produit les émotions esthétiques et leurs différenciations selon les dimensions que nous avons dégagées. Il est donc possible, selon cette théorie, qu'une musique nous fasse découvrir son organisation alors que nous n'avons pas fait préalablement l'apprentissage de structures harmoniques qu'elle aurait en commun avec d'autres musiques.

Dans cette analyse, nous soulignerons d'une part les types de cohérence entre révisions, d'autre part les dimensions affectives mises en jeu.

Andatino de la sonate pour piano en la majeur, posthume, de Schubert, 18 premières mesures.

1re révision : à la basse ; do#3 do#2 ; balancement binaire accentué dans un rythme ternaire, et sur les temps faibles ; ce qui les renforce, et donc ralentit la progression (le basculement vers le temps fort suivant) (*cohérence par répétition*) (*invasion* et pas intervention).

2e révision : à la basse, le mi bécarre indique qu'on est en fa# mineur, contrairement à l'attente que «la» soit la tonique (révision de la *cohérence harmonique*) (on passe au négatif : le mineur n'est pas en soi *négatif*, mais bien le passage d'une attente majeure à du mineur).

3e révision (si la, sol# la, do# la, sol#) ornement plus que mélodie. *Cohérence par morphisme* entre si la et do la comme appoggiatures (un ornement est une *intervention*, mais elle est ici *relativisée* par reprise et par rapport à une intervention plus forte qui serait le développement d'une mélodie).

4ᵉ révision «sol#» : ne se réduit pas en «fa#». Révision de la cohérence harmonique. Intervention à laquelle il faut se résigner. Mais l'intervention est répétée (sol est une des deux notes de base de la mélodie), donc *invasion négative à laquelle on cède*. Tristesse).

5ᵉ révision : do#, ré#; non-répétition de la mélodie; au lieu de commencer par la tierce mineure, on commence par la dominante de fa# (do#) (qui est donc la quinte, au lieu avant de la tierce de fa, la) en sautant d'un intervalle de quarte majeure (sol/do); au lieu de descendre d'un ton, on monte d'un demi-ton (cette diminution annule l'effet positif d'appel au majeur : *révision révisée*).

6ᵉ révision re# do# do# si si la sol#; au lieu de tourner autour du ton, on redescend de quatre tons (quinte diminuée) (cette descente annule l'effet positif de montée : *révision révisée*). On arrive donc de nouveau au «sol», mais par des chemins symétriques (descente, montée). *Cohérence par symétrie*, mais biaisée (révisée) par une diminution (diminution = *négatif*).

7ᵉ révision *idem*. Une descente remplace l'ornement (révision sur le fond d'une cohérence par répétition d'une révision déjà introduite – 3ᵉ : *révision de cohérence*). *Négatif*, à cause de la descente.

8ᵉ révision *idem*. Redoublements de notes dans la descente (cohérence de morphisme avec 1ʳᵉ révision à la basse, alors même que le redoublement cesse à la basse, où on trouve une descente à la tierce avec la descente mélodique; révision *compensée immédiatement* par une cohérence); cohérence de morphisme (redoublement de notes – redoublement de figure) avec la cohérence de morphisme de la 3ᵉ révision (si la; do la) = *cohérence de morphismes de second ordre*. *Invasion* par la répétition.

9ᵉ révision (mi# fa# mi# fa# mi#). Accords à la partie haute au lieu de la mélodie nue. Réaffirmation de la tonalité mineure (cohérence harmonique) (*négatif, invasion*).

10ᵉ révision : sol#, répétition de la non-résolution en fa#; cohérence par répétition, mais *cohérence de second ordre entre révisions* (répétition non seulement de notes, mais de révisions). Ce n'est plus une intervention, mais une invasion, à laquelle il faut céder.

10ᵉ révision la, sol#, etc. Répétition de la précédente cellule au lieu d'une autre mélodie. Cohérence immédiate par répétition, mais d'une structure plus vaste (*cohérence par répétition à un niveau plus global*) (invasion : onde).

11ᵉ révision : au lieu de faire un saut de quarte majeure (sol#/do#), on fait un saut de tierce mineure (sol#/si). Il prépare une descente conclusive de quarte (si/fa#), au lieu d'une descente de quinte diminuée (ré# sol#). On a donc réduit les intervalles par rapport aux révisions 5 et 6. C'est une révision introduisant une *anamorphose* (*biaiser un morphisme*) *entre révisions*. *Négatif* (réduction). L'innovation pourrait être une intervention (modification de la mélodie) mais elle est biaisée par une réduction, donc atténuée (une *intervention atténuée*). Si on veut réagir activement, on est obligé de céder.

12ᵉ révision : à la basse, pédale de ré et non plus de do. C'est une cohérence harmonique avec la révision 11.

13ᵉ révision : si-fa#, la-fa#; accords sur la mélodie (non sur la cellule ornement-descente) qui rappellent la tonique mineure fa# (donc cohérence harmonique) (négatif encore).

14ᵉ révision : dans l'ornement, on supprime une note de trille (fa#) par rapport au premier ornement (3ᵉ révision). Cela donne un redoublement de plus (*invasion*). C'est donc une *révision par rapport à un isomorphisme*, mais qui donne une *cohérence de morphisme* (autre révision *immédiatement compensée*). De plus, cela permet d'éviter, dans toute la partie mélodique, d'avoir cité la tonique fa# (non conclusivité de la mélodie, sauf à la fin : *mise en suspens*). Une autre cohérence de morphisme : l'ornement comporte des accords comme la deuxième descente — qui préparent la tonique, puisqu'ils utilisent la sensible — cohérence harmonique). Nous avons donc des cohérences non seulement entre cohérences de morphisme — des cohérences de second ordre, mais des cohérences entre cohérences de différents type (harmonique et de morphisme). Donc des *cohérences au second ordre et entre différents types*. Et toujours invasion et mise en suspens (inquiétude).

15ᵉ révision «la» au lieu de fa#. Suspension de la résolution, *cohérence entre révisions* (suspension des deux sols) (inquiétude comme invasion).

16ᵉ révision. Enfin fa#. À la cohérence de la répétition de l'ornement s'ajoute la révision de la suspension, donc la survenue conclusive de la tonique (révision résolue par la cohérence harmonique). C'est aussi résoudre la révision 11, saut de tierce mineure et biais de réduction. Là encore, on a une cohérence de second ordre et de différents types. L'important est que la révision de la révision (révision de la suspension) est mise en cohérence avec une révision par réduction, si bien que la conclusivité est atténuée : *résignation et pas réactivité*.

L'humeur générale est donc : se sentir envahi et céder à cette invasion négative, d'où une forme de tristesse.

On peut remarquer qu'aucune révision n'est finalement laissée en suspens et laissée non rééquilibrée par une mise en cohérence. Les révisions qui mettent le plus longtemps à s'équilibrer sont la révision 2 (résolue à la fin par la cadence en mineur) et la révision 11 (anamorphose résolue par la cohérence entre cette réduction par rapport à ré/sol# et l'obtention de la tonique via si/fa#).

L'intérêt d'une telle analyse est de montrer non seulement que l'humeur générale d'une séquence musicale est bien fondée dans sa dynamique, qui met en jeu des dimensions affectives, mais en plus de montrer que la valeur de cette séquence ne tient pas à cette humeur, ou à sa dominance, mais bien à des détails plus fins de la dynamique, qui combine la dimension affective de base avec d'autres dimensions (intervention, obtenant ainsi une mise en suspens) et qui combinent les différentes révisions entre elles en les équilibrant par des cohérences qui sont de types différents.

On a donc, en sus des cohérences harmoniques, des cohérences par répétition, des cohérences par morphismes, des anamorphoses (révisions de morphismes), des cohérences par répétition à un niveau plus élevé, des cohérences entre morphismes (cohérences de second ordre), des cohérences entre révisions (cohérences de second ordre), des cohérences entre anamorphoses, des cohérences de second ordre combinant des cohérences de différents types. Il faut de plus distinguer entre les révisions qui sont rééquilibrées seulement dans la suite de la séquence et celles qui le sont immédiatement. Ces structures dynamiques plus fines et plus complexes sont sans doute la source de nos jugements de valeur esthétique.

Il faut enfin aussi noter que ce qui nous émeut à une certaine époque nous semble particulièrement pénible dès que la mode de ce type d'expression est passée, que ce soit en musique ou en peinture : nous nous sommes lassés des pompiers, nous commençons à nous lasser de certains systématismes que l'on trouve chez Van Gogh, chez Picasso ou chez Matisse, alors que ce sont justement ces systématismes, dans leur rupture avec les anciens systématismes qui provoquaient l'émotion chez nos parents et grands-parents. On a ainsi un paradoxe : les humeurs et leurs dynamiques, et les dimensions affectives, restent stables, mais elles ne permettent pas de prédire les jugements sur la valeur esthétique d'une œuvre. Ou du moins, elles permettraient, semble-t-il, de prédire quelles œuvres seront un jour ou l'autre considérées comme belles, mais sans pouvoir prédire quelles œuvres seront jugées belles à quelle époque. Les émotions occurrentes proprement dites, celles qui provoquent l'enthousiasme ou le dégoût et la colère, sont celles qui guident les mouvements de mode, et ce sont aussi celles qui guident une bonne part de nos jugements de valeur esthétique. Ces jugements sont instables : ce qui paraît sublime à une époque suscite sinon de la répulsion du moins de l'agacement à une autre époque. Si nous arrivons aujourd'hui à nous croire sensibles à une vaste gamme temporelle d'œuvres d'art, c'est en grande partie l'effet d'une construction institutionnelle (la constitution de musées). Mais notre analyse a montré que c'est tout de même aussi lié à l'existence de propriétés des œuvres d'art qui suscitent nos dynamiques perceptives, les révisions de nos attentes, et la saisie des cohérences entre ces révisions.

Ces effets de modes nous rendraient enclins à vouloir séparer le jugement de valeur esthétique — si on lui suppose une base stable — des émotions, mais ce serait là aussi une double erreur. D'abord parce que c'est justement en fonction des émotions d'une époque que les jugements de valeur affectifs sont produits. Ensuite parce que les propriétés stables des œuvres d'art consistent dans leur dynamique humorale et dans leurs capacités à susciter les germes des dimensions affectives. Cette instabilité sociale des jugements de valeur esthétique tient à ce qu'une valeur esthétique, étant liée indissolublement à des émotions, est quelque chose que l'on doit partager émotionnellement. Or, le partage émotionnel exige des émotions qui se déploient dans des comportements. Dès lors, nous revenons dans le domaine des émotions comportementales, qui provoquent des réponses, et nous retrouvons la colère et le dégoût (sinon la peur), mais aussi l'enthousiasme, au lieu d'en rester à la dynamique humorale et aux germes des dimensions affectives. Mais il y a toujours une distance entre les émotions ainsi partagées dans tout leur développement de comportement émotionnel, et les dynamiques humorale et les germes des dimensions affectives. L'entretien des émotions comportementales reste donc largement dépendant des mouvements des communautés, d'autant que le partage des émotions esthétiques oblige à sélectionner seulement quelques-uns des traits des œuvres d'art. Si bien que d'autres traits sont toujours actifs pour servir de détonateur à d'autres émotions comportementales partagées. Certes, le partage des émotions leur permet de s'entretenir. Mais il induit aussi une saturation et une accoutumance, qui entraîne à la longue une baisse de sensibilité. Ce n'est pas le cas dans le domaine de la morale, parce que les valeurs en cause sont très stables. Mais dans le domaine esthétique, les sollicitations d'autres dynamiques et d'autres traits esthétiques sont permanentes, si bien que vient un moment où la mode partagée n'est plus attractive et cède la place à une autre mode esthétique.

Enfin, l'art contemporain, dont les recherches portent souvent davantage sur l'élaboration des différentes relations avec les spectateurs, sur l'événementialité de l'art, sur ses institutions, a tendance à jouer de manière systématique des relations qui étaient conjointes dans l'art baroque, par une sorte de dissection ou de passage à la limite. Ainsi, une musique minimaliste va tenter de relever le défi d'une œuvre qui ne fait pas alterner invasion et intervention, et l'on pourrait citer bien d'autres refus d'utiliser tout l'ensemble des propriétés qui suscitent l'émotion esthétique, ou de transgresser les limites des nos émotions esthétiques (en suscitant le dégoût, par exemple). De même, on peut avec Stiegler penser que l'art tente de briser les stéréotypes des émotions ordinaires, et de construire des dynamiques qui vont au rebours du devenir normal d'une émotion. Mais pour jouer ainsi des transgressions, il faut connaître le fonctionnement de base de ces émotions, et un artiste contemporain peut donc évidemment utiliser pour des passages à la limite et des transgressions les résultats de nos analyses. Mais ce faisant, il répond simplement à cette loi des émotions sociales (et des émotions individuelles) qui est celle de l'habituation. Ce à quoi nous étions hypersensibles nous semble tout d'un coup devenu péniblement routinier, et nous passons à une autre hypersensibilité.

Enfin, ce n'est pas parce que ces fluctuations de notre expérience affective montrent qu'elle est simplement un mode d'accès à la beauté (ou à d'autres valeurs esthétiques) que nous devons ni réduire la beauté à l'émotion ni tenter de séparer la beauté de l'émotion, puisque la beauté semble bien liée sinon aux émotions de surface du moins à leurs fondements dynamiques.

Invention plastique et modes de symbolisation

Jacques Morizot
Département d'arts plastiques, Université de Paris 8

On a spontanément tendance à penser qu'un discours sur l'art consiste en l'application de telle ou telle théorie générale à un matériau artistique qui s'y prête ou qui résiste. Le mieux qu'on puisse espérer dans cette perspective est de trouver un champ d'expérimentation fertile dont le succès contribue à justifier l'intérêt esthétique qu'on lui reconnaît et à légitimer en retour le type d'approche adopté. Je voudrais ici mettre l'accent sur le mouvement réciproque : dans quelle mesure la création plastique peut-elle contribuer à fixer, voire à infléchir l'identité opératoire d'une théorie qui la prend pour objet ? Il serait à coup sûr déraisonnable de prétendre qu'une œuvre d'art puisse conduire à modifier l'architecture logique d'une théorie, mais il n'est pas absurde de s'interroger sur la sorte d'action que comporte l'usage artistique qu'on en fait et sur la convenance qui découle de l'insistance mise sur certains de ses composants ou de ses caractéristiques. Accepter que l'art possède une portée épistémologique n'est pas seulement reconnaître qu'il entre une part de recherche dans ses réalisations, c'est admettre que le contact avec l'art déclenche des effets cognitifs pertinents, tant au niveau de l'appréciation individuelle que de la prise en charge théorique de ses mécanismes de fonctionnement.

Mon domaine artistique de référence sera le collage, et plus précisément cette variété spécifique de collage qu'est le papier collé cubiste. On sait qu'entre septembre 1912 et l'été 1914, Braque et Picasso ont réalisé près de 200 œuvres[1] qui constituent le premier exemple explicite d'un art hybride en ce qu'il combine des techniques traditionnelles (dessin au fusain, gouache, et sans même exclure les procédés illusionnistes, en dépit de la planéité soulignée par le procédé) avec l'insertion, par collage ou épinglage de fragments de papiers découpés de textures variées : papier journal, papier peint, découpes de papier vergé ou imitation bois, à quoi il faut ajouter quelques emprunts de sens plus sociologique comme des éléments de programme ou de partition, des bandes de paquets de tabac, des cartes de visite, etc. Comme il arrive couramment aux époques-charnières, quand la peinture se détourne de l'obsession du sujet pour se concentrer sur ses propres capacités expressives, une avancée majeure dans l'histoire de l'art s'est faite à travers le genre en apparence le moins approprié pour les effets retentissants, la banalité de la nature morte.

L'originalité plastique de ces œuvres, la portée historique du geste qui les engendre et sa valeur prémonitoire pour le développement de l'art tout au long du XXᵉ siècle ont été abondamment commentées. On n'a en revanche guère insisté sur sa signification exemplaire pour une logique de la symbolisation, même lorsqu'on privilégiait la question de la représentation. Comme on l'a souvent remarqué, par contraste avec le collage dadaïste ou les merzbilder qui jouent sur la désarticulation de l'image à travers le recyclage de contenus disparates, et à la différence du collage surréaliste qui confère une identité sémantique incongrue à une somme d'éléments dont chacun n'a rien de remarquable, le papier collé est avant tout une prodigieuse machine d'analyse visuelle. Il n'a pas grand chose à voir avec les exercices paratactiques agressifs de Schwitters et tourne aussi bien le dos à l'effacement minutieux de toute discontinuité visuelle telle que le pratique Max Ernst. L'enjeu du papier collé est de fabriquer une image qui ne fait qu'un avec l'exploration du travail sensible et cognitif qui l'engendre. Aussi ses constituants ne sont-ils pas des matériaux bruts, même s'ils proviennent du monde, ce sont des éléments déjà dotés de propriétés sémiotiques et qui entrent dans un vocabulaire plastique à part entière. Faire un papier collé, c'est donc encore faire de la peinture mais c'est en faire sans le métier traditionnel du peintre, et se donner ainsi toutes les chances de remonter jusqu'aux sources matérielles de l'expressivité artistique.

Si le propre du papier collé est de sensibiliser tous les paramètres qui entrent dans la définition d'une image, on conçoit que cette invention en apparence limitée au medium représente un domaine privilégié pour un questionnement de l'art en termes de symbolisation. Il ne manque certes pas d'études d'inspiration sémiologique[2] qui explicitent les divers signifiants de base de ces œuvres, ou d'orientation sociopolitique qui insistent sur l'empreinte de la modernité urbaine[3] et qui complètent le travail des historiens[4], mais aucune de ces approches ne fait ressortir par quels mécanismes une œuvre qui semble si sommaire dans sa présentation est capable d'engendrer des résultats aussi probants.

Je me limiterai ici à une seule relation symbolique, à laquelle Goodman a conféré une importance particulière et une portée décisive dans le fonctionnement de l'art. Il s'agit de l'exemplification qu'il définit comme la relation converse de la dénotation et qui fournit un équivalent iconique de la prédication.

Si un terme dénote l'objet ou l'événement qui lui correspond dans le monde, réciproquement, tout trait particulier possédé par cet objet ou cet événement instancie quant à lui l'étiquette correspondante, c'est-à-dire le prédicat qui nomme ce trait ou une étiquette non verbale jouant le même rôle. Toute instanciation n'est cependant pas une exemplification puisque la possession n'est pas une relation référentielle. Seuls exemplifient au sens de Goodman les traits instanciés qui sont effectivement le support d'une activité symbolique, c'est-à-dire qui permettent de remonter d'un matériau donné vers les propriétés qu'il symbolise, par exemple d'une marque physique distinctive vers le contenu descriptif qu'elle révèle ou renforce, sans qu'on puisse d'ailleurs tracer une ligne de démarcation absolue dans chaque cas, d'où l'insistance mise sur des verbes comme exhiber, mettre en avant, faire ressortir, etc. Le paradoxe de la position de Goodman tient à ce que, tout en assumant une position théorique restrictionniste — en nominaliste sourcilleux, il n'admet en effet dans son ontologie que des individus et toutes les étiquettes, y compris les termes du langage, sont à traiter comme des inscriptions matérielles —, il fait preuve en même temps d'un sens surprenant de l'ouverture puisqu'il ne voit aucune raison de ne pas admettre à égalité toutes les catégories d'étiquettes, quelle que soit leur présentation sensible, ce que ne cesse de nous rappeler le paradigme de l'échantillon.

L'interprétation logique de la notion d'exemplification pose de multiples problèmes qu'il ne peut être question d'aborder ici[5]. Certaines objections affectent néanmoins sa pertinence artistique et je voudrais illustrer en quoi les papiers collés fournissent un bon point de départ pour les approfondir. On se trouve en gros en face d'un dilemme : ou bien l'exemplification est une relation de portée générale qui s'applique indifféremment à toute espèce de propriétés et elle risque alors de se réduire à un outil passe-partout, la bonne à tout faire de l'esthétique ; ou bien elle s'efforce de prendre en charge l'extrême particularité de la situation dans laquelle elle est impliquée quitte à n'être alors qu'un redoublement superflu de «l'identification chosique» (dans les termes de J.-M. Schaeffer). Elle se ramènerait en ce cas à une technique d'associations d'idées, que celle-ci soit abordée sur un mode conceptuel ou appréhendée sur une base perceptive. Comment lui restituer sa pertinence symbolique et la fonction constructive qu'en attend l'esthétique ?

Je crois que le moyen le plus convaincant — et à vrai dire sans doute le seul — d'y contribuer consiste à poser l'existence de plusieurs niveaux d'exemplification qui ne diffèrent pas par leur mécanisme opératoire mais par le registre de propriétés qui sont accessibles à chaque niveau, conformément aux multiples usages et contextes de nos pratiques iconiques. Chacun d'eux fonctionne comme un champ d'exemplification possible en ce sens qu'il propose une matrice de catégorisation qui comporte un minimum de familiarité vis-à-vis des pratiques artistiques en général et fixe un seuil de sensibilité aux divers paramètres qui entrent dans l'expression plastique ou y sont redéfinis. Il est en effet très peu probable qu'on puisse utiliser de manière féconde l'exemplification sans avoir sélectionné un registre adéquat, pas plus qu'on ne saurait détacher l'usage correct des échantillons du tailleur ou du catalogue de papiers peints de leur contexte commercial. Etre indifférent au registre ne peut que favoriser la prolifération d'usages déviants ou redondants[6]. Et surtout, il ne faut jamais non plus perdre de vue que l'exemplification fonctionne de concert avec les autres relations symboliques et non pas isolément ou en concurrence avec elles.

Pour introduire un peu d'ordre en la matière, je propose de distinguer cinq niveaux qui s'échelonnent du plus définitionnel vers le plus singularisant. L'idée fondamentale est qu'une œuvre ne prend consistance que lorsqu'on sollicite les propriétés pertinentes au niveau où l'on se place[7]. Je peux référer à un tableau comme à un simple exemplaire d'une classe d'objets (par exemple lorsque j'en montre un à quelqu'un parce qu'il ignorerait la signification du mot) ou à l'inverse focaliser l'attention sur une singularité de la facture ou sur l'absence de tel motif (par contraste avec une autre œuvre qui traite le même sujet dans un style et avec des parti pris différents). Dans chaque cas, je fais un usage sensé de l'œuvre mais ces usages ne sont pas interchangeables, ni même commensurables. Aucune compréhension du fonctionnement des œuvres ne peut faire abstraction de cette convenance redéfinie à chaque niveau, y compris lorsqu'il s'agit d'œuvres paradoxales qui jouent de courts-circuits volontaires entre niveaux.

Une caractérisation d'ensemble des cinq niveaux peut être présentée schématiquement de la manière suivante :
– niveau prototypique : propriétés qui marquent le rattachement (qui peut être naturel ou contesté) d'une œuvre à l'univers de l'art[8];

– niveau générique : propriétés qui assurent la classification correcte d'une œuvre (par exemple à travers les genres picturaux, les catégories au sens de Walton, les régularités stylistiques, la contribution du titre, etc.);

– niveau identificatoire : propriétés descriptives liées à l'appréhension du contenu perceptif (formes, couleurs, textures, etc.) et à la structuration spatiale de l'image et qui comportent une forte composante contextuelle
[il correspond par excellence à la représentation-en chez Goodman et à la description pré-iconographique de Panofsky];

– niveau intrinsèque : propriétés qui font qu'une œuvre est cette œuvre-ci, sur le plan de sa composition, de son traitement pictural et de sa relation à l'auteur (d'où le nom d'«opéral-singulier» que je lui ai parfois donné);

– niveau aspectuel : propriétés relatives à la considération de «signes attentionnels», c'est-à-dire de marques interprétées comme des signes sans qu'elles aient été forcément produites intentionnellement dans ce dessein[9].

Le tableau suivant résume de manière très succincte (du triple point de vue de l'orientation de la procédure, de l'usage des propriétés et des causes les plus importantes de conflit) les correspondances entre niveaux et les lignes de partage les plus significatives pour une théorie de l'art, étant bien entendu que toutes les œuvres ne sollicitent pas également tous les niveaux et que chaque aventure artistique en redessine partiellement les contours :

niveaux	orientation	usage	conflit
1 prototypique	œuvre → art	classificatoire	frontières
2 générique			
3 identificatoire	art → œuvre	sémantique	interprétation
4 intrinsèque			
5 aspectuel		pragmatique	attention

Au lieu de concevoir ce tableau comme une grille de lecture universelle, l'équivalent d'un système de coordonnées dont l'application efficace ne dépend que de notre habileté technique, il semble plus judicieux de considérer à rebours que ce qui fait l'intérêt sinon la raison d'être d'une création artistique réside dans un processus de rethématisation du contenu efficace de chaque niveau. Il ne serait guère difficile mais en définitive assez vain de trouver dans n'importe quelle œuvre des traits qui renvoient à chaque parcours d'exemplification; en revanche, il importe de montrer que les usages pertinents de l'exemplification qui entrent dans une pratique telle que celle des papiers collés constituent une contribution originale dont les implications réelles sont épistémologiques.

En quoi donc l'inventivité plastique des papiers collés contribue-t-elle à délimiter à chaque niveau un contenu spécifique au processus d'exemplification?

1. UN CHAMP PLASTIQUE ÉLARGI

Sur un plan quasi-définitionnel, le papier collé met en relief l'appartenance à et le décalage vis-à-vis de l'univers pictural (ce qui est le cas chaque fois qu'on se trouve à la charnière de domaines en apparence hétérogènes). Il se qualifie comme œuvre plastique tout en déplaçant les frontières de la picturalité, par le biais de deux mouvements en apparence contraires : en atténuant d'un côté la distance entre le réel et ses représentations mais en la réaffirmant aussitôt au sein d'une base élargie de la représentationalité.

Une série de trois papiers collés du printemps 1914 (Daix 683 à 685) illustre de manière exemplaire cet enjeu. Chacun d'eux présente la double particularité, d'une part, d'être encadré à l'aide d'une moulure fictive, elle-même agrémentée d'une signature sur une fausse plaque de bronze (alors que, depuis 1911, Braque et Picasso avaient renoncé à signer leurs œuvres), et, d'autre part, d'être bâti sur une structure de mise en abyme : l'œuvre globale se présente en effet comme un papier collé de petite dimension disposé sur un fond intégral de papier peint. Le jeu avec les identifiants picturaux (cadre, signature, situation d'accrochage) fait de la notion de tableau le sujet véritable de l'œuvre (ce qui n'annule pas la pertinence d'autres lectures relatives à son inscription historique, par exemple le jeu avec le néo-impressionnisme, à travers le choix du papier moucheté). Picasso entreprend de déconstruire l'identité héritée du XIXe siècle non pas en s'attaquant aux mécanismes apparents de la représentation (comme le fera l'abstraction) mais en fabriquant une image dont la fonction est d'articuler des substituts opératoires de ce dispositif; aussi l'exemplification agit-elle sur un registre exclusivement formel dont le contenu, quoique non absent, se trouve momentanément neutralisé.

2. RESTRICTION THÉMATIQUE EXEMPLAIRE

Alors que le paysage et la figure ont joué un rôle important dans l'émergence du cubisme, l'immense majorité des papiers collés sont des natures mortes. Qui plus est, leur sujet tourne obstinément autour de deux pôles presque exclusifs : d'un côté, l'univers du café mettant en scène verre, bouteille, pipe ou journal, de l'autre, l'univers de la musique avec ses instruments (guitare et violon, quelques vents) et accompagnements (partitions, programmes, etc.).

Le choix d'un genre mineur permet de concentrer l'attention sur les variations et les reprises, dans une optique quasi expérimentale, avec un répertoire délimité d'avance. Elle se justifie également par une proximité maximale entre le thème et la matérialité de ce qui l'incarne : la découpe de journal présente sur l'image se trouve appartenir elle-même à ce que la scène dépeint, le journal déposé sur la table du bar ; il en va de même pour l'usage du papier faux-bois ou faux-marbre, quoique sur un mode plus indirect ou plus distancié.

Il y a deux manières d'interpréter cet emploi «littéraliste» de l'exemplification :

– on peut se fier à une logique de l'échantillon et interpréter le fragment de papier faux-bois comme une allusion au matériau même de l'objet. Telle est la lecture la plus courante qui joue sur une dissociation de la forme et de la couleur-matière, la première étant assumée par le dessin, l'autre par un ajout capable de mimer une substance. Dans cette perspective, la différence entre Picasso et Braque tient à ce que ce dernier fait référence à une propriété chosique intrinsèque (aussi bien présente dans les lambris de *Compotier et Verre* que dans la *Guitare* de 1912, avec leurs découpes anguleuses)[10], alors que Picasso repicturalise immédiatement ses emprunts au sein de la configuration dans laquelle ils entrent. C'est ce que John Golding a magnifiquement exprimé, en notant que «le "faux-bois" de Braque reste un "faux-bois" tandis que le papier peint de Picasso devient un "faux-tissu"»[11] (à propos de Daix 600).

– on peut au contraire s'orienter vers une logique de la désignation, en particulier lorsqu'on a un fragment unique et isolé qui fonctionne au sein d'un dessin au fusain (*cf.* la série réalisée à Céret au printemps 1913, Daix 542 *sq.*) à la façon d'un déictique : il prend la force d'un *ceci*, il a une fonction quasi-citationnelle plutôt qu'une identité *sui generis*. Telle pourrait être une justification possible de la célèbre formule de Picasso rapportée par Malraux : «Nommer, voilà! En peinture, on ne peut jamais arriver à nommer les objets»[12]. On comprendrait en tout cas qu'une image n'a pas besoin de guillemets ou d'autres marqueurs syntaxiques de mention : le guillemet est la colle ou l'épingle qui maintient actif le jeu différentiel entre les composants.

L'unité de ces deux premiers niveaux, je la trouve exprimée de manière très forte dans un texte prémonitoire d'Apollinaire, le bref article paru dans *Montjoie!* le 14 mars 1913. Il y écrit que l'objet réel ou en trompe-l'œil (formulation qu'il conviendrait d'ailleurs de manipuler avec davantage de prudence, Picasso lui préférant celle de détrompe-l'œil et de trompe-l'esprit) «est le cadre intérieur du tableau et en marque les limites profondes de même que le cadre en marque les limites extérieures»[13]. Comme si la frontière de l'image avait autant à voir avec sa propre texture qu'avec ses limites spatiales.

3. MOBILITÉ DES SIGNIFIANTS PLASTIQUES

Le papier collé ouvre à l'artiste une liberté syntaxique qu'aucune autre technique ne lui avait jusque-là accordée. Ce sont à ce niveau les composants propres de l'œuvre qui prennent le pas et qui commandent l'interprétation de l'image. Selon le cas, le collage se situe encore dans un horizon mimétique où le signe reste fondamentalement iconique, ou bien il bascule vers une dimension plus conceptuelle dans laquelle le signe visuel acquiert sa pleine densité sémiotique[14]. Dans le premier cas, le papier est un matériau au service d'un espace pictural rendu plus tactile, dans le second, il devient un langage à part entière dont la grammaire s'émancipe de la similitude visuelle.

– Le jeu «analogique» est bien représenté par les violons de l'automne 1912 (Daix 517-520) où la forme de l'instrument émerge d'un puzzle hétérogène qui mélange des morceaux grossièrement taillés et d'autres finement découpés. Y fait également écho l'usage de rimes plastiques (par excellence des courbes à résonance féminine qui redoublent les allusions sentimentales des partitions) et l'importance accordée à des signes-motifs comme la volute, la rosace ou les ouïes (généralement traitées sur un mode dissymétrique censé connoter la rotation virtuelle de l'instrument). Ici exemplification et dénotation sont inséparables l'une de l'autre, dans un jeu de relais sans cesse déplacé et relancé. C'est vrai aussi quand le même fragment de papier peint découpé et retourné dénote en creux un pied de verre et exemplifie par son motif l'aspect sirupeux de la boisson (D 600).

– Le jeu «conceptuel» relève en revanche d'une combinatoire sémiotique épurée et presque indépendante de l'apparence mimétique, du moins dans un premier temps. Telles sont les trois guitares dites triangulaires (Daix 596-598) où même la rosace et les cordes deviennent des allusions incertaines, ainsi que la série des têtes-guitares, elles aussi de l'hiver 1913 (notamment Daix 592) dans lesquelles les signifiants de la tête et de l'instrument interagissent subtilement dans les deux sens, à partir du minimum de signalisation concrète percevable, anticipant dans un style opposé les baigneuses ectoplasmiques de la fin des années 20.

4. EXTÉRIORISATION DU MODE D'ENGENDREMENT

En conséquence de sa liberté sémiotique, le papier collé est un type d'œuvre qui exhibe ses propres structures formelles de composition, au double sens de son organisation spatiale et des étapes de sa genèse. Il autorise donc une forme de réplication, ce qui peut le mettre en parallèle avec l'exécution musicale. Alors que le tableau est difficilement séparable de son identité autographique, le papier collé esquisse de très loin le principe d'un art qui tire l'image du côté du multiple et de la réappropriation.

Je me contenterai de mentionner trois directions qui illustrent la manière dont le déploiement des composants confère à l'exemplification une capacité constructive.

– Polarisation spatiale. *Verre et bouteille de Suze* (Daix 523) de fin 1912 est construit autour d'une tension entre un effet all-over accentué par l'abondance des aplats de papier-journal du fond et un motif centralisé qui s'en démarque tout en s'y inscrivant (l'ovale bleu de la table)[15]. Dans d'autres cas, l'image est structurée à partir d'un contraste né de la diffraction de la figure : ainsi, dans *Guitare* (Daix 608), la double opposition clair/sombre et contours courbes/contours anguleux.

– Superposition partielle. Le sujet s'efface devant une loi d'accumulation qui tend à s'imposer pour elle-même; dans *Verre, bouteille et journal* de Braque (1914), il est aisé de reconstituer la stratigraphie : dessin + faux-bois + petites annonces + papier blanc + journal ou programme + papier noir + revue italienne (*Lacerba*) + papier vert-kaki rééquilibrant l'ensemble vers la droite. On peut noter que les éléments mentionnés par le titre ne sont pas mis en avant plastiquement : verre et bouteille sont à peine esquissés, le violon n'est présent que par la mention du mot «Violon» et le journal ne figure qu'à titre d'échantillon, bel exemple d'échanges inter-sémiotiques.

– Surdétermination du matériau. Leo Steinberg a vu dans *Bouteille de soda, Journal, Verre et Violon* (Daix 528) une sorte de répertoire des usages possibles du papier : support neutre sur lequel on dessine, dispositif suggérant une illusion de profondeur (ombre portée et image de bateau), matériau découpé matérialisant une figure (le profil d'un siphon dans lequel les lignes d'écriture, disposées verticalement, suggèrent le pétillement des bulles qui remontent vers la surface), emprunt d'un fragment de manchette (réduisant le journal au mot qui le désigne), fragment de papier brut et découpe de faux-papier faux-bois[16]. Rosalind Krauss en déduit un principe de relativité généralisée en vertu duquel il est impossible d'associer automatiquement une signification à un élément; toute signification est relationnelle plus encore que contextuelle, c'est pourquoi aussi il est si tentant de voir le papier collé comme «un métalangage du visuel», puisque ces œuvres représentent moins quelque chose que le processus de représentation de cette chose[17].

5. LIBERTÉ ATTENTIONNELLE DU REGARDEUR

Devant un papier collé, je peux bien sûr faire l'effort d'assumer la position la plus objective possible, mobiliser le maximum d'information historique et contrôler la pertinence contextuelle de mon interprétation. Mais je peux, à l'inverse, comme pour toute autre œuvre, laisser libre cours à des sollicitations particularisantes qui dépendent d'un horizon personnel d'arrière-plan et d'une sélection plus ouverte de traits matériels ou de données expressives. De manière générale, la factualité des étiquettes sous-détermine la signification esthétique et même l'identification des aspects pertinents dans une œuvre.

Du point de vue de l'exemplification, cela signifie que je me détourne de «propriétés nativement exemplifiées» au profit de «propriétés simplement possédées mais attentionnellement instituées en exemplifications»[18]. Il s'agit moins d'une régression de l'exemplification vers l'instanciation que d'une promotion d'aspects sous-estimés et de la reconfiguration symbolique de traits qui deviennent disponibles pour une mise en perspective inédite. Bien sûr, rien ne garantit d'avance qu'elle ouvre la voie à un renouvellement prometteur du sens de l'œuvre, elle peut tout aussi bien l'engager dans des sentiers sans intérêt. Lorsque l'exemplification s'essaie à fonctionner à partir d'une base non encore solidement validée, il n'est pas surprenant que le pouvoir d'anticipation côtoie en permanence un risque important d'effilochement. Comment décider par exemple si la nuance d'une découpe résulte effectivement d'une intention esthétique ou d'un usage fortuit? La sensibilité du récepteur offre à la fois un outil de diagnostic et une source de brouillage. D'où la revendication d'historiens comme M. Baxandall ou Th. Crow du recours à une critique inférentielle qui «rétablit l'autorité de l'expérience visuelle commune d'un ordre pictural donné»[19] et qui fait du commentaire un exercice d'argumentation et de débat[20].

On pourrait résumer les analyses qui précèdent en disant qu'elles sont une invitation à approfondir les valeurs d'usage de l'exemplification iconique, et à le faire à partir du cas privilégié du papier collé. Puisqu'exemplifier consiste moins à dire qu'à montrer, il n'est pas surprenant qu'une technique qui passe par la singularisation de chaque paramètre et qui tourne le dos au régime académique de neutralisation de la facture accorde à l'exemplification un rôle primordial dans la symbolisation artistique. En retour, le papier collé exploite par excellence les aspects qui situent l'exemplification au plus près de l'inscription matérielle.

Goodman ne cache pas pour autant les difficultés de l'entreprise : «Là où l'exemplification est présente, il nous faut réfréner notre habitude de passer immédiatement du symbole à ce qu'il dénote» (MOM 137)[21] et focaliser l'attention sur le symbole lui-même (WW 92), en ne perdant pas de vue que le phénomène de la symbolisation est contextuel et transitoire. En un sens, tout semble se passer comme si nous devions encore apprendre à «penser en exemplification», contre l'entraînement naturel de la symbolisation à conventionnaliser.

Peut-être même faut-il faire un pas de plus et se demander si une caractéristique fondamentale de l'image ne réside pas dans la prévalence de l'exemplification sur la dénotation. La description verbale, du fait de sa dépendance vis-à-vis du langage et des significations non naturelles au sens de Grice, repose principalement sur un fonctionnement dénotationnel, même si viennent localement s'ajouter des registres expressifs. La capacité de l'image de dénoter semble au contraire subordonnée à la délimitation de parcours exemplificationnels adéquats. Ce n'est que lorsque les niveaux intermédiaires sont activés pour une image qu'elle est à même d'assumer un fonctionnement représentationnel. Celui-ci ne renvoie pas d'emblée à une ressemblance à l'égard de la réalité mais à des procédures dont le résultat est l'émergence d'une conformité essayée entre l'invention plastique et l'expérience perceptive, celle-ci en étant autant le reflet que la condition.

Si l'analyse de Goodman ne s'est pas développée pleinement dans cette direction, on peut penser que la raison tient à sa volonté de s'en tenir à une base strictement sémiotique, donc à une théorie qui n'est pas cognitive au sens qu'on donne aujourd'hui à ce terme. Certes, elle entreprend — et plus que d'autres — de revaloriser la place de la cognition dans le domaine esthétique, contre les séductions de l'immédiat et de l'ineffable, mais elle rejette toute considération de contenus mentaux et même toute réelle prise en compte d'une dimension pragmatique ou communicationnelle. À ce titre, la théorie goodmanienne est très représentative de son époque de formation et des principes fondamentaux de conceptualisation qu'elle met en avant. Il est par exemple remarquable que, même lorsque Goodman propose l'idée de représentation analogique, il reste prisonnier d'un modèle sémiotique (voire inscriptionnaliste) alors que, une fois assumé par les sciences cognitives, le couple analogique/digital (notamment chez Dretske) va attirer l'attention sur les routines de reconnaissance visuelle, non seulement contre la théorie goodmanienne de l'image-langage mais aussi contre la thèse de la double perception (*twofoldness*) de Wollheim qui place la vision des images représentationnelles en disjonction de la vision naturelle, et contre la théorie de Walton qui confère à toute image un statut fictionnel[22]. Comme le remarque Dominic Lopes[23], Goodman offre des moyens de diagnostiquer entre systèmes différents de représentation mais il ne rend pas compte de l'intérêt qu'il y a à disposer de plusieurs systèmes. À l'évidence, la fonction iconique n'est pas de redoubler la fonction sémiotique mais de rendre possibles des expériences de présentation d'objet, parce qu'il se trouve que l'expérience perceptive fonctionne elle aussi analogiquement.

Inversement, il est significatif que les nouvelles recherches sur la représentation privilégient presque exclusivement le cas des images figuratives réalistes. Or, ceci conduit, sinon à exclure, du moins à relativiser la majeure partie des œuvres artistiques produites au XXe siècle. Le rôle de l'art n'est-il pas, selon une formule ressassée de Klee, non de reproduire le visible mais de «rendre visible»[24]? En ce point peut-être, la référence aux papiers collés devient décisive : ce sont des images qui ne rompent jamais avec la représentation mais qui en explorent les marges, les failles et les jeux multiples. Ils font de la représentation (au sens pictural) un objet inépuisable d'expérimentation alors que les cognisciences se donnent d'emblée un statut représentationnel (au sens épistémologique) des activités mentales. C'est au point d'intersection de ces deux axes que la notion d'exemplification est le plus à même de trouver une consistance théorique effective[25]. Cela suppose de la détacher du modèle définitionnel de l'échantillon[26] et de la situer dans le cadre des modalités de la pensée en acte. Bien que cet aspect soit très présent chez Goodman, par le biais de la justification de l'induction, tant dans ses travaux épistémologiques qu'à l'horizon de bien des passages de *Langages de l'art*, le poids des considérations sémiotiques a eu tendance à le secondariser. Rendre l'exemplification active, la mettre au service d'une pensée exploratoire et amplifiante, tel pourrait être le dessein préliminaire d'une esthétique qui entend travailler à la promotion d'une approche cognitive de l'image, ouverte mais sans compromis.

Une chose au moins semble probable : aussi loin qu'elle puisse aller dans la construction de chaînes référentielles qui font ramifier les parcours de symbolisation, une théorie esthétique ne peut vraisemblablement pas faire abstraction d'une démarche mettant en jeu des processus inférentiels et des relais psychologiques. Il est légitime qu'elle pousse aussi loin que possible les modes d'analyse empruntés à l'héritage sémiotique mais il semble désormais inévitable qu'on ait à l'inscrire un jour ou l'autre dans un programme plus fort dont le contenu et la méthodologie renverraient à une approche informationnelle, que ce soit par le biais d'une théorie de la perception ou d'une philosophie de l'esprit.

NOTES

[1] On dénombre habituellement une soixantaine d'œuvres pour Braque et au moins le double pour Picasso. Les numéros d'opus renvoient respectivement aux catalogues d'Isabelle Monod-Fontaine et E.A. Carmean, *Braque : Les Papiers collés* (Centre Pompidou, 1982) et Pierre Daix et Joan Rosselet, *Le cubisme de Picasso, 1907-1916* (Neuchâtel, Ides et calendes, 1979); ils sont abrégés en Daix et M.-F.
[2] Parmi les principales : R. Krauss, «The Motivation of the Sign» et Y.-A. Bois, «The Semiology of Cubism», toutes deux in L. Zelevansky (ed.), *Picasso and Braque. A Symposium*, New York, The Museum of Modern Art, 1992; dans le même volume, voir aussi les remarques de L. Steinberg lors des discussions qui suivaient les interventions.
[3] Exemple : P. Leighten, *Re-Ordering the Universe : Picasso and Anarchism, 1897-1914*, Princeton U.P., 1989 ou D. Cottington, *Cubism in the Shadow of War : The Avant-garde and Politics in Paris, 1905-1914*, Yale U.P., 1998.
[4] On ne peut manquer de mentionner (au moins et parmi bien d'autres) les travaux de P. Daix, W. Rubin, Ch. Poggi, E. Fry, J. Golding, B. Léal.
[5] On trouvera quelques remarques en ce sens dans «Exemplifier» in «Questions d'esthétique : définitions, usages, histoire», *Études de philosophie*, n° 4, Publications du département de philosophie de l'Université de Provence, 1998 (22 p.); article republié sous une forme un peu abrégée in *Revue Française d'Études Américaines*, n° 86, octobre 2000, Belin.
[6] Toutes proportions gardées, on retrouve ici quelque chose des problèmes qui se sont posés à la logique au début du siècle, à l'occasion desquels Russell avait conçu sa théorie des types.
[7] Pour des ébauches dans cette direction, *cf.* «L'Art de la symbolisation» (*Philosophia Scientiæ*, Presses de l'Université de Nancy, volume 2, cahier 2, 1997) et «Exemplifier» (*op. cit.*).

[8] À noter que la notion de prototype est utilisée ici indépendamment de la théorie de la catégorisation proposée par E. Rosch.
[9] *Cf.* J.-M. Schaeffer, *Les Célibataires de l'art*, Gallimard, 1996, p. 252 *sq.*; son exemple favori est celui des pierres imagées japonaises (*suiseki*) (*cf.* p. 262-266).
[10] Voir également les natures mortes M.-F. 3 et 23.
[11] J. Golding, *Cubism :A History and an Analysis, 1909-1914* (1959), 3ᵉ éd., Harvard U.P., 1988, trad. fr. Livre de poche Art, 1968, p. 190.
[12] Picasso, *Propos sur l'art*, Gallimard, 1998, p. 140 (*cf.* Malraux, *La Tête d'obsidienne*).
[13] G. Apollinaire, *Chroniques d'art* (1902-1918), éd. L.-C. Breunig, Gallimard Folio, p. 368.
[14] On notera que le terme «art conceptuel» a été utilisé par Kahnweiler dès le début des années 30, peut-être par référence à la formulation d'Apollinaire d'un «art de conception qui tend à s'élever jusqu'à la création» (*Méditations esthétiques. Les Peintres cubistes*, in *Œuvres en prose complètes*, Bibliothèque de la Pléiade, t. II, p. 16).
[15] Il faut être conscient du fait que l'effet original s'est probablement estompé, en raison du jaunissement du papier, de l'accentuation des motifs floraux sur le papier peint et surtout de la disparation de la bande rouge sur l'étiquette de la bouteille; voir les deux photographies datant respectivement de 1947 et d'aujourd'hui, proposées dans l'ouvrage de M. Antliff et P. Leighten, *Cubisme et Culture*, Thames & Hudson, 2002, p. 180 et 181.
[16] *Cf.* L. Zelevansky (ed.), *op. cit.*, p. 258-259.
[17] Thèse défendue entre autres par Rosalind Krauss, «Au nom de Picasso» in *L'Originalité de l'avant-garde et autres mythes modernistes*, trad. fr. Macula, 1993, p. 194, et Thomas McEvilley, *Art, contenu et mécontentement*, trad. fr., Éd. J. Chambon, p. 85.
[18] Jean-Marie Schaeffer, *Les Célibataires de l'art*, Gallimard, 1996, p. 323.
[19] Michael Baxandall, *Formes de l'intention*, trad. fr., Éd. J. Chambon, 1991, p. 223.
[20] Tel fut aussi le dessein défendu par Rainer Rochlitz dans un livre qui n'a pas eu le retentissement mérité, *L'Art au banc d'essai*, Gallimard, 1998.
[21] N. Goodman, respectivement : *Of Mind and Other Matters*, Harvard U.P., 1984, p. 137 (trad. fr. in *L'art en théorie et en action*, Éd. de l'Eclat, p. 47); *Ways of Worldmaking*, Hackett, 1978, p. 69 (trad. fr. *Manières de faire des mondes*, Éd. J. Chambon, p. 92), l'auteur précisant : «Comme on le fait quand on regarde des tableaux ou quand on lit de la poésie».
[22] Pour un excellent résumé des caractéristiques de ces diverses théories, *cf.* l'article de J. Pelletier, «Voir un *fictum* dans une image» in P. Livet (sld), *De la perception à l'action* (contenus perceptifs et perception de l'action), Vrin, 2000.
[23] D. Lopes, «From *Languages of Art* to Art in Mind», *The Journal of Aesthetics and Art Criticism*, n° 58/3, summer 2000, not. p. 229-230.
[24] P. Klee, «Credo du créateur» in *Théorie de l'art moderne*, Gonthier Médiations, p. 34 (rééd. Folio).
[25] Sur le plan terminologique, il convient de rappeler que Goodman fait une distinction nette entre instancier et exemplifier (*cf. Langages de l'art*, not. p. 87 et 125) alors que les logiciens utilisent exemplifier au sens d'instancier; voir ci-dessus et les remarques de Pierre Jacob, *Pourquoi les choses ont-elles un sens?*, Éd. Odile Jacob, 1997, note 4, p. 309.
[26] La référence à l'échantillon est très éclairante si l'on cherche à définir la notion d'exemplification comme converse de la dénotation, mais de peu d'utilité lorsqu'il s'agit de préciser son usage esthétique possible.

Art et cognition : deux théories

Nicolas Bullot, Roberto Casati,
Jérôme Dokic, Pascal Ludwig
Institut Jean Nicod, CNRS, Paris

Dans ce texte, nous proposons, sous la forme de thèses, deux théories opposées de l'art, que nous appelons respectivement « théorie structurelle » et « théorie individualiste ». Ces deux théories sont relativement idéalisées par rapport aux positions effectivement occupées dans l'espace logique des débats théoriques sur l'art et la cognition. Elles représentent deux extrêmes parmi un spectre de positions possibles. Elles pourraient être tenues pour des pôles autour desquels organiser la discussion sur les rapports complexes entre les phénomènes artistiques et les sciences cognitives. Généralement, chaque thèse particulière garde un degré relativement important d'indépendance à l'égard des autres thèses et de la théorie à laquelle elle a été associée.

LA THÉORIE STRUCTURELLE

1. *Nature des artefacts artistiques et unité du genre « objet d'art ».* Les artefacts artistiques sont des objets créés dans un but spécifique (p. ex., la communication d'une émotion). Une même intention artistique peut être présentée de façon équivalente par la réalisation d'objets d'art très différents (une émotion comme la haine peut être présentée dans un tableau et dans un morceau de musique). Le support de la « transmission » de l'intention est dès lors relativement indifférent : ce qui importe n'est pas le véhicule de l'information, mais plutôt le sens de la relation que l'objet d'art instaure entre son créateur et son destinataire.

2. *Interactions avec la société et l'histoire.* Les objets d'art appartiennent à des « styles » (ou « écoles », « mouvements », « modes »), lesquels correspondent à des entités abstraites ancrées dans des contextes histori-

ques déterminés. La pratique de la création et de l'interprétation des objets d'art est conditionnée par la situation sociale et historique des acteurs concernés (artistes, spectateurs et collectionneurs).

3. *Évolution des formes sociales et culturelles.* La compréhension des objets d'art doit se faire à partir de l'étude de l'évolution des groupes sociaux et des facteurs déterminant la transmission culturelle.

4. *Structure de la société et rôle de l'art.* L'art sert, directement ou indirectement, des objectifs ou intérêts sociaux et politiques : propagande, reconnaissance mutuelle des individus, initiation, spéculation économique.

5. *La créativité de l'art.* L'art est l'expression de la créativité ou du génie de l'espèce humaine.

6. *L'intuition artistique.* Il existe une faculté permettant d'interpréter et de juger les œuvres d'art. Cette capacité est une forme de perception. Elle produit un jugement (dont la forme est par excellence «Ceci est une œuvre d'art») ou une émotion (p. ex. de plaisir). Comme la perception artistique est conditionnée par l'éducation et le contexte social et culturel, l'œil et les autres sens ne sont jamais innocents. L'évaluation des objets d'art est subjective.

7. *Indépendance cognitive de l'art.* L'inventivité du créateur et du spectateur d'objets d'art est libre de se déployer hors des contraintes du système cognitif humain.

8. *Absence de limitations cognitives de l'art et ineffabilité des contenus artistiques.* La signification ou valeur de l'œuvre d'art «transcende» les contingences propres à la finitude de l'individu humain et au système cognitif humain (p. ex. en appartenant à l'esprit du temps). Le donné ou contenu de l'intuition artistique (contenu de l'expérience esthétique) est originaire, inanalysable et inexplicable (il s'expérimente p. ex. lors de la rencontre du chef d'œuvre).

9. *Le savoir-faire et l'esprit de l'interprétation esthétique.* L'intuition artistique peut être éduquée de manière à conduire à un savoir-faire ou à un savoir-goûter. Il s'agit là d'un apprentissage toujours recommencé de la lecture des œuvres.

10. *La diffusion des styles.* En dépit du caractère relatif des jugements artistiques, les objets d'art appartiennent à des styles uniformes. L'homogénéité des objets d'art à l'intérieur d'un style doit donc s'expliquer par des contraintes exogènes, sociales et économiques.

En résumé :

Le niveau approprié pour l'analyse des objets d'art n'est pas l'individu et sa structure cognitive. Les objets d'art parlent d'un esprit de l'époque. L'art est incompréhensible sans la connaissance de l'histoire de l'art. L'évaluation artistique n'est rendue possible qu'en étant relativisée à un contexte social et historique déterminé ; elle est donc réservée à l'élite qui dispose de la connaissance culturelle de ce contexte.

LA THÉORIE INDIVIDUALISTE

1. *Nature des artefacts artistiques et unité du genre « objet d'art ».* Les artefacts artistiques ne sont pas des objets avec un but spécifique (p. ex., communication d'une émotion). Cependant, des objets très divers comme un tableau de Andy Warhol ou une sonate de Haydn sont habituellement considérés comme appartenant à un même type d'objet (une classe).

2. *Interaction avec la cognition.* Les artefacts artistiques interagissent avec les systèmes cognitifs humains. Ils sont crées, perçus, manipulés, interprétés et évalués grâce à l'intervention des systèmes cognitifs.

3. *Évolution et fonction des systèmes cognitifs.* Les systèmes cognitifs humains ont une architecture qui dépend de leur évolution dans un environnement adaptatif déterminé. Notamment, ils sont orientés vers les objets inanimés et animés et doivent résoudre en temps réel des problèmes relatifs à la perception, l'identification, l'évaluation émotive (danger) des objets inanimés et animés, ou encore des problèmes ayant trait à l'interprétation du comportement des objets animés, ainsi que des problèmes concernant l'organisation des plans d'action et le contrôle des actions.

4. *Architecture de la cognition.* Les systèmes cognitifs humains se sont développés en modules robustes et relativement indépendants de perception, d'analyse de configurations, de raisonnement, d'interprétation d'intentions, de communication.

5. *Redondance des modules.* Du fait de l'importance des modules dans les interactions des organismes avec l'environnement, ils doivent être fiables. Ainsi, les paramètres de ces modules sont innés. Il sont redondants. (Par conséquent ils sont très peu perméables à l'influence culturelle.) Étant donné qu'ils sont dédiés à la solution de problèmes spécifiques, les modules sont cloisonnés. Comme ils ont été sélectionnés par

l'évolution naturelle, ils peuvent ne pas utiliser des stratégies optimales et être conditionnés par les ressources qu'il utilisent.

6. *Innocence cognitive de l'art.* La construction et l'interprétation d'artefacts artistiques ne constituent pas une priorité dans l'évolution. Par conséquent, il n'y a pas un module spécifiquement dédié à la cognition artistique.

7. *Dépendance cognitive de l'art.* La cognition de l'art doit s'appuyer sur des modules cognitifs préexistants. Il n'y a pas à proprement parler une cognition de l'art, mais il y a des rapports entre art et cognition.

8. *Limitations cognitives de l'art.* En s'appuyant sur des modules cognitifs préexistants, la cognition artistique est limitée pas les contraintes héritées des différents modules : cloisonnement, imperméabilité à l'influence culturelle, recours à des stratégies spécifiques et non optimales.

9. *Le pseudo-module artistique.* Les différentes fonctions cognitives sollicitées lors de l'interaction des systèmes cognitifs humains avec les artefacts artistiques peuvent s'intégrer en une unité fonctionnelle d'ordre supérieur, un pseudo-module. L'unité, quoique grossière, de ce pseudo-module explique l'unité du type «objet d'art».

10. *Le feedback des artefacts artistiques.* Les artefacts artistiques peuvent stabiliser l'interaction entre les différentes composantes du pseudo-module artistique. Il constituent des attracteurs culturels et ils pourraient ainsi expliquer l'origine de styles. Cette optimisation s'organise aussi évidemment à partir des facteurs exogènes aux strictes capacités cognitives. Cependant, il est possible d'isoler les facteurs cognitifs jouant un rôle déterminant.

En résumé :

Le niveau approprié pour l'analyse des objets d'art est l'individu. Les objets d'arts instruisent sur l'esprit de leur créateur, mais aussi sur l'esprit humain en général. On peut étudier les artefacts artistiques sans se focaliser sur l'étude de leur histoire. L'évaluation artistique est démocratique et universelle : chacun peut apprécier les artefacts artistiques, et ce même quand ils appartiennent à des contextes culturels très différents, en utilisant ses propres capacités de perception et de raisonnement.

Monde(s) et représentation(s)
Quelques propos sur les rapports entre art et science

Henri Prade
Institut de Recherche en Informatique de Toulouse, CNRS, UPS, INPT, UT1

> « Le "sourire de la Joconde" ne pense à rien. Elle dit par lui : "Je ne pense à rien – c'est Léonard qui pense pour moi". »
>
> Paul Valéry, *Cahiers*.

> « Si un texte ne produit pas, sinon une difficulté, du moins une attention pour être compris, comment deviendrait-il le piège de quelque chose qui n'est pas lui ? »
>
> François Bon, in *L'Infini* n° 19, 1987.

1. PROPOS LIMINAIRES

Suivant en cela une opinion largement répandue, on a généralement tendance à opposer l'art et la science du point de vue de leurs pratiques respectives. Ce qui n'empêche pas de souligner que ces deux types d'activités, tous deux « travaux de pensée » disait Paul Valéry[1], constituent des « sommets » de la créativité humaine qui participent au processus de connaissance du monde et à la définition d'une culture. Et ce même si les rapports, sans doute pas vraiment symétriques, entre art et science ont pu évoluer avec le temps, et s'ils sont de natures variées[2].

---

[1] Paul Valéry, *Cahiers II*, La Pléiade, Gallimard, 1974.
[2] Art : des chercheurs sous influence. Dossier. *Le Journal du CNRS*, n° 147, p. 12-21, mars 2002.

Pourtant, la science comme l'art, en particulier dans leurs développements contemporains, constituent tous les deux des lieux de recherche intense. Mais force est de constater qu'il n'existe que fort peu de cas de « chercheurs » également actifs dans les deux registres, soit que les pratiques soient par trop antinomiques, soit que les contingences sociales ne facilitent pas l'éclosion de productions parallèles avouées dans les deux domaines (sauf à accorder un statut de loisir à l'une d'elles).

Dans quelle mesure les recherches en science et en art auraient-elles quelque chose en commun ? Quels rôles joue l'idée de représentation dans chacun des cas ? Quel est l'impact réciproque de l'art et de la science ? C'est autour de telles questions que les feuillets qui suivent s'efforceront de positionner quelques jalons incertains et fragiles balises, sans s'illusionner outre mesure sur l'exactitude de leur repérage et la portée de leurs feux.

2. L'ART ET LA SCIENCE

Cela serait évidemment trop simple de dire que la science recherche le vrai, quand l'art se préoccuperait du beau (même en oubliant un moment les immenses difficultés pour, ne serait-ce que cerner, ce qu'on entend par vérité ou beauté). Il serait tout aussi réducteur de ne considérer que les apports techniques des sciences aux arts (comme par exemple l'utilisation de la perspective en dessin, ou les aides technologiques à la réalisation des œuvres, à leur authentification et leur datation...). Essayons cependant de comparer la science et l'art du point de vue de leurs enjeux et de leurs productions.

La science développe des modèles qui s'efforcent de capturer des aspects de la réalité de notre monde, au travers des sciences physiques, chimiques, biologiques, humaines, sociales et informationnelles, qui concernent des entités réelles ou virtuelles. Ces modèles qu'élabore la science ont vocation à être universaux, même quand leur validité conserve un caractère contextuel, ou même si leur pertinence est complètement remise en cause de temps à autre.

Les contributions de l'art apparaissent plus fragiles, même si l'histoire peut les installer dans une certaine pérennité. Elles sont plus subjectives, plus datées, plus inféodées aux cultures qui les ont vu naître. Alors que la science cherche à capter une réalité pour pouvoir la prédire, la maîtriser, l'utiliser, l'art cherche à suggérer, à interroger, à interpeller, à célébrer, à montrer, voire à dénoncer la/une réalité.

L'exigence de rigueur est la même dans les deux cas : éviter les à-peu-près dans la recherche de la «vérité» en science, comme une certaine «absence de gratuité» est de mise dans une démarche artistique authentique.

Ce qui est scientifique doit pouvoir être expliqué. Il n'en va peut-être pas de même pour ce qui est de l'ordre de l'artistique ou du littéraire, ce qui ne l'empêche pas bien sûr d'être ouvert aux commentaires. En cela, l'art rejoint le coté inexpliqué de la magie, sans pour autant comme elle (ou comme la science) prétendre à une emprise sur la réalité en général (encore que, par exemple, on peut imaginer que l'art pariétal de l'âge des cavernes ait pu éventuellement être associé à des pratiques magiques). Notons cependant que l'art comme la science font appel à des savoirs d'ordre technique dans leurs réalisations.

Les évaluations des productions scientifiques et artistiques ont une dimension sociale ; mais ces évaluations sont réalisées de manières sensiblement différentes dans chaque cas (cela se traduit aussi par des différences de statuts juridiques pour les productions). En effet, les contributions scientifiques sont évaluées par d'autres chercheurs, et sont en principe reconnues par la communauté scientifique dans son ensemble. Les éventuelles retombées technologiques ou industrielles peuvent aussi contribuer à conférer de l'importance à une découverte scientifique.

De fait, le travail de recherche scientifique, même s'il fait largement place à l'initiative individuelle, est en principe communicable à chaque personne disposant du savoir technique nécessaire, dans la mesure où ses résultats peuvent être exprimés de manière relativement impersonnelle.

Les œuvres des artistes sont nécessairement plus personnelles, même si elles tendent aussi à capter et à exprimer quelque chose d'universel, et même si elles peuvent être prises dans les modes d'une époque. Elles sont, elles, jugées par des critiques spécialisés, qui le plus souvent ne sont pas des artistes, et dans une moindre mesure par le public, ou du moins par les marchands.

Malgré tout, en art comme en science, l'autorité des critiques ou des pairs qui sont les premiers à défendre, ou à aider à faire connaître un travail, constitue un fait social, tout comme plus généralement les mécanismes de reconnaissance. Cela n'empêche pas qu'il puisse y avoir des chercheurs dont l'intérêt et l'importance des résultats ne sont reconnus qu'assez longtemps après leur publication, comme il y a des artistes ou des écrivains «maudits». Inversement, des travaux en art comme en science peuvent se trouver «surestimés» au moment de leur sortie.

De même que l'épistémologie s'interroge sur la pratique scientifique, ou qu'il est possible de porter un regard scientifique sur la création artistique et la réception des œuvres, on pourrait se demander ce qu'il en est d'un «regard artistique» sur la science, le «regard artistique» sur l'art étant dans une certaine mesure le projet de l'art dit conceptuel.

3. REPRÉSENTATIONS

Le chercheur scientifique et l'artiste s'efforcent de produire des représentations du monde, avec bien sûr comme il a été dit des objectifs différents. Il s'agit pour les deux, dans une certaine mesure, de représenter, de penser, de recréer le monde.

Il est remarquable cependant que les productions scientifiques soient d'abord des objets de pensée de nature virtuelle (recueil d'observations, théories, équations...) qui peuvent ensuite éventuellement conduire à la réalisation de machines, de dispositifs concrets, quelquefois étonnants par rapport à ce que jusqu'alors on croyait possible. Au contraire, l'artiste produit des œuvres pour être, selon les cas, regardées, écoutées, touchées, lues..., qui s'adressent ainsi à la fois aux sens et à l'intellect, afin de susciter des émotions, le trouble, voire du plaisir chez son public. Le but de l'art est d'«extraire des blocs de sensations», c'est-à-dire des «composés de percepts et d'affects», soulignent Deleuze et Guattari dans «Qu'est-ce que la philosophie?».

L'artiste entretient un regard non conventionnel sur le monde afin d'être capable de «faire bouger le sens», de subvertir les lieux communs, de susciter des rapprochements inopinés. Il s'agit pour lui de surprendre[3], de troubler ceux auxquels il adresse ses œuvres, souvent de leur donner à penser. À la différence du scientifique, l'artiste joue beaucoup de l'ambiguïté, de la multiplicité des interprétations, des lectures, qui tendent à enrichir l'œuvre, en contribuant à déstabiliser, à déranger celui qui la regarde, l'écoute ou la lit.

Le chercheur scientifique, comme l'artiste, cherche à produire du jamais vu, à découvrir du nouveau. Pour cela, ils doivent être capables de se placer dans de nouvelles perspectives, d'envisager les choses autrement, de questionner les représentations utilisées, de recourir à l'analogie pour effectuer des rapprochements féconds[4].

---

[3] Mary-Anne Williams, Aesthetics and the explication of surprise. *Languages of design. Formalisms for word, image and sound*, 3, p. 145-157, 1996.
[4] G. Polya, *How to solve it. A new aspect of mathematical method*. 2nd edition. Princeton University Press, 1957.

Rappelant en cela quelque peu la pratique scientifique, l'artiste ou l'écrivain peuvent explicitement manipuler certains cadres représentationnels, comme par exemple s'exprimer à l'intérieur de contraintes qui contribuent à définir un « monde » à explorer (il peut s'agir de contraintes de moyens, de « vocabulaires », de « grammaires » par exemple). Cela est en un sens aussi ancien que l'usage de formes fixes. Le rôle pionnier de l'OuLiPo[5] dans le repérage, l'analyse, la manipulation et l'exploitation systématiques de telles contraintes en littérature est bien connu. L'ordinateur peut alors éventuellement aider à gérer ou à exploiter ces contraintes[6], et faciliter les expérimentations, qui étaient jusque là plutôt l'apanage de la science.

Plus généralement, l'analyse des œuvres d'art, des processus de création artistique, de la manière dont une œuvre est reçue par le public, soulève des questions de représentation, au sens où l'intelligence artificielle développe des langages de représentation du monde, des connaissances ou des croyances sur le monde, des intentions, des préférences et des désirs des agents, en faisant intervenir des niveaux de représentation, les contextes de représentation, des associations entre entités...

4. ART ET COGNITION

La création artistique (et d'une manière assez semblable la recherche scientifique), qui met en jeu l'artiste (ou le chercheur), le monde auquel il réfère, la production réalisée, et un public, pose des questions multiples et complexes aux sciences cognitives.

Il s'agit d'une part de comprendre le fonctionnement des mécanismes de perception et de compréhension du cerveau face à une œuvre d'art. On a pu ainsi par exemple faire un parallèle entre l'activation de différents centres visuels du cortex et le style des peintures offertes au

---

[5] OuLiPo, *La littérature potentielle (Créations, Re-créations, Récréations)*. Gallimard, Coll. Idées, 1973. OuLiPo, *Atlas de littérature potentielle*. Gallimard, Coll. Idées, 1981. Les idées de l'OuLiPo ont été mises en œuvre, non seulement en littérature, mais dans d'autres domaines de la création artistique comme la peinture ; voir par exemple :
OuPeinPo, *Prenez Garde à la Peinture Potentielle*. n° 21 des Monitoires du Cymbalvm Pataphysicuvum.
[6] Citons, à titre d'exemple dans le champ littéraire :
– Paul Braffort, La littérature assistée par ordinateur. *Dossier ALAMO* n° 1, 1983.
– Mario Borillo et Jacques Virbel, Bases de connaissances dans les stratégies de création textuelle. *Cahier de l'ALAMO* n° 1, 1983.

regard[7], ou vérifier que l'idée que certains assemblages de couleurs étaient visuellement plus plaisants que d'autres pouvait effectivement être mise en relation avec les «niveaux d'activité» de ces centres. La perception et l'interprétation d'une image par le cerveau met en jeu différents niveaux de traitements allant de la perception inconsciente des couleurs, des lignes, des textures, des formes, au repérage et à l'identification d'objets présents, et finalement à la compréhension conceptuelle de la signification de l'image qui fait appel en général à beaucoup de connaissances extérieures.

Reste aussi à comprendre comment et pourquoi une image peut déclencher des émotions, des sensations d'harmonie, de plaisir, comment le cerveau différencie éventuellement une image ordinaire d'une œuvre d'art, et qu'est-ce qui fonderait des critères «esthétiques». Qu'elle est dans une œuvre d'art la part qui convoque les mécanismes de perception sub-symbolique, et la part qui met en jeu des connaissances, des références symboliques? Comment ces différentes parts interagissent-elles pour résulter en un sentiment d'ensemble chez le spectateur? Y a-t-il quelque chose qui distingue fondamentalement les peintures réalisées par des grands singes[8] de celles réalisées par des artistes expressionnistes abstraits? De manière générale, que peut nous apprendre une meilleure compréhension de la cognition dans ses dimensions neurophysiologique et psychologique quant aux productions de l'art?

D'autre part, les capacités grandissantes des machines[9] à manipuler des représentations de différents niveaux, à gérer des contraintes, à optimiser des critères, permettent d'envisager le développement d'un nombre toujours plus grand d'outils divers d'«assistance» à l'artiste dans la production de ses œuvres, un peu comme la preuve de théorèmes complexes nécessitant des vérifications systématiques mais fastidieuses, peut être maintenant assistée par ordinateur.

De même qu'on peut enseigner à l'ordinateur comment «découvrir» des théorèmes dans un champ scientifique limité, de même on peut envisager de faire faire à une machine des textes, des peintures, des collages, des morceaux musicaux de types donnés. Le programme qui, dans ce

---

[7] Semir Zeki, *Inner Vision. An Exploration of Art and the Brain.* Oxford University Press, 1999.
Voir aussi Joseph A. Goguen, Art and the brain. *Journal of Consciousness Studies*, 6, n° 6/7, p. 5-14, 1999.
[8] Thierry Lenain, *La Peinture des Singes. Histoire et Esthétique.* Éditions Syros-Alternatives, Paris, 1990.
[9] Collectif. *L'Intelligence Artificielle, mais enfin de quoi s'agit-il?* Livret n° 3 du Service Culture de l'Université Paul Sabatier, 2001.

cas, appliquera un certain nombre de «recettes» en laissant sans doute une part au hasard n'en sera pas pour autant un artiste, dénué qu'il sera à ce stade de toute intention, de toute émotion, et vraisemblablement de capacités à dépasser les recettes qu'on lui aura fournies, à explorer des pistes nouvelles, à accueillir des inspirations nouvelles.

Au-delà de l'usage éventuel par l'artiste de tels outils informatiques, le développement des sciences de la cognition humaine et artificielle ne peut qu'avoir à terme un impact sur le regard que les artistes portent sur leur pratique, comme l'art peut éventuellement influencer en retour ces sciences[10]. Plus généralement, on devrait assister dans le domaine de l'art à de plus larges appropriations, récupérations ou détournements de concepts venus des sciences telles que la psychologie ou l'intelligence artificielle. Cela peut aussi éventuellement conduire à des collaborations inédites entre artistes et scientifiques[11].

5. EN GUISE DE CONCLUSION

Ces quelques pages ont voulu souligner le parallélisme des démarches de recherche en art et en science dans leur quête de représentations du monde sous ses divers aspects. Elles ne veulent cependant en rien contribuer à une quelconque tentative d'unification de ces deux types d'entreprise, unification illusoire (dont la naïveté a été soulignée à juste titre[12]), étant donné la différence des buts poursuivis en fait de représentation du monde.

On est ainsi amené à s'interroger sur la nature de l'art, et la part de technique, de savoir-faire (elle, réalisable par la machine, au moins à terme), afin de mieux cerner par différence ce que l'art a de spécifique.

Peut-on aller jusqu'à parler de «beauté» en science, et de «vérité» en art? Au sens où la «beauté» correspondrait à une «économie de moyens» conduisant à des résultats «surprenants» et «plaisants» pour l'intellect, et où la «vérité» renverrait à une certaine qualité du rendu que l'artiste fait de son monde, et à l'exigence de sa démarche? Souvenons-nous que Cézanne cherchait la *vérité* en peinture...

---

[10] Voir, par exemple : Guillaume Hutzler, Bernard Gortais, Alexis Drogoul, *Le Jardin des Hasards*, peinture abstraite et IAD réactive, *Journées Nationales MultiAgent/Intelligence Artificielle Distribuée*, 1997.
[11] *Art/Cognition. Pratiques Artistiques et Sciences Cognitives*. Cyprès/École d'ART d'Aix-en-Provence, 1994.
[12] Jean-Marc Lévy-Leblond, Brèves rencontres de l'art et de la science. In *La Pierre de Touche. La Science à l'Épreuve...*, Gallimard, Folio Essais, 1996.

Nelson Goodman écrit, à la fin de son livre «Langages de l'Art», où il propose un dépassement de la problématique traditionnelle de l'esthétique[13] :

> «La différence entre l'art et la science ne passe pas entre le sentiment et le fait, l'intuition et l'inférence, la jouissance et la délibération, la synthèse et l'analyse, la sensation et la cérébralité, le caractère concret et l'abstraction, la passion et l'action, le médiat et l'immédiat, ou la vérité et la beauté, mais constitue plutôt une différence dans la manière de maîtriser certaines caractéristiques spécifiques des symboles.»[14]

Cette «manière de maîtriser certaines caractéristiques spécifiques des symboles» n'est-elle pas à mettre en relation avec les différences de nature et d'usage supposés des représentations produites en art et en science ?

Les représentations du monde produites par le scientifique et l'artiste, appelons-les respectivement pour simplifier «théories» et «œuvres», seront trouvées par le public concerné «vraies», si ces représentations proposent des modèles ou des images conformes à ce qui est connu du monde, ou «belles» si l'impression qu'elles produisent sur les cerveaux excite l'esprit et d'une certaine façon séduit le public. Bien sûr, l'impact d'une œuvre sur un cerveau dépendra de l'état de ce cerveau (modifié par l'éventuelle présence de lésions, ou moins radicalement par la culture dont sera porteur l'individu concerné), tout comme la vérité d'un énoncé n'est que le reflet de ce qu'on croit savoir du monde[15]. Sans doute est-il plus important pour une théorie d'être vraie, car une théorie qui ne permet pas au moins dans une certaine mesure de rendre compte et de maîtriser le monde (et qui est donc fausse) n'est que de peu d'utilité même si elle est belle, comme une œuvre, image conforme d'un morceau de réalité, mais sans surprises, et riche d'aucune ambiguïté, risque fort d'ennuyer.

REMERCIEMENTS

Une première version de ce texte a été distribuée lors des Rencontres «Art/Sciences de la Cognition», au Musée d'Art Moderne et Contemporain de Toulouse, les 23-24 Mai 2002. L'actuelle version a bénéficié, directement ou indirectement, de discussions avec Mario Borillo, Catherine Gadon et Sébastien Lespinasse.

---

[13] Assez mal-en-point au demeurant. Voir le dossier : Philosophie & Art - La fin de l'esthétique ? *Magazine Littéraire*, n° 414, novembre 2002.
[14] Nelson Goodman, *Langages de l'art*. Éditions Jacqueline Chambon, Nimes, 1990, p. 307-308. Traduction par Jacques Morizot, de «Languages of Art», 1re édition, 1968.
[15] Didier Dubois et Henri Prade, Vérité incertaine, vérité approximative. *Rue Descartes*, n° 31 : «Rationalités de la science», p. 105-126, PUF, 2001.

Modalités de prise en charge du cognitif dans l'art. Chemins que cela esquisse pour une recherche des sciences de la cognition sur l'expérience esthétique

Jacques Leenhardt
EFISAL/CRAL, École des Hautes Etudes en Sciences Sociales, Paris

Partons d'un élément concret : une image, ou plutôt un faisceau d'images, une anecdote, ou plutôt une chaîne narrative, un récit. Images et récits se combinent. Ils occupent un espace dans lequel je n'ai pas pénétré au hasard, un espace qui ne m'a pas laissé, maintenant que je m'y trouve, comme j'étais avant d'y entrer. Les chaussures abandonnées au seuil de la mosquée parlent la langue dans laquelle s'articule le sens. Chaque lieu détermine un rapport au sens.

Je ne voudrais pas parler de l'espace où se rencontrent les récits et les images, ni même de l'attente qui les fait être ce qu'ils sont dans l'expérience esthétique, mais, ayant fortement marqué ce cadrage qui rend possible ce qui suit, je centrerai mon attention sur ces images et ces récits et sur leur statut au regard de la question de la connaissance.

Un exemple qui occupait les murs des Abattoirs, ici même il n'y a pas longtemps, me servira de guide : *Peninsula Europe* de Hélène et Newton Harrison. Il s'agit d'une œuvre constituée de plusieurs images et de plusieurs récits. Mais l'œuvre est une. Faudra-t-il dire que chaque fragment de l'œuvre n'a de sens au plan visuel, et n'apporte sa contribution au processus cognitif, qu'à la condition d'être inscrit par l'artiste (et réinscrit ensuite par l'expérience esthétique) dans la chaîne des signifiants constitutifs de la totalité signifiante ? Chacun de ces fragments porte cependant le projet global et la manière que nous avons, spectateurs, de le regarder, dépend fondamentalement de l'ensemble dans lequel il est inscrit, au point qu'on peut dire qu'il en est en quelque sorte la métonymie.

Mais ce que l'image ou la description narrative dénotent n'est pas le sens de l'œuvre. Ici nous voyons décrites ou représentées des montagnes et des rivières, des prairies et des lacs. L'œuvre des Harrison concerne l'eau et ses territoires, sans doute. À la manière des tableaux paysagistes, ou à la manière des cartes de géographie, ou encore à la manière des schémas agronomiques, ces images représentent, montrent, dénotent. On dira la même chose des récits qui accompagnent souvent ces images, lesquels, sous la forme de fable, de description ou d'analyse, mettent en texte différents des aspects par ailleurs mis en image.

Chemin faisant dans l'exposition close il y a quelques mois, nous nous étonnons en considérant toutes ces images déroulant le long des murs ces registres iconiques quelque peu *inactuels*, sachant que nous avons pénétré dans un «Musée d'art contemporain». Les savoirs auxquels se réfèrent ces registres concernent la cartographie, l'agronomie, le paysage, autant de champs de savoir élaborés depuis des siècles avec leurs *habitus* techniques et leurs images de référence. Un bref travail d'analyse nous les fait remarquer, constitués en exemples au cours de l'expérience que nous faisons de ces images.

Ces savoirs nous apparaissent *inactuels* dans la mesure où ce que nous pouvons percevoir de références agronomiques dans des tableaux comme *Les Très Riches Heures du Duc de Berry* ou dans le tableau du *Bon gouvernement* de Lorenzetti, ainsi que leur corrélat discursif chez des agronomes comme De Crescenzi, font appel à des réflexes de lecture largement *démobilisés* dans l'art contemporain. Non qu'il soit impossible de les mobiliser à nouveau mais, en entrant aujourd'hui dans un Musée d'art contemporain, ce sont d'autres liaisons que spontanément notre esprit mobilise. On dira la même chose des références cartographiques ou paysagères, encore que ces dernières soient moins étrangères que la première au monde de l'art contemporain. Même aujourd'hui où la peinture de paysage semble à beaucoup obsolète, un amateur d'art contemporain sait encore quelque chose de la peinture de paysage. Ainsi donc l'agronomie, la cartographie, le paysage comme champs de savoir, sont exemplifiés par les images que nous rencontrons dans l'exposition *Peninsula Europe* des Harrison. C'est dire d'emblée que l'art que proposent ces artistes (toute forme d'art?) s'inscrit dans une démarche cognitive. Autrement dit encore, que cet art véhicule du savoir et le travaille ou le fait travailler. Comment?

Les dispositifs descriptifs (cartes, plans, dessins) et les dispositifs discursifs (récits narratifs, dialogues faisant apparaître la complexité des enjeux, prose poétique) mis en œuvre par les Harrison, s'appuient sur des éléments *proprement* cognitifs. Ils ne se limitent toutefois pas à ces aspects dénotatifs. Ils fonctionnent comme des métaphores non seulement de situations objectives mais aussi de situations où l'interrogation cognitive opère un retour sur le sujet connaissant.

Je voudrais suggérer que nous nous trouvons ici dans une zone, propre à l'art, au sens le plus général de ce terme, où le cognitif et le conatif voient leurs frontières s'interpénétrer. Nul contenu dénotatif n'apparaît indépendamment d'un dispositif où l'implication du destinataire constitue une finalité essentielle. Par-delà les procédés dénotatifs, une voix s'exprime, une énonciation se donne à entendre, dans le même temps où un destinataire est visé, impliqué. Ce dernier ne pourra se soustraire à ce qui s'adresse à lui que par un geste volontaire du type : « Je ne veux pas le savoir », « Je ne veux pas l'entendre ». C'est cette articulation singulière à l'art qui explique que ses œuvres se présentent finalement comme des énigmes.

Nelson Goodmann nous a familiarisés avec certains aspects de cette question à travers son élaboration d'une théorie moderne des *exempla*. L'exemplification inverse la direction de la dénotation, dit-il, sans pour autant — et même bien au contraire — abolir la fonction cognitive référentielle. Seulement, alors que la dénotation applique à des objets (image, description, etc.) une étiquette générale qui préexiste à cet objet, l'exemplification (qu'on la conçoive dans sa dimension littérale ou métaphorique) remonte de l'objet vers une étiquette qui n'a pas encore d'existence, une étiquette hypothétique, un concept hypothétique pourrait-on dire, au sens que Kant donne à cette notion.

La distinction ainsi posée entre dénotation et exemplification clarifie le plan sémiotique d'expression des œuvres d'art. Elle le clarifie sans poser d'exclusive. L'art peut dénoter, mais l'exemplification est son mode sémiotique par excellence. Elle définit ainsi la nécessité de l'interprétation puisque l'étiquette (le concept) n'est pas donnée mais doit être construite, produite dans la foulée de l'expérience de l'œuvre.

Si Goodmann utilise, pour parler du mode de signifiance des œuvres d'art, la notion de symbole, c'est que les propriétés sémiotiques des œuvres d'art ne sont pas littérales. Non que l'art se réfère principalement à des symboles établis, conventionnels : il aurait — du moins au XXe siècle — plutôt tendance à s'en démarquer, mais l'art se caractérise par une *capacité de symbolisation*, notion que l'on doit entendre au plan formel comme une *performance* — construction de l'artefact — et au plan sémantique comme une *compétence* et une *capacité*. Un savoir-faire et un savoir.

Sur ce point, la théorie goodmannienne permet de dépasser, ou du moins de relativiser, les distinctions traditionnelles entre connaissance et sensibilité. Son «esthétique cognitive», qui dénonce l'aveuglement de l'esthétique pure des émotions, déplace l'enjeu de l'esthétique et de l'art de l'objet (artefact) vers le symbole (équivalent cognitif de l'artefact). On comprend que, grâce à cette réduction cognitiviste (mentaliste), la question de l'énigme de l'objet (du caractère énigmatique de la forme objectale du symbole) soit aisément (trop aisément?) levée. Du coup, l'ambiguïté des symboles (de l'art) n'est plus pour Goodmann un problème qu'il est nécessaire d'affronter. Ce qui disparaît ainsi c'est la distinction entre le rapport cognitif que nous entretenons avec le monde objectif, et qui nous permet de nous orienter dans la réalité, et la relation que nous pouvons construire avec les mondes possibles, les mondes imaginaires, ces mondes subjectifs de l'art et de la littérature, avec lesquels nous entretenons des rapports cognitifs mais distincts de ceux qui nous relient à la réalité quotidienne. Que dire de cette relation cognitive possible?

La relation symbolique aux mondes imaginaires s'appuie sur le caractère *exemplaire* des œuvres : celles-ci ouvrent un horizon que nous interprétons (même si c'est de manière confuse et inconsciente) comme un appel venant de la réalité et manifestant sa vocation à «être différemment». Pour nous, êtres humains, toute réalité est comme elle est, et en même temps elle est susceptible de changement. Il n'y a là nulle tautologie car cette formule souligne l'importance que prend notre intervention cognitive dans l'élaboration de ce que nous définissons comme réalité. Celle-ci est, de part en part, ouverte à une interprétation. En d'autres termes, le processus artistique fait remonter du symbole-objet à une connaissance qui se présente, comme dit encore Goodmann, comme un «prédicat interprétatif», un symbole mental.

Les images qu'exposent les Harrison sont donc à comprendre comme des *exempla*, des exemplifications qui renvoient notre expérience esthético-cognitive à un prédicat interprétatif qui est censé se former dans l'esprit et la sensibilité du spectateur.

Goodmann insiste sur le fait que la représentation en image, tout comme la description verbale, fonctionnent comme des dénotations au deuxième degré. Les deux versants fonctionnent cependant de façon différente : dans son versant dénotatif, la question est celle de l'objet auquel une étiquette (concept) est appliquée, l'autre concerne le genre ou la catégorie de label utilisé. Une représentation (description) dénote un objet et classe le label dénotant cet objet. Les classes d'étiquettes regroupent non des types d'objets mais des types d'étiquettes tels que animaux fabuleux, concepts économiques, noms propres, etc.

Mais la connaissance se résumerait rapidement à une action ritualisée si elle ne comprenait que des classifications figées. Classifier est une activité qui autorise des regroupements inédits. Ainsi, la représentation ne copie-t-elle pas le réel, elle ne l'imite pas au sens d'une reproduction servile, elle organise et classe des étiquettes dénotatives ou esthétiques plus ou moins librement.

Chaque œuvre d'art est une tentative d'organisation et/ou de réorganisation qui s'apparente, dans la théorie de Goodmann, aux expérimentations scientifiques. Ce qui conduit ce dernier à citer Gombrich reprenant la phrase fameuse de Constable : «Painting is a science [...] of which pictures are but experiments» (1836).

Cet apparentement entre art et science est essentiel, et le travail des Harrison le démontre parfaitement. Mais que pouvons-nous dire sur cette articulation et son mode de fonctionnement ?

L'horizon de la science se construit selon la méthode hypothético-déductive. Même si elle use de symboles et de métaphores (par exemple le langage mathématique) qui perturbent les relations et les classifications admises dans l'expérience et le langage quotidien, la science en tant que processus cognitif se doit de rester neutre par rapport aux agents cognitifs : elle ignore et doit ignorer par principe les registres de l'énonciation, de la conviction, de la rhétorique. Ce qui ne signifie nullement qu'elle se tienne à cette règle !

L'artiste n'a pas le même rapport à la question cognitive. Il lui arrive par exemple de dire : «Je ne cherche pas, je trouve».

Cette phrase célèbre de Picasso donne une forme sensible à la divergence entre les procédures cognitives, *stricto sensu*, ou de type scientifique, et la démarche artistique. L'inversion de ce que serait l'ordre normal des propositions «Je cherche donc je trouve» qui, elle, résume le credo scientifique, présente l'activité artistique comme un paradoxe cognitif. C'est que l'œuvre comme symbole-objet, que nous désignerons ici comme «trouvaille», excède les frontières du rapport étiquette-objet dans lesquelles l'esthétique cognitive de Goodmann a tendance à la renfermer. Ce que Picasso «trouve» n'est pas une relation univoque entre deux termes dont l'un dénoterait l'autre en le labellisant. La forme provocante de sa phrase indique au contraire que l'étiquette qu'il accole à son *exemplum*, alias l'œuvre, le symbole-objet, relève d'une logique cognitive dans laquelle le possible bénéficie d'un statut comparable à celui que le réel occupe dans la logique de la science.

L'inversion des propositions a pour effet d'ouvrir une distance, de nature essentiellement temporelle, historique et sociale, entre le constat de ce que le symbole désigne et le sens sur lequel il ouvre. On pourrait tenter de qualifier cet espace d'*espace de maturation*, ou de transformation. En effet l'*exemplum* appartient au monde de la *mimesis* et de l'action, donc du temps en action, dans le cadre duquel ont vocation à s'accomplir dans le réel certains «projets» qui viennent à la formulation dans le possible du symbole artistique.

Picasso ne participe donc absolument pas de ce que serait une mystique de l'inconnaissable : ce n'est pas un hasard s'il s'est toujours, malgré les hauts-cris du public, revendiqué réaliste. Sans doute ce terme est-il trop ambigu. L'art, sans être prophétique, figure ce que les hommes imaginent qui peut arriver. Il n'est pas un compte rendu fidèle. Même le photographe ou le reporter ne sauraient l'être complètement. C'est que le rapport du symbole artistique à la réalité est médiatisé par l'interprétation qu'en feront les publics, et, à travers elle, par la transformation du monde que cette interprétation déclenchera éventuellement. L'art favorise en quelque sorte la venue de ce qu'il représente. Nouvelle formulation paradoxale qui nous conduit au centre de notre interrogation sur sa portée et ses structures cognitives.

Comme on faisait remarquer à Picasso que son portrait de Gertrud Stein n'était pas ressemblant, il répondit : «Il le deviendra». Ce paradoxe de la transformation du réel par la force de sa symbolisation est au cœur de la fonction sociale de l'art. L'art est une forme de connaissance par énigme où ce terme, énigme, signifie que ce qui est connaissable l'est sous la *forme hypothétique*, c'est-à-dire sous certaines conditions qui ne sont pas actuellement données mais pourraient l'être. Dans l'espace symbolique de l'art, la formulation d'une énigme déclenche chez le spectateur un travail d'interprétation qui transforme *potentiellement* l'énigme en réponse, le possible en réel.

La potentialité de la résolution de l'énigme implique un acteur dont il n'a pas encore été question, et qui est essentiel dans le champ de l'art : la perception et la sensibilité qui s'investissent dans l'expérience esthétique.

Le *récepteur* «trouve», au même titre que Picasso «trouve». La différence est ici que la trouvaille de Picasso est objective, qu'elle se matérialise dans un objet, tandis que la trouvaille du spectateur, si elle a lieu, est d'ordre cognitif. Ses attentes face à l'œuvre d'art s'organisent, ou se réorganisent, l'énigme de l'objet donne lieu, en lui, à une configuration cognitive intuitive. Celle-ci demeure dans l'ordre du possible sans pour autant manquer d'efficacité, et pas seulement dans l'ordre des représentations. Les conditions pour que l'*énigme* se transforme en *trouvaille* dépassent, bien entendu, le seul plan de la subjectivité de l'artiste comme de celle du spectateur. Le processus par lequel une configuration nouvelle possible peut émerger implique un accord entre les acteurs de l'expérience esthétique (nous restons tout au long de ce procès dans l'ordre du possible, jamais du réel, même si cet ordre lui-même, qu'on appelle souvent l'imaginaire, est bien réel, et capable de mouvoir des montagnes).

Il existe un champ cognitif de l'art et de l'expérience artistique qui médiatise la transformation de l'*énigme* en *trouvaille*. Ce champ, d'essence sociale, comprend toute une série d'acteurs, tels que les artistes eux-mêmes, les critiques, les institutions pédagogiques, les médias. Il est sans doute dominé par la manière dont, à un moment et dans un lieu donnés, une zone s'ouvre entre l'*acceptable*, qui relève de la redondance et de la répétition, et le *possible*, qui vise une réorganisation du donné perceptif et sémantique.

Pour revenir en conclusion au travail des Harrison, je voudrais y voir une attitude symptomatique :

1. Il s'agit d'un *dispositif*, c'est-à-dire non seulement des savoirs, images, références, mais d'une manière de les *exposer*. L'exposition met un savoir (des savoirs) en situation par rapport à des publics, une sorte d'équivalent de la situation expérimentale, établit un rapport entre sens et finalité, savoir et agir (on sort de la science). L'exposition n'est pas un exposé. C'est le spectateur qui est exposé à la question ouverte par le caractère énigmatique de l'œuvre, ce qui déclenche des processus inductifs.

2. Une exposition des Harrison mixe des niveaux (genres) de connaissance hétérogènes. En cela réside une partie du caractère énigmatique des œuvres d'art en général. Cet état de fait implique la mise en œuvre de modalités cognitives hors-compétence (ou hors cadre normatif légitimé), c'est-à-dire seulement *possibles* (*vs* irréel).

3. Je dis « une exposition des Harrison », comme si la signature « Harrison » valait sens. Mais, au contraire, « Harrison », cela voudrait plutôt dire déclenchement d'un processus cognitif-sensible dont la signature est à venir. Duchamp disait : « Ce sont les regardeurs qui font le tableau ». Le symbole-objet doit encore passer par l'épreuve de l'exposition, pour que la trouvaille chère à Picasso ait vraiment lieu, et ce lieu, historiquement et socialement structuré, prend corps dans le corps qui se soumet à l'exposition comme *expérience* sensible et réalise les fins d'ébranlement qui légitiment cet acte de mise en péril. Alors seulement le processus cognitif (éventuellement) trouve un accomplissement et signe, c'est-à-dire marque, celui qui en est le lieu.

4. Ainsi, ce n'est qu'au terme de ce processus qu'on pourra dire qu'il y aura eu *expérience esthétique*. L'art (série d'objets catégorisés socialement comme tels) est potentiellement destiné (mais non nécessairement ni automatiquement) à entrer dans une telle expérience. Dans les musées ou les collections, beaucoup d'œuvres remplissent d'autres fonctions sociales que cognitives : les avoir vues peut faire partie par exemple d'une certaine conception du statut social. En conséquence, les caractéristiques cognitives de l'art sont radicalement hypothétiques et ne peuvent être évaluées que pragmatiquement à partir des usages qui en sont faits. L'artiste en esquisse les pré-figurations sans pouvoir les déterminer.

Ces quelques remarques pourraient servir à ébaucher un programme de tâches précises et modestes pour une enquête sur les fonctionnements cognitifs, dont ce que j'ai appelé *l'expérience esthétique* de l'art est peut-être le lieu.

Une culture à la confluence des représentations scientifiques et artistiques
Quelques pas à l'Université Paul Sabatier de Toulouse

Catherine Gadon
Responsable du Service Culture à l'Université Paul Sabatier, Toulouse

> « Si les profondeurs de notre esprit recèlent d'étranges forces capables d'augmenter celles de la surface, ou de lutter victorieusement contre elles, il y a tout intérêt à les capter, à les capter d'abord, pour les soumettre ensuite, s'il y a lieu, au contrôle de la raison. Les analystes eux mêmes n'ont qu'à y gagner. Mais il importe d'observer qu'aucun moyen n'est désigné *a priori* pour la conduite de cette entreprise, que jusqu'à nouvel ordre, elle peut passer pour être aussi bien du ressort des poètes que des savants et que son succès ne dépend pas des voies plus ou moins capricieuses qui seront suivies. »
>
> André Breton, *Manifeste du surréalisme*, 1924.

Les Services Culture des Universités Scientifiques peuvent-ils servir les rencontres entre le monde de l'art et celui de la science, participer à l'émergence d'un dialogue entre artistes et scientifiques? Les expériences menées à l'Université Paul Sabatier de Toulouse depuis 1995 ouvrent sur de nombreuses questions qui peuvent peut-être contribuer à la réflexion entamée dans le cadre des « Rencontres Art/Sciences de la cognition ».

Bien que les sujets sur lesquels porte l'action culturelle puissent paraître éloignés des questions soulevées par les Sciences de la cognition, il se pourrait qu'à leur manière, ils participent au développement du territoire très vaste ouvert par l'impact de la connaissance sur l'art et la culture.

Depuis une vingtaine d'années, les Universités Françaises se dotent de Services Culture chargés de développer la vie culturelle et l'expression de la communauté universitaire sur les campus et plus largement sur la cité. Ce fut à la suite d'un rapport accablant rédigé en 1982 par M. Domenach que commença à s'organiser cette prise de conscience. Pour la première fois, il était fait état publiquement de la misère culturelle régnant sur les sites universitaires et par voie de conséquence de l'indigence culturelle des étudiants peu soutenus dans leurs initiatives et dans leurs pratiques de cette matière. Il y avait un décalage insupportable entre l'identité et l'exigence du lieu, «temple» de la connaissance et de sa diffusion, et la misère des pratiques proposées sur les sites. Le plus souvent, elles étaient réalisées sans le concours des savoirs du monde professionnel et des artistes. Si ce fossé tente aujourd'hui de se combler, la réflexion suscitée par le développement d'une politique culturelle dans un établissement universitaire l'engage sur des terrains beaucoup plus complexes. Trop souvent assimilée dans les universités à une question de divertissement, la culture en France, et depuis Malraux, revendique elle aussi le terrain de la connaissance et du savoir acquis par l'expérience et la création. Du même coup, installer un Service Culture dans une université pose la question du recours aux connaissances, à leur représentation et leur diffusion. Il s'agit d'interroger le sens de ce qui se fait, se produit et tenter le dialogue entre ce que l'on sait et ce que l'on veut montrer. De fait, cette hypothèse de travail est aujourd'hui rattrapée par la société civile qui exige d'accéder à l'information et à la diffusion des recherches scientifiques. Elle souhaite comprendre le monde qui se construit, exercer son esprit critique et choisir en connaissance de cause. Une revendication qui relève typiquement des missions de Service Public. La création d'un Ministère de la Culture fut en son temps réalisée sur ces mêmes bases, conséquence d'une volonté de démocratisation de l'accès aux œuvres d'art. L'apport de ce développement culturel initié par Malraux peut se trouver au cœur de ce nouveau dispositif associé au mouvement des sciences. L'expérience accumulée depuis l'origine a permis de dégager les questions soulevées par la représentation et l'interaction avec le public. Le dialogue entre les artistes et les scientifiques peut s'avérer fructueux dans la recherche de passerelles innovantes pour aider à la diffusion de l'information scientifique et technique. De leur côté, le développement des technologies de l'information, et plus largement des Sciences de la cognition, repose la question de la représentation du monde. L'Homme entre au cœur de sa propre construction. Qu'il s'agisse de ses caractéristiques biologiques, de l'utilisation des langages naturels, symboliques, du calcul «intelligent», d'images mentales, de perception... ce sont autant de connaissances nouvelles qui l'interrogent sur son interaction avec le monde. L'artiste et le chercheur peuvent trouver ici un espace de dialogue où leurs propres expériences peuvent à la fois nourrir la recherche de questions nouvelles et féconder la démarche de l'artiste dans sa production.

LE PREMIER CONSTAT : LA SCIENCE SANS CONSCIENCE?

Les missions culturelles dans les universités sont récentes, et plus particulièrement pour les Universités Scientifiques. Le Service Culture de l'Université Paul Sabatier, par exemple, existe depuis deux ans. Elles résultent de la loi du 16 janvier 1984 sur l'enseignement supérieur, art. 2 et 7 : «Le service public de l'enseignement supérieur contribue [...] à l'élévation du niveau scientifique, culturel et professionnel de la nation et des individus qui la composent. [Il] a pour mission le développement de la culture et la diffusion des connaissances et des résultats de la recherche. Il favorise l'innovation, la création individuelle et collective dans le domaine des arts, des lettres, des sciences et techniques.»

À l'époque, le constat est double : les universités manquent cruellement de moyens de communication pour diffuser leur propre culture et les étudiants sont de plus en plus écartés d'une culture générale et de la fréquentation des lieux culturels. La philosophie des sciences, l'enseignement de l'épistémologie, l'histoire des sciences sont autant de disciplines dont l'espace a été progressivement réduit dans les cursus universitaires. Les exigences professionnelles de la recherche, la compétition, les pressions pour un développement toujours plus rapide des connaissances appliquées et la précarité financière des étudiants expliquent certainement cette dérive. Un véritable fossé s'est créé entre l'étudiant et la cité, le citoyen et le chercheur, mais aussi entre les différentes disciplines scientifiques.

Ceci a contribué à rendre aujourd'hui nécessaire la recherche d'outils de communication innovants pour trouver un chemin de mise en culture de la Science.

Einstein à sa manière exprimait dès 1933 l'indispensable rapport des scientifiques à la société dans un texte sur l'éducation pour une pensée libre. «Il ne suffit pas d'apprendre à l'homme une spécialité. Car il devient ainsi une machine utilisable mais non une personnalité. Il importe qu'il acquière un sentiment, un sens pratique de ce qui vaut la peine d'être entrepris, de ce qui est beau, de ce qui est moralement droit. Sinon il ressemble davantage, avec ses connaissances professionnelles, à un chien savant qu'à une créature harmonieusement développée. Il doit apprendre à comprendre les motivations des hommes, leurs chimères et leurs angoisses pour déterminer son rôle exact vis-à-vis des proches et de la communauté. »[1]

LE DEUXIÈME CONSTAT : LA CONSCIENCE DE L'ART

La signature du protocole de coopération inter-ministériel intervenue en 2002 entre le Ministère de la Culture et le Ministère de l'Éducation Nationale place aussi l'enjeu dans le développement de l'éducation aux Arts. Les Sciences et les Arts déclinent chacun à leur manière les formes contemporaines de notre représentation du monde. Pour ce qui est des Arts, Jean Marc Lauret, chargé de mission au Ministère de la Culture, en donne les raisons dans son étude sur «Culture et Universités» éditée en 1997 : «Nous savons qu'il n'y a pas de rapport immédiat aux œuvres et que l'appréhension des œuvres passe par la maîtrise des codes esthétiques et la capacité de s'en libérer pour accueillir les formes nouvelles d'expression artistique. Autrement dit, nous avons appris depuis l'époque Malraux que l'éducation est le secteur stratégique dans lequel il faut investir pour mener une politique d'élargissement de l'accès à la culture.»[2]. Par conséquent, les Services Culture des universités interviennent aussi comme interlocuteurs auprès des Conseillers du Ministère de la Culture et se confrontent à la définition des rôles de chacun, des universitaires comme des artistes.

Michel de Certeau voyait, dans le développement de la médiation, l'interaction voire le conflit entre deux personnages qui révèlent avec justesse la singularité de ces nouvelles missions dévolues aux universités : «l'expert et le philosophe». Tous deux sont chargés d'être les médiateurs entre un savoir et la société. «L'expert qui introduit sa spécialité dans l'aire plus vaste et complexe des décisions socio-politiques et le philosophe en tant qu'il ré-instaure, relativement à une technique particulière (mathématique, logique, psychiatrie, histoire, etc.) la pertinence d'interrogations générales.»[3]

---

[1] Albert Einstein, *Comment je vois le monde*, Champs Flammarion, 1979, p. 25.
[2] Jean Marc Lauret, *Culture et Universités*, Les Presses du réel, 1997, p. 12.
[3] Michel de Certeau, *L'invention du quotidien 1. Arts de faire*, Gallimard, 1990, p. 20.

La Culture dans les Universités se trouve souvent tiraillée entre la définition des rôles de l'expert et du philosophe, entre les attentes et les certitudes portées par les différentes communautés impliquées dans ce processus.

QUELQUES ESQUISSES DE RÉPONSE : UNE SCIENCE DE L'ART?

À chaque Université correspond une définition singulière et spécifique de sa politique culturelle. Il n'y a pas de règle universelle, la disparité des moyens humains et financiers raconte l'histoire particulière de ce processus. Le contexte géographique, politique, culturel et les ressources disponibles expliquent parfois les choix opérés par certaines universités et collectivités territoriales.

À l'Université Paul Sabatier, des services répondent tout d'abord à la demande sociale d'expression artistique par le soutien aux pratiques amateur des étudiants et des personnels. Pour ce faire, plusieurs espaces et équipements sont à disposition de la communauté, dont une salle de spectacles gérée par le Service Culture. Dans ce qui relève de la diffusion culturelle des savoirs, l'Université Paul Sabatier et son Service Culture se sont définis trois grandes missions : a) le développement de la culture scientifique et technique dans son expression la plus contemporaine mais aussi dans son élaboration historique; b) le développement de la culture artistique; et enfin c) le développement du dialogue entre l'art et la science. Ces dernières missions, dont il sera fait état plus particulièrement ici, reposent en filigrane sur trois hypothèses : l'information et la diffusion comme première étape pour l'échange des connaissances et l'appréhension des questions relatives à la transmission, l'expérience de l'art comme possible médiation de l'expérience de la science et enfin l'expérience de la science comme possible médiation de l'expérience de l'art.

a) L'information et la diffusion des savoirs

La plus évidente et la plus «naturelle» forme de diffusion et d'information est de mettre à disposition de la communauté et plus largement du public de la cité, des cycles de conférences relevant des compétences spécifiques de l'Université.

L'objectif est de donner une représentation des différents domaines d'enseignement présents sur notre site. Il s'agit essentiellement d'une programmation conçue par les enseignants et chercheurs, qui intègre l'intervention de scientifiques locaux et l'invitation de personnalités notoires dans un domaine spécifique. De ce fait, nous offrons l'occasion au public de la cité comme à la communauté universitaire de connaître à la fois les domaines de recherche de notre site mais aussi les figures qui fondent la dynamique des enseignements de l'Université.

Dans ce même esprit, un cycle annuel de conférences sur le patrimoine scientifique traite de la constitution des enseignements, des collections et des figures intellectuelles qui ont marqué l'histoire de l'établissement et plus largement celle de la ville et de la région.

Le recours à l'histoire des enseignements et à la construction des savoirs permet de saisir les mutations méthodologiques et l'évolution des connaissances. De plus, il redonne à la Science la place qu'elle occupe dans l'histoire culturelle locale. Par ailleurs, la nécessaire adaptation du scientifique dans l'organisation de ses propos et de ses connaissances pour satisfaire aux exigences d'un public large impose une réflexion et un exercice concret au sujet des principes nécessaires à la transmission des savoirs. Les questions de la (re)présentation sont au centre de la préoccupation du scientifique qui veut faire entendre son sujet de recherche.

Concernant l'information et la diffusion de la culture artistique, le projet est particulièrement difficile à intégrer dans une Université Scientifique. Éloigné *a priori* de toute relation avec les enseignements qui sont donnés, il ne répond pas à un besoin de la communauté universitaire. Au mieux, il peut entrer dans la catégorie des distractions offertes sur le site. Pour autant, les compétences acquises et les connaissances accumulées dans les différents territoires de l'expression artistique pourraient converger avec la volonté de prendre en compte la problématique de la représentation. Qu'il s'agisse d'écriture, de mise en scène, d'expositions, d'esthétique, de travail d'acteur, toutes ces modalités du travail artistique pourraient apporter des savoirs dont les scientifiques sont le plus souvent privés. Cette méconnaissance, d'ailleurs, est souvent source d'incompréhension et de quiproquos. Les uns et les autres revendiquant le savoir-faire.

Toutefois, nous avons pu expérimenter un travail de dialogue entre artistes, étudiants et scientifiques à partir de spécificités de notre Université. La présence sur notre site d'une Unité de Formation et de Recherche (UFR) en Sciences et Techniques des Activités Physiques et Sportives (STAPS) et l'Institut de Recherche en Informatique de Toulouse (IRIT) ont permis d'engager un processus de dialogue avec le monde de la danse. Conçu comme un complément aux enseignements en danse de STAPS et comme problématique de représentation et d'interprétation du mouvement humain pour les informaticiens, de nombreuses rencontres ont été organisées avec des chorégraphes et des danseurs. Nous avons ainsi accueilli des créateurs importants comme Merce Cunningham qui s'est exprimé pour la première fois uniquement sur la conception et l'utilisation de son logiciel «Life forms» d'aide à la création chorégraphique, sur la question de la notation «Laban» avec Simon Hecquet, avec Joseph Nadj sur la mémoire du mouvement, une conférence sur le vocabulaire chorégraphique de William Forsythe, etc. Le partenariat avec les structures culturelles de la Ville s'opère ici de façon positive, ce qui permet à long terme la construction d'une programmation artistique qui peut prendre en compte les questions qui intéressent aussi l'Université.

Cette expérience démontre qu'il est possible, au prix d'une réflexion qui fixe les territoires et les intérêts des uns et des autres, de développer un dialogue approfondi avec le monde de la création, pour contribuer ainsi à une meilleure compréhension réciproque des différents savoirs.

À partir de cette première étape, qui se poursuit, nous avons ouvert d'autres voies, avec d'autres expériences où l'exercice du dialogue tend à s'approfondir.

b) L'expérience de l'art comme médiation de l'expérience de la science

Même dépourvue de relations spécifiques avec les enseignements scientifiques, la volonté d'aborder les questions de l'art contemporain n'en fut pas moins un objectif pour répondre aux missions culturelles sur un site universitaire. Comment définir l'«en-commun» des artistes et des scientifiques pour trouver une raison d'être *in situ* à la culture artistique? Le choix ici s'est déterminé sur la question de l'intention, de la posture. L'art contemporain est en partie né d'une mise en abîme du regardeur. L'artiste dans ce cas devient un expérimentateur et le regardeur un «cobaye» soumis à l'épreuve de ses perceptions. Nous nous sommes donc intéressés aux artistes qui ont dans leur démarche pris une posture proche de celle du scientifique dans une analyse systématique des possibilités d'expression de leur art. Nous avons convenu que le territoire artistique le plus révélateur de cette posture est en partie lié à la naissance du cinéma. Ce projet a été possible grâce à l'initiative et à l'engagement de deux chercheurs de l'IRIT[4], de leur érudition sur le sujet.

---

[4] Jacques Virbel et Colette Ravinet, concepteurs du projet.

L'objectif était de décliner la méthodologie de déconstruction opérée par des artistes à partir du support technique que leur offrait le cinéma.

«expérimentation En cinéma» fut ainsi la première expérience culturelle que nous proposions sur le site de l'Université Paul Sabatier. Cette manifestation existe maintenant depuis 8 ans et elle est intégralement consacrée pendant deux jours à la projection de films expérimentaux.

«Le cinéma expérimental recoupe, parfois naïvement ou délibérément, les champs d'investigation des recherches consacrées à la perception visuelle : forme, texture, couleur, relief, contours, mouvements; ses traces mémorielles (fugacité, rémanence, etc.) et ses traitements cognitifs (représentations, images mentales), ses accès par le langage, où l'on établit que voir n'est pas que (ni d'abord) simplement enregistrer, mais appréhender, interpréter et(re)construire.»[5]. Nous avons opéré de façon progressive en proposant l'archéologie du cinéma expérimental pour dévoiler de façon didactique la déconstruction et les recherches menées par ces artistes qui ont fondé une grande partie des investigations de l'art contemporain.

Des mouvements artistiques comme les constructivistes, les futuristes, DADA, le Bauhaus... furent autant de tentatives et d'expérimentations de nouveaux outils de perception. La recherche d'un code de langage commun aux arts comme à la technique est l'enjeu de toute une époque où les mondes tentent de se fabriquer ensemble. C'est ainsi que Marcel Duchamp, Viking Eggeling, Oskar Fischinger, Isidore Isou, Peter Kubelka, Len Lye, Laslo Moholy-Nagy et tant d'autres ont tenté d'exprimer les nouvelles perceptions comme réalité contemporaine d'un nouveau regard en construction.

Cette manifestation est encore vécue pour beaucoup comme une extravagance, mais pour le noyau des fidèles, un chemin discret s'est doucement dessiné. L'«en-commun» ne résiderait-il pas dans la méthode, le processus mis en œuvre pour expérimenter et tenter de comprendre ce qui fonde notre perception visuelle et son agencement? Cette tentative exigeante d'une recherche de vocabulaire dans la perception des formes et des mouvements ne serait-elle pas ce que Nelson Goodman[6] a tenté lui aussi de nous décrire dans son livre «Langages de l'Art»?

Est-il possible d'imaginer qu'une synergie se serait et continuerait à se développer entre les artistes et les scientifiques attachés à comprendre et

---

[5] Extrait du texte de présentation de «expérimentation En cinéma», Jacques Virbel et Colette Ravinet.
[6] *Langages de l'art*, Édition Jacqueline Chambon, Paris, 1986.

à décrire le champ de la perception humaine ? L'art serait-il une voie par laquelle il est imaginable d'accéder à cette connaissance ?

La question reste entière et l'intérêt d'ouvrir ici un territoire pour les recherches dans les domaines de la perception visuelle où les expériences artistiques pourraient servir de support à l'étude scientifique reste à inventer. Toutefois, une fois encore, l'expérience du dialogue est devenue accessible et dépend en grande partie d'une volonté et d'une reconnaissance de l'intérêt d'une confrontation des expériences au sujet de la représentation.

c) L'expérience de la science comme médiation de l'expérience de l'art

Cette dernière perspective de travail cherche à pénétrer le monde de la création théâtrale contemporaine et ses outils de représentation lorsqu'ils sont mis au service de la découverte d'un chercheur et de la littérature scientifique. L'hypothèse repose ici sur l'intérêt émotionnel de certains textes scientifiques non dépourvus de qualités littéraires. Ces champs d'investigation sont quasiment ignorés de la création contemporaine institutionnelle et pourraient pourtant servir à leur manière à «l'élévation du niveau scientifique, culturel et professionnel de la nation et des individus qui la composent»[7]..

De plus, les quelques exemples dont on dispose révèlent qu'il est possible d'éprouver des émotions similaires à celle de l'émotion littéraire. L'exemple du «Galilée»[8] de Brecht est une tentative superbe pour approcher le bouleversement des perceptions et la re-fondation du monde à partir des découvertes de Galilée. L'extraordinaire réécriture de Brecht porte en elle toute la dramaturgie et la passion nécessaires à la représentation théâtrale. De même, récemment, Jean François Peyret, dans sa création «Histoire Naturelle de l'esprit (suite et fin)», tente une représentation des recherches conduites par Alan Turing dans son travail fondateur autour des automates et de la question de l'intelligence de la machine. Nous avons à ce propos édité un livret, «Les machines pensent-elles ?»[9] rapportant la rencontre organisée au Théâtre National de Toulouse entre Jean-François Peyret et trois chercheurs en Intelligence artificielle.

---

[7] *Cf.* extrait du texte de Loi de l'enseignement supérieur de janvier 1984.
[8] Bertholt Brecht, «Galilée»...
[9] Livrets du Service Culture, Université Paul Sabatier, «Les machines pensent-elles?», Toulouse, mars 2001, et «L'Intelligence Artificielle, mais enfin de quoi s'agit-il?», novembre 2001.

Nous nous sommes également engagés avec le metteur en scène Luc Lévêque à la création d'un spectacle théâtral : «Les miroirs de Galilée», réalisé à partir d'un texte de Galilée extrait des «Dialogues sur les deux grands systèmes du monde». Le parti pris est ici de livrer le texte original, la seule médiation passant par une mise en scène adaptée. Le travail consiste à expérimenter les capacités d'émotion associées à un texte scientifique et les contraintes qu'il exige pour y accéder. Il ne s'agit pas d'une réécriture, mais bien de tenter l'aventure de la représentation théâtrale d'un texte scientifique brut. «Les Dialogues sur les deux grands systèmes du monde» ont l'intérêt de présenter trois personnages en situation d'échanges et d'argumentation. L'art et l'émotion se trouvent dans la dialectique qu'offrent les dialogues. L'enjeu de l'échange est de voir l'organisation méthodique de Galilée bouleverser les représentations du monde de ses deux interlocuteurs. Tout est dans le langage, et les corps ne sont qu'un support presque dérisoire à l'organisation du «drame». L'expérience porte sur la capacité d'une langue logique, voire mathématique, a imposer des questions artistiques particulièrement contemporaines. Un *logos* qui impose la recherche d'une logique du corps, d'un corps opportun pour porter ce texte. Idée que l'on peut trouver dans le texte de Kleist «Sur le théâtre de marionnettes» où à la question sur l'avantage de la marionnette sur le corps vivant et humain, Kleist répond : «Avant tout, mon excellent ami, un avantage négatif : elle ne ferait en effet jamais de manières. Car l'affectation apparaît, comme vous le savez, au moment où l'âme (*vis motrix*) se trouve en un point tout autre que le centre de gravité du mouvement. Et comme le machiniste ne dispose, par l'intermédiaire du fil de fer ou de la ficelle, pas d'un autre point que celui-ci, les membres sont comme ils doivent être, morts, de simples pendules, et se soumettent à la seule loi de la pesanteur ; une propriété merveilleuse, qu'on chercherait en vain chez la plupart de nos danseurs.»[10].

Dans cette quête du minimalisme se retrouvent certaines similitudes avec les questions que nous avons abordées à partir de l'expérience du cinéma expérimental. Le besoin d'un vocabulaire objectif, dépourvu d'empreinte trop affective, pourrait fournir l'ascèse nécessaire pour accéder aux idées, à leur vérité pour ce qui est des sciences ou à leur beauté ou à leur grâce pour ce qui est de l'art. La difficulté de ce projet reste en grande partie liée à l'inexpérience du public confronté à la méthodologie scientifique et à son extrême rigueur. La modernité du texte de Galilée est dans sa capacité à formaliser des connaissances sans structures

---

[10] Kleist, *Sur le théâtre de marionnettes*, Éditions Mille et une Nuits, septembre 1993.

mathématiques. Dans le texte choisi, il s'agit de prouver que la lune n'est pas lisse et plate comme un miroir mais ronde et rugueuse. Plusieurs siècles après, nous rencontrons toujours la même difficulté à produire un discours identique à celui de Galilée pour expliquer notre perception du monde et les découvertes qui la fondent. Nous sommes confrontés dans cette expérience à la question que se posent de nombreux scientifiques sur la vulgarisation de leur savoir. Est-il possible d'imaginer un vocabulaire ou la construction d'un langage spécifique capable de communiquer les questions relatives aux avancées de la science, et en quoi elles peuvent bouleverser notre représentation du monde? Peut-on imaginer un théâtre où ces questions seraient traitées pour servir nos objectifs? Peut-on trouver dans le théâtre contemporain, c'est-à-dire toutes les formes du théâtre contemporain (en y incluant le cinéma et la télévision), une voie possible pour répondre à l'exigence de la loi sur l'enseignement supérieur de 1984? Un peu comme l'exprimait Diderot dans son ambition de lancer un théâtre d'idées. Quel dialogue doit-on élaborer entre média, artistes, enseignants et chercheurs pour faire entendre et partager les savoirs? Quelle serait la méthode la plus appropriée pour éviter des interprétations irrationnelles ou immorales, voire des reconstructions ou des applications abusives?

Autant de questions dans lesquelles se trouvent immergées la structuration des missions d'un Service Culture dans une Université Scientifique. Bien évidemment, il n'existe pas de réponse tranchée, même si l'institutionnalisation progressive des Services Culture des Universités formalisera tôt ou tard leur rôle et leur place au sein des Universités. L'engagement du Service Culture dans l'organisation des «Rencontres Art/Sciences de la cognition» s'explique en grande partie par sa volonté de réserver un espace à la recherche dans l'élaboration d'une politique culturelle d'un Établissement d'Enseignement Supérieur. De plus, il peut ainsi affirmer son intérêt et participer aux missions d'innovation dans la réalisation d'une recherche commune. L'Université, même lorsqu'il s'agit de diffusion et de création dans les domaines de la culture scientifique ou dans celui des arts, reste le lieu de l'enseignement et de la recherche. Un lieu qui reste idéal pour expérimenter de nouvelles voies dans le domaine de la représentation.

DEUXIÈME PARTIE

EXPLORATIONS COGNITIVES DE PROCESSUS CRÉATIFS

Penser le mouvement

Bernard Thon[1] et Marielle Cadopi[2]

Dans de nombreuses situations, le processus de création artistique combine des intentions, des représentations mentales de l'œuvre en devenir, et des mouvements du corps destinés à le construire. Le sens commun accorde spontanément plus d'importance à la pensée qu'à la motricité dans cette démarche créatrice. Si la virtuosité motrice fait généralement l'admiration du public, elle est aussi parfois méprisée, considérée comme artifice, trompe-l'œil, superficielle ou même imposture. Ceci correspond certainement à une tendance assez répandue de valoriser les instances de décision au détriment des structures exécutives, et de considérer le corps comme un simple instrument soumis aux intentions de l'esprit. Pourtant, la motricité est souvent indispensable à la réalisation de l'objet : le peintre ou le sculpteur doivent coordonner dans le temps et dans l'espace des mouvements précis pour voir s'actualiser concrètement leurs intentions créatrices. Bien entendu, il est des domaines tels que la danse, la gymnastique ou le patinage artistique dans lesquels le rôle central de la motricité est évident, puisqu'elle constitue l'objet même de la création, mais on a alors tendance à considérer que les mouvements exprimés sont le produit de commandes motrices elles-mêmes élaborées par des processus mentaux supérieurs. La pensée se voit donc généralement attribuer un rôle hiérarchiquement important dans la création artistique, alors que celle-ci, comme nous souhaiterions le suggérer, résulte d'interactions complexes entre la pensée et le mouvement, les représentations mentales et la motricité, l'esprit et le corps, qui contribuent à l'élaboration de l'œuvre. Tenter de modéliser ces interactions complexes peut alors participer à une compréhension plus générale de la création artistique, au moins dans certains domaines, même si

---

[1] Laboratoire «Adaptations Perceptivo-Motrices et Apprentissage», UFR.STAPS, Université Paul Sabatier, Toulouse
[2] Laboratoire «Efficience et Déficiences Motrices», UFR.STAPS, Université Montpellier I

celle-ci ne peut être réduite à la seule mise en œuvre motrice d'une pensée abstraite.

Les rapports entre pensée et mouvement ont été initialement formalisés comme des relations entre l'esprit (voire l'âme) et le corps dans les courants philosophiques dont Descartes (1596-1650) est le représentant le plus remarquable pour avoir tenté d'élaborer un modèle formel de ces relations. Ce courant de pensée vient certainement du «sentiment» qu'a l'être humain de vivre dans deux univers, celui du monde physique et celui de la pensée. Dans l'un, ses déplacements et ses gestes s'inscrivent dans l'espace, ont une certaine étendue, obéissent aux lois de la physique mécanique, et sont compréhensibles en termes de force, énergie, masse, distance, direction, vitesse, etc. Dans l'autre, il manipule des images, des symboles, des idées, qui ne semblent pas avoir d'étendue (sentiment de l'unicité de l'esprit) ni être soumis aux lois de la physique. Les relations entre ces deux entités correspondant à des «substances» différentes seraient, selon Descartes, assurées par la glande pinéale (Smith, 1998), sorte d'interface entre l'esprit et le corps.

Ces conceptions dualistes se retrouvent, sous une autre forme, dans certains courants actuels des sciences cognitives qui distinguent deux grands niveaux de fonctionnement chez l'être humain (Paillard, 1985, 1990).

Le premier niveau est celui des processus sensori-moteurs qui sont engagés, par l'intermédiaire des récepteurs sensoriels et des effecteurs musculaires, dans les interactions avec le monde physique et assurent le contrôle des mouvements finalisés. L'approche cybernétique a permis de formaliser des modèles de ce contrôle qui implique des boucles de rétroaction alimentées par les très nombreuses informations sensorielles (captées par les récepteurs visuels, labyrinthiques, tendineux, articulaires, etc.) qui indiquent l'état de l'environnement et celui du système effecteur lui-même (Berthoz, 1993, 1996). Ces boucles de contrôle permettent la comparaison entre les informations sensorielles attendues et les informations actuellement reçues. Une différence entre les deux ensembles d'informations génère un signal d'erreur qui servira à modifier les commandes motrices de telle sorte que les informations reçues correspondent aux informations attendues (Adams, 1971). Ces représentations sensorielles du mouvement, ainsi que les programmes moteurs qui assurent la génération des commandes motrices seraient construits à partir de représentations plus abstraites de l'action motrice, ou schèmes moteurs, correspondant à des catégories de mouvements (Schmidt,

1975). Ces processus de contrôle du geste peuvent fonctionner de façon automatique, sans intervention de l'attention ou prise de conscience.

Le second niveau est celui des processus cognitifs qui opèrent sur des représentations symboliques du monde, et non sur le monde physique lui-même. C'est le domaine de la pensée, du langage, des images mentales, des intentions, du raisonnement, etc. Ces processus semblent indépendants des lois de la physique même si, de façon inconsciente, les lois de la physique ou les propriétés du monde physique sont intégrées dans ces processus comme le montrent, par exemple, les célèbres expériences de rotation mentale d'objet (Shepard, 1984; Shepard & Metzler, 1971). Bien évidemment, ce niveau de fonctionnement est alimenté par les informations sensorielles, mais il n'est pas directement impliqué dans le contrôle du mouvement pendant son exécution. En d'autres termes, ces processus cognitifs sont placés «en dérivation» par rapport aux boucles sensori-motrices.

Ces deux niveaux de fonctionnement sont susceptibles de se modifier par l'apprentissage, l'expérience de l'individu ou l'acquisition de connaissances. La mémoire des systèmes sensori-moteurs se manifeste par des modifications adaptatives de leur propre fonctionnement (mémoire dispositionnelle), tandis que la mémoire des systèmes cognitifs concerne autant la formation de représentations symboliques (mémoire représentationnelle) que l'amélioration de leur traitement (Paillard, 1990). Cette dichotomie fonctionnelle est attestée par de nombreuses observations neuropsychologiques.

Cependant, ce modèle général reste stérile si on n'envisage pas les relations entre ces deux grands niveaux de fonctionnement qui participent à l'actualisation des comportements, verbaux ou moteurs. La pensée peut s'incarner dans la motricité, et la motricité alimente la pensée. Un des défis actuels des sciences cognitives, plus particulièrement de la psychologie et des neurosciences, est de modéliser ces rapports entre les processus symboliques «de haut niveau» qui s'expriment dans la pensée, et les processus sensori-moteurs qui permettent l'actualisation et le contrôle des mouvements du corps.

QU'EST-CE QUE « PENSER LE MOUVEMENT » ?

Penser un mouvement, c'est évoquer mentalement, sous forme d'images ou de mots, les postures et les déplacements des segments corporels qui devraient être actualisés pendant son exécution réelle. Cette évocation, ou répétition mentale, peut se faire selon deux point de vue : celui du spectateur (perspective externe) ou celui de l'acteur (perspective interne) (Hardy & Callow, 1999; White & Hardy, 1995). Dans la perspective externe, c'est essentiellement l'imagerie visuelle qui est sollicitée pour construire une représentation dynamique d'une autre personne en train d'effectuer le mouvement. Dans la perspective interne, ce sont les «sensations», visuelles ou kinesthésiques, qui devraient être reçues par l'acteur au cours de l'exécution du mouvement qui font l'objet de tentatives d'évocation mentale. Ces représentations mentales des conséquences sensorielles du mouvement peuvent être accompagnées de l'émission de commandes motrices infraliminaires, trop faibles pour provoquer une activité musculaire (Perry & Morris, 1995; Suinn, 1993). Les caractéristiques temporelles de l'imagerie mentale de l'action sont similaires à celle de sa production réelle (Decety, Jeannerod & Prablanc, 1989; Decety & Michel, 1989). De plus, les techniques modernes d'imagerie cérébrale montrent que la répétition mentale d'actions motrices active les mêmes structures cérébrales que celles impliquées dans son exécution réelle (Jeannerod, 1994, 1997; Kosslyn, Behrmann & Jeannerod, 1995), suggérant ainsi une continuité entre la «pensée» du mouvement et son actualisation par les processus sensori-moteurs.

L'étude de la communication entre acteur et spectateur permet de s'interroger sur ces relations entre pensée et mouvement. Pour beaucoup de chorégraphes et de danseurs, la danse est une activité qui sollicite à un très haut point l'empathie kinesthésique. Pour Merce Cunninhgam (1974), par exemple, «le sens kinesthésique est un comportement singulier et heureux (qui) fait que l'expérience de danser nous est commune à tous». De même, Godard (2001, p. 79) écrit : «Pour aujourd'hui, je ne définirais pas la danse par son objet mais par son mode de réception, c'est-à-dire par la sensibilité particulière qui est éveillée lorsque quelqu'un bouge en face de soi». Il nomme cette sensibilité «l'empathie kinesthésique» : le spectateur est «bougé» dans son propre corps par cette danse qu'il aperçoit (on retrouve ici la notion de méta-kinêsis de John Martin : la kinêsis se transporte d'un corps à l'autre). Il y aurait donc, dans la relation danseur-spectateur, une dimension qui repose sur des fondements phylogénétiques et ontogénétiques que certains chercheurs commencent à mettre en évidence en neurosciences, complétant ainsi les positions de Wallon relatives au «dialogue tonico-émotionnel». Dans le domaine de la danse toujours, on qualifie la motricité de «motricité d'expression» par opposition à la motricité d'effection. Nadel (1978) rappelle que la motricité d'expression, bien antérieure à celle de l'effection, a des racines ontogénétiques profondes. À partir des travaux de Wallon, elle précise que «si le petit d'homme est démuni de tous moyens d'échanges directs avec le monde physique par l'immaturité des systèmes extéroceptifs, il dispose néanmoins rapidement des moyens de mettre en forme son corps en fonction de ses états organiques et posturaux. Ces réactions initialement physiologiques, qui s'expliquent par les connexions étroites et directes existant entre système neuro-végétatif et activité tonique, engendrent des activités différenciées de l'entourage et permettent rapidement l'organisation de liaisons conditionnelles entre réactions du bébé et interventions de l'entourage qui font passer l'expression d'un état organique ou postural sur le versant de l'expressivité émotionnelle... En somme, l'enfant est poussé, réduit, contraint à développer ses capacités expressives pour survivre.» La fonction tonique remplit ainsi une fonction expressive, c'est-à-dire «une fonction de prise d'attitude, de mise en forme du corps dans l'objectif de refléter et de stimuler ses dispositions propres». C'est un dialogue «tonico-émotionnel» pour signifier quelque chose à quelqu'un. Avec le développement de l'enfant et de celui de l'imitation, immédiate puis différée, une mise à distance entre les affects réels et leur expression motrice devient possible. L'activité motrice évocatrice et représentative, abstraite, peut alors s'installer, ce qui a fait dire à Pailhous (1979) : «C'est principalement parce que l'enfant imite que l'homme peut danser».

Rizzolati et ses collaborateurs (1999) ont montré qu'il existait dans l'aire prémotrice chez le singe des neurones dits «miroir» et ont pu ainsi interpréter les comportements de «résonance» sur le plan neurophysiologique, c'est-à-dire des comportements dans lesquels les individus reproduisent ouvertement ou mentalement une action faite par quelqu'un d'autre. Les progrès technologiques (stimulation magnétique intracrânienne – TMS, imagerie cérébrale – MEG/EEG) ont permis de mettre en évidence de tels mécanismes de résonance chez l'homme. Ils représentent un mécanisme de base qui permet de synchroniser le comportement d'un groupe d'individus afin que puissent s'installer des relations interpersonnelles, fondamentales pour la vie sociale (jusqu'au langage).

La pensée d'un mouvement peut aussi prendre une forme verbale, une description intérieure des actions à réaliser. L'individu utilise alors des étiquettes verbales associées aux éléments composant la séquence motrice, ou des phrases décrivant certains aspects des gestes à accomplir (amplitude, force, vitesse, etc.). Ce monologue intérieur peut, bien sûr, être accompagné de la génération d'images mentales de l'action.

Ainsi, au niveau cognitif, le mouvement peut être représenté sous deux grands types de «format», l'un analogique (l'image mentale), l'autre symbolique (le langage). Cette conception multimodale de la représentation cognitive a été développée notamment par Paivio (Paivio, 1971, 1986).

QUAND EST-IL NÉCESSAIRE DE «PENSER LE MOUVEMENT» ?

La plupart des gestes de la vie quotidienne se déroulent «sans y penser», sans contrôle attentionnel et parfois sans prise de conscience. Les actions telles que lacer ses chaussures, ou boutonner son chemisier, font appel à des procédures motrices automatisées, et les boucles sensori-motrices fonctionnent efficacement de façon autonome. Seul, le plus souvent, le but de l'action fait l'objet d'une prise de conscience, tandis que les moyens moteurs mis en jeu pour l'atteindre se déroulent dans une «pénombre psychique» (Perruchet, 1988) et n'encombrent pas les pensées de l'acteur. Le but de l'apprentissage de mouvements complexes tels que ceux impliqués dans l'écriture manuscrite, la pratique d'un instrument de musique, le dribble du basketteur, le tricotage, la dactylographie, la gymnastique, la danse ou l'utilisation d'un ciseau à bois, est d'installer, par la pratique répétée, des procédures motrices stables et automatisées pouvant être sollicitées et exécutées efficacement sans effort attentionnel.

Cependant, il est plusieurs situations dans lesquelles le recours à la pensée se révèle nécessaire.

Le premier type de situation est rencontré par le novice qui aborde les premiers stades de l'apprentissage d'une habileté motrice dans une activité donnée. Ne possédant pas les procédures sensori-motrices nécessaires à l'exécution du mouvement, il doit tenter, à partir de la compréhension du but à atteindre, des instructions qui lui sont données, ou par imitation d'un modèle, de se construire une ébauche de représentation mentale de l'action pour tenter d'initier une première action. Ce stade cognitif, dans lequel les verbalisations jouent un rôle important, a été souvent évoqué par les théoriciens de l'apprentissage moteur (Adams, 1971; Schmidt, 1975). Progressivement, grâce à la connaissance du résultat, les procédures motrices s'affinent, deviennent de plus en plus efficaces, et s'autonomisent. La pensée devient de moins en moins nécessaire à la production du mouvement.

Le deuxième type de situation correspond aux tentatives de représentations imagées ou schématiques d'une action motrice, dans un but d'illustration ou de transmission d'un savoir-faire. Par exemple, élaborer une représentation graphique d'une figure de danse suppose, de la part du concepteur, un effort cognitif pour traduire en image(s) le mouvement qu'il sait faire, ou qu'il a préalablement observé. De la même façon, celui ou celle qui tente, à partir de cette représentation imagée, de produire l'action correspondante, doit aussi s'engager dans un effort de « pensée » pour traduire le schéma visuellement présenté en procédure motrice.

Enfin, le troisième type de situation est celui où un savoir-faire moteur doit être verbalement décrit, dans un discours oral ou dans un texte. Ici aussi, la pensée est nécessaire, aussi bien dans la production de la description que dans les tentatives de compréhension de la part de l'auditeur ou du lecteur.

La description verbale du mouvement (et sa compréhension en vue de son exécution) constitue un phénomène complexe, encore mal modélisé par les approches cognitives. Annett, après avoir demandé à des sujets de décrire verbalement des gestes parfaitement automatisés (comme lacer ses chaussures), observe que, pour la plupart, ils ne décrivent pas directement les mouvements impliqués, mais tentent tout d'abord de se former une image mentale de l'action; c'est cette image qu'ils tentent ensuite de décrire verbalement (Annett, 1982, 1988). Ainsi, l'image mentale serait le médiateur entre le langage et l'action motrice.

DES INCONVÉNIENTS À TROP « PENSER LE MOUVEMENT »

Même si l'évocation mentale et l'exécution d'un mouvement présentent des similitudes temporelles et partagent des structures cérébrales communes, elles possèdent des propriétés différentes qui peuvent générer des interférences si la pensée s'immisce dans le mouvement. En effet, les processus sensori-moteurs sont rapides, car ils mettent en jeu des boucles de contrôle relativement courtes, et ils sont continus. Au contraire, la pensée est plus lente, car elle met en jeu des circuits neuronaux très complexes et distribués de façon diffuse dans le cerveau. Elle est aussi souvent discontinue, car elle opère sur des symboles discrets. L'irruption de la pensée dans l'exécution du mouvement va conduire à le ralentir et à en diminuer la fluidité. Certains auteurs ont mis en évidence ces interférence dans la production et l'acquisition de mouvements rapides et complexes, et suggèrent de mettre en place des conditions d'apprentissage dans lesquelles l'attention de l'apprenant est détournée du contrôle du mouvement (Shea, Wulf, Whitacre & Park, 2001; Singer, Lidor & Cauraugh, 1993) pour se focaliser sur le but à atteindre (Wulf, McNevin & Shea, 2001; Wulf, Shea & Park, 2001). Il est évident que le pianiste qui effectue une série de triples croches, le joueur de tennis qui exécute un coup droit, le jongleur qui maintient en mouvement quatre balles simultanément, la danseuse qui effectue un manège de déboulés ou un enchaînement d'entrechats ou la patineuse qui s'envole dans une vrille ne peuvent penser au déroulement du mouvement, et doivent, d'une certaine façon, faire confiance à leur mécanismes sensori-moteurs. Comme nous l'avons dit précédemment, le rôle de l'apprentissage et de la répétition est de permettre au mouvement «de se faire oublier» et d'installer une «déconnexion» entre pensée et processus sensori-moteurs.

DE LA DIFFICULTÉ À «PENSER LE MOUVEMENT»

Nous avons tous, à certains moments, vécu la difficulté à se représenter mentalement des actions motrices, même parmi les plus simples. Le mouvement se laisse difficilement capturer par la pensée, car il implique la mise en jeu simultanée et coordonnée de plusieurs effecteurs, et il ne peut se fixer sur une image statique qu'on aurait loisir à observer et étudier pour la fixer dans notre mémoire et l'évoquer ultérieurement. On peut trouver, dans les tentatives de description de mouvements par l'image ou par le texte, des indicateurs de cette difficulté à penser le mouvement.

Ainsi, dans la peinture ou le dessin, on ne trouve que très rarement, au moins jusqu'à une époque récente, de tentative de représentation du mouvement. La plupart des tableaux, jusqu'au début du XXe siècle, proposent des personnages figés dans des postures stables, bien en équilibre. On peut noter quelques tentatives de représentation d'animaux en mouvement, particulièrement des chevaux, mais, dans ces cas, la représentation donnée est généralement fausse par rapport à la réalité. Dans le célèbre tableau «Le derby d'Epsom» (1821, Paris, Musée du Louvre), Géricault figure des chevaux en pleine vitesse, les pattes antérieures parallèles et lancées vers l'avant à l'horizontale, les pattes postérieures lancées horizontalement vers l'arrière, donnant l'impression d'un vol plané de l'animal au dessus du gazon. Cette position, qu'aucun cheval, en course ou au repos, n'atteint jamais, même fugacement, a été longtemps proposée comme la représentation prototypique d'un cheval en mouvement. Géricault, peintre romantique mais attaché à une représentation picturale proche de la réalité, «pensait» certainement que les chevaux courraient ainsi ou, tout au moins, adoptaient une telle configuration des membres locomoteurs pendant leur course. Cependant, en dépit de l'erreur commise par rapport à la réalité, cette représentation a une puissance évocatrice du mouvement et de la rapidité que n'aurait pas eue certainement la reproduction fidèle d'une des multiples positions atteintes par l'animal pendant le galop. Arnheim considère ainsi, à juste titre, que «... les chevaux "saisis sur le vif" du peintre qui se laisse influencer par la photographie ne sont que "compris" en mouvement, mais non pas "vus" en mouvement» (Arnheim, 1973).

D'autres types d'exemples illustrant la difficulté à penser le mouvement se retrouvent dans les textes destinés à donner des instructions sur la façon d'exécuter une action motrice. D'après certains auteurs (Corballis, 1991), une des premières fonctions du langage aurait été de participer à la transmission de savoir-faire d'un individu à l'autre, et d'une génération à l'autre. Pourtant, traduire ces savoir-faire en discours n'est pas une entreprise facile, comme en témoigne le passage suivant, extrait de l'ouvrage de P. Rameau (1748), «Le maître à danser», destiné à expliquer certaines figures du menuet :

«Ayant exprimé intelligiblement la manière la plus facile pour faire les demi-coupez, qui sont la base & le fondement des differens pas & que le Menuet, qui est la danse la plus en usage, je vais vous en donner la méthode la plus facile pour parvenir à le bien danser.

Il faut d'abord sçavoir que le vrai pas de Menuet est composé de quatre pas, (qui cependant, par leurs liaisons, suivant le terme de l'art ne font qu'un seul pas,) ce pas de menuet a trois mouvements & un pas marché sur la pointe du pied; sçavoir, le premier est un demi-coupé du pied droit & un du gauche, un pas marché du pied droit sur la pointe & les jambes étendües; à la fin de ce pas vous laissez doucement poser le talon droit à terre, pour laisser plier son genoüil; qui par ce mouvement fait lever la jambe gauche, qui se passe en avant en faisant un demi-coupé échappé, qui est le troisième mouvement de ce pas de menuet & son quatrième pas.»

La lecture de ce texte, pourtant écrit par un expert en la matière, provoquera chez un sujet novice l'expérience de la difficulté à se représenter mentalement, et à exécuter ensuite, la séquence de mouvement décrite. Les ouvrages pédagogiques dans le domaine du sport ou de l'éducation physique sont remplis d'exemples de ce type, et illustrent la complexité de la traduction du mouvement en représentations symboliques. C'est pourquoi, en danse par exemple, le recours aux consignes imagées, de nature analogique ou métaphorique, est fréquent (Cadopi, 1997; Hanrahan, 1994). Il est possible de réfléchir à la formulation même des consignes, en prenant en compte le niveau d'habileté auquel se situe le sujet : coordination (apprentissage d'une nouvelle coordination motrice) ou contrôle (affinement des paramètres du mouvement). Dans le premier cas, on peut penser que la consigne doit porter sur les propriétés figurales de ce qu'il faut apprendre et la formulation comporter essentiellement des éléments descriptifs et chronologiques, du type « monter le bras droit latéralement au-dessus de la tête, puis incliner le buste à droite... » que le sujet pourra se représenter (Magill & Schoenfelder-Zohdi, 1996). Dans ce cas, une formulation traditionnelle de la consigne permet une activité d'imagerie visuo-spatiale (Annett, 1994). Dans le second cas, elle doit porter sur les propriétés cinétiques et cinématiques de ce qu'il faut réaliser, la qualité du mouvement : la formulation devra évoquer la qualité motrice recherchée à partir d'images personnalisées, par exemple « imagine que l'espace est piquant quand tu fais ce mouvement ». La formulation analogique permettrait une activité d'imagerie kinesthésique (durée, rythme et énergie du mouvement). Dans une étude concernant les problèmes de contrôle d'équilibre postural chez des danseurs classiques professionnels, Hugel, Cadopi, Kohler et Perrin (1996) montrent aussi que les danseurs définissent de manière intime leur équilibre : ils parlent de « dilatation du corps », de « racines ». Lorsqu'on leur demande de dessiner ce qui les aide à être en équilibre, ils dessinent soit la direction des forces qui permettent la réalisation de la position (représentation de type biomécanique), soit des représentations de soleil ou de fontaine (représentation analogique qui met l'accent sur les propriétés kinesthésiques du mouvement).

LES SOLUTIONS POUR SUGGÉRER OU REPRÉSENTER LE MOUVEMENT

Certains artistes et pédagogues ont trouvé quelques solutions pour suggérer ou représenter le mouvement, et faciliter son évocation mentale chez le spectateur. Par exemple, on peut trouver dans le tableau « La parabole des aveugles » de Bruegel P. l'Ancien (1568) le procédé qui consiste à décomposer le mouvement image par image (voir Figure 1), particulièrement efficace pour imposer au spectateur l'idée de mouvement, et qui sera systématisé plusieurs siècles plus tard. De même, D'Agrippa en 1553, dans son « Trattato di Scienza d'Arme », décompose certains mouvements d'escrime par la même technique (Figure 2).

Cependant, cet artifice n'était envisageable, à l'époque de ces auteurs, que pour des mouvements qui pouvaient être réalisés à vitesse modérée, laissant au spectateur la possibilité d'examiner les postures successives qui devaient être représentées picturalement ou graphiquement.

Enfin, divers codes ont été élaborés à une époque plus récente, pour suggérer le mouvement (Cutting, 2002), notamment dans la bande dessinée, comme l'illustre la Figure 3.

Figure 1 — Représentation schématique des grandes lignes du tableau de Bruegel P. dit l'Ancien (1568), *La parabole des aveugles* (Naples, Gallerie Nazionali di Capodimonte), qui montre une tentative de suggestion de mouvement dans une image statique par une décomposition image par image.

Figure 2 — Exemple de décomposition image par image utilisée par Camillo Agrippa (1553) dans son *Trattato di scienza d'arme*.

Figure 3 — Exemple de codes graphiques utilisés par la bande dessinée pour suggérer le mouvement dans une image fixe (Gotlib, 1977, *Truc en vrac*, Dargaud Éditeur).

L'APPORT DES TECHNIQUES CHRONOPHOTOGRAPHIQUES

L'invention de la photographie, puis la mise au point de plaques photographiques de plus en plus sensibles autorisant des temps de pose de plus en plus brefs, allaient permettre, pour la première fois dans l'histoire de l'humanité, de fixer sur une image statique les positions atteintes par des corps en mouvement. Eadweard Muybridge (1830-1904) aux États-Unis et Étienne-Jules Marey (1830-1904) et son collaborateur Georges Demenÿ (1850-1917) en France furent les pionniers de la chronophotographie qui allait profondément influencer les approches artistiques, scientifiques et pédagogiques du mouvement humain (Pociello, 1999). Marey fut certainement le premier à tenter, par diverses méthodes, d'enregistrer la «trace» du mouvement animal ou humain grâce à des méthodes ingénieuses et précises (Dagognet, 1987). Par exemple, en 1871, il enregistre, grâce à des boules de caoutchouc placées sous les sabots d'un cheval et reliées par des tuyaux remplis d'air à un appareil inscripteur, la pression des pieds de l'animal sur le sol au cours du temps (Marey, 1894), ce qui lui permet de remettre en cause le réalisme de la représentation des allures du cheval dans la peinture, notamment chez

Géricault. En 1874, le photographe Muybridge, sur l'invitation d'un riche propriétaire de chevaux de course, fixe sur une même plaque différents instants d'un cheval au galop et son «photogramme» confirme les hypothèses de Marey, ce qui contribuera à alimenter une controverse (à laquelle participeront notamment Degas et Meissonier) (voir Dagognet, 1987, et Pociello, 1999) entre les adeptes d'une approche scientifique du mouvement destinée à montrer la réalité à la raison, et les partisans d'une démarche artistique, destinée à interpréter cette réalité pour la suggérer à l'œil humain. En effet, les chronophotographies proposent une représentation que l'œil humain juge souvent étrange. Ainsi, la décomposition image par image d'un homme prononçant une phrase effectuée par Demenÿ montre une succession d'images grimaçantes, qui ne sont pas perçues comme telles dans la perception du mouvement. Marey (1894) peut ainsi écrire :

> «Qu'est-ce à dire? Le laid ne serait-il que l'inconnu, et la vérité blesserait-elle nos regards quand nous la voyons pour la première fois?
>
> Nous nous sommes bien souvent posé cette question en examinant les photogrammes instantanés de chevaux à des allures rapides. Ces poses, révélées par Muybridge, ont d'abord paru invraisemblables, et les peintres qui, les premiers, ont osé les représenter, ont étonné le public plus qu'il ne l'ont charmé. Mais peu à peu, il s'est familiarisé avec ces images qui circulaient dans toutes les mains; elles ont appris à trouver sur la nature des attitudes qu'on ne savait pas voir; on est déjà presque froissé d'une incorrection légère dans la représentation du cheval en mouvement.
>
> Jusqu'où ira cette éducation de l'œil? Quelle influence aura-t-elle sur l'art? L'avenir seul le montrera.»

Pour Marey et surtout pour Muybridge, l'analyse du mouvement par la chronophotographie n'est pas incompatible avec une démarche artistique (le vrai n'est pas opposé au beau). L'œuvre de Muybridge, montrant la décomposition image par image de mouvements animaux et humains, s'inscrit dans une recherche plus esthétique que scientifique, et démontre la possible harmonie entre ces deux démarches, et son influence sera reconnue explicitement par de nombreux artistes du XXe siècle. Par exemple, le pastel de F. Kupka (1909-1910), «Femme cueillant des fleurs, I» (Paris, Musée National d'Art Moderne), ou les deux célèbres toiles de M. Duchamp (1912), «Nu descendant un escalier» (Philadelphie, Museum of Art), sont directement inspirés des œuvres de Muybridge et des travaux de Marey (Cutting, 2002; Dagognet, 1987; Rowell, 1975). Enfin, le mouvement futuriste italien, et notamment G. Balla, systématisera la présentation d'images successives surimposées pour suggérer le dynamisme du mouvement (voir par exemple «La main du violoniste» de G. Balla [1912] ou «Synthèse plastique des mouvements d'une femme» de L. Russolo [1912]). Ces interactions entre analyse photographique du mouvement et création picturale ont été étudiées par plusieurs auteurs (Cutting, 2002; Roche-Pézard, 1979; Rowell, 1975).

L'apport des techniques chronophotographiques est tout aussi important dans le domaine scientifique et pédagogique. Ainsi, Demenÿ prolongera ses travaux avec Marey dans une perspective éducative (Demenÿ, 1924) et militera pour donner une base scientifique rigoureuse à l'éducation physique et à l'amélioration des performances motrices et sportives. Il considérait que l'analyse photographique du mouvement de l'expert pouvait permettre de donner aux novices une représentation réaliste du mouvement «parfait» lui permettant de se construire, en pensée, un modèle du mouvement qui le guidera dans son apprentissage. Les techniques de synthèse du mouvement à partir de son analyse image par image, dont on trouve les premières origines dans le Phénakistiscope de Plateau (1832) et le Stroboscope de Strampher (1832), déjà en germe dans les inventions de Demenÿ et Marey et inventé par les frères Lumière (1895) sous le nom de cinématographe, banaliseront dans le grand public une nouvelle façon de percevoir le mouvement, notamment par l'utilisation de ralentis ou d'arrêts sur image, ce qui, on peut le supposer, a modifié notre façon de «penser» le mouvement et plus particulièrement la motricité humaine.

PENSÉE ET MOTRICITÉ DANS L'ACTIVITÉ CRÉATRICE

Si la pensée et le mouvement entretiennent des rapports étroits, nous venons de voir qu'il ne sont pas réductibles l'un à l'autre. Le mouvement se laisse difficilement capturer par la pensée, de même que la pensée ne peut pas toujours facilement se traduire en action motrice. Pensée et mouvement peuvent donc se présenter de façon relativement indépendante, et apporter, dans l'œuvre d'art, des contributions respectives. L'œuvre picturale, graphique ou chorégraphique dévoilera des traces de chacun de ces processus. Par exemple, le fait que la motricité n'obéit pas toujours parfaitement aux intentions du créateur donnera des «accidents», c'est-à-dire des effets qui n'étaient pas prévus dans la «pensée» initiale de l'œuvre (Arnheim, 1973). Si beaucoup de peintres ont tenté d'effacer de leurs œuvres toute trace des mouvements qui ont permis leur réalisation, d'autres ont joué avec ces accidents ou en ont fait le principe même de leur démarche créatrice. Les tableaux de J. Pollok constituent l'exemple le plus démonstratif de cette revalorisation de la motricité par rapport à la pensée, puisqu'ils peuvent être considérés et perçus comme l'ensemble des traces des mouvements de l'artiste au-dessus de la toile. La calligraphie chinoise constitue aussi une tentative de fixer sur une feuille de papier le mouvement créateur qui revêt ainsi plus d'importance que la forme créée elle-même. Si la pensée est présente dans ces processus, elle est certainement plus spectatrice des mouvements de l'artiste qu'initiatrice de sa motricité. Si ce courant pictural «gestuel» représente une démarche extrême, on peut trouver dans la plupart des œuvres picturales l'interaction entre une «construction» cognitive, où interviennent les intentions conscientes et les représentations mentales, et «l'émergence» sensori-motrice exprimant l'autonomie et les propriétés des systèmes de contrôle de la motricité.

Récemment, le développement du matériel informatique et la mise au point de logiciels et de langages de programmation de plus en plus complexes permettent de créer des œuvres graphiques sans passer par l'intermédiaire de la motricité; il y a donc une relation directe entre la pensée, qui se traduit dans un code symbolique, et l'œuvre, qui est projetée sur l'écran de la machine, résultat des calculs effectués à partir des instructions données. Ainsi, la motricité se trouve «court-circuitée» et n'intervient plus dans la création, qui peut être considérée comme le pur produit de la pensée. Même dans le domaine de la danse, certains chorégraphes tels que Merce Cunningham utilisent des logiciels qui permettent de composer des figures chorégraphiques qui seront l'aboutissement d'un pur processus de pensée abstraite. Les logiciels de réalité virtuelle permettent alors de visualiser les séquences chorégraphiques et, dans la mesure où les images échappent aux lois de la physique et aux contraintes anatomo-physiologiques du corps humain, elles peuvent proposer des mouvements qu'aucun être humain n'est capable de produire. De même, les consoles de jeux permettent à l'utilisateur d'animer des êtres au réalisme surprenant par la simple manipulation de boutons et de joysticks, et de leur faire effectuer des mouvements d'une virtuosité «inhumaine». Le dessin animé nous avait habitué à ces séquences de mouvements surprenantes, souvent destinées à susciter des effets comiques. La synthèse d'image et les systèmes de réalité virtuelle, par le réalisme qu'ils autorisent, constituent peut-être, après la chronophotographie, la deuxième étape technologique qui nous conduira à «penser» différemment le mouvement. Comme le disait Marey, «l'avenir seul le montrera».

Références bibliographiques

Adams, J.A. (1971). A closed-loop theory of motor learning. *Journal of Motor Behavior*, 3, 111-149.

Annett, J. (1982). Action, language and imagination. In L. Wankel & R.B. Wilberg (Eds), *Psychology of Sport and Motor Behavior*, Edmondton, Alberta : University of Alberta Printing Services.

Annett, J. (1988). Imagery and skill acquisition. In M. Denis, J. Engelkamp & J.T.E. Richardson (Eds), *Cognitive and Neuropsychological Approaches to Mental Imagery* (p. 259-268). Dordrecht : Martinus Nijhoff Pub.

Arnheim, R. (1973). *Vers une psychologie de l'art*. Paris : Éditions Seghers.

Berthoz, A. (1993). *Multisensory control of movement*. Oxford : Oxford University Press.

Berthoz, A. (1996). *Le sens du mouvement*. Paris : Odile Jacob.

Cadopi, M. (1997). Nature et rôle des consignes dans l'apprentissage et le contrôle des habiletés morphocinétiques. In E. Pascual, J.L. Nespoulous et J. Virbel (Eds), *Le texte procédural : langage, action et cognition* (p. 341-352), Toulouse, Éd. du Pôle Universitaire Européen.

Corballis, M.C. (1991). Animals, machines, and people. *New Zealand Journal of Psychology*, 20, 1-11.

Cunningham, M. (1974). Changes. *La nouvelle Critique*. Numéro hors série spécial danse, 31.

Cutting, J.E. (2002). Representing motion in a static image : constraints and parallels in art, science, and popular culture. *Perception*, 31 (10), 1165-1193.

Dagognet, F. (1987). *Étienne-Jules Marey : la passion de la trace*. Paris : Hazan.

Decety, J., Jeannerod, M. & Prablanc, C. (1989). The timing of mentally represented actions. *Behavioural Brain Research*, 34, 35-42.

Decety, J. & Michel, F. (1989). Comparative analysis of actual and mental movement times in two graphic tasks. *Brain and Cognition*, 11, 87-97.

Demenÿ, G. (1924). *Mécanismes et éducation des mouvements* (réédité par les Éditions Revue EPS, 1993). Paris : Édition Félix Alcan.

Hanrahan, C. (1994). In search of a good dance image. *Impulse*, 2 (2), 131-144.

Hardy, L. & Callow, N. (1999). Efficacy of external and internal visual imagery perspectives for the enhancement of performance on tasks in which form is important. *Journal of Sport & Exercise Psychology*, 21 (2), 95-112.

Hugel, F., Cadopi, M., Kohler, F. & Perrin, P. (1999). Postural control of ballet dancers : A specific use of visual input for artistic purpose. *International Journal of Sport Medicine*, 29, 101-114.

Jeannerod, M. (1994). The representing brain : Neural correlates of motor intention and imagery. *Behavioral and Brain Sciences*, 17 (2), 187-202.

Jeannerod, M. (1997). *The cognitive neuroscience of action*. Oxford : Blackwell Publishers Ltd.

Kosslyn, S.M., Behrmann, M. & Jeannerod, M. (1995). The cognitive neuroscience of mental imagery. *Neuropsychologia*, 33 (11), 1335-1344.

Marey, E.J. (1894). *Le Mouvement* (réédition aux éditions Jacqueline Chambon, 2002). Paris : Masson.

Nadel, J. (1978). Image de soi, image d'autrui; émotion et représentation; la conception wallonienne du milieu. Exposé à la F.A.P.S.E., Université de Genève, Suisse, Avril.

Pailhous, J. (1979). Aspects cognitifs dans l'acquisition d'habiletés motrices : deux expériences sur la danse. Communication au Congrès «Les habiletés motrices et leur acquisition», Trois Rivières, Canada.

Paillard, J. (1985). Les niveaux sensori-moteur et cognitifs du contrôle de l'action. In M. Laurent & P. Therme (Eds), *Recherches en Activités Physiques et Sportives, 1.* (p. 147-164). Marseille : Centre de Recherche de l'UER.EPS.

Paillard, J. (1990). Dialogues sensori-moteurs et représentation mentale : un problème d'interface. In X. Séron (Ed.), *Psychologie et Cerveau* (p. 19-51). Paris : Presses Universitaires de France.

Paivio, A. (1971). *Imagery and Verbal Processes.* New York : Rinehart & Holt.

Paivio, A. (1986). *Mental representations. A dual-coding approach.* New York : Oxford University Press.

Perruchet, P. (1988). L'apprentissage sans conscience : données empiriques et implications théoriques. In P. Perruchet (Ed.), *Les automatismes cognitifs* (p. 81-102), Bruxelles : Mardaga.

Perry, C. & Morris, T. (1995). Mental imagery in sport. In T. Morris & J. Summers (Eds), *Sport Psychology : theory, applications and issues* (p. 339-385). New York : John Wiley & Sons.

Pociello, C. (1999). *La science en mouvement : Etienne Marey et Georges Demenÿ (1970-1920).* Paris : Presses Universitaires de France.

Rizzolati, G., Fadiga, L., Fogassi, L. & Gallese, V. (1999). Resonance behaviors and mirror neurons. *Archives Italiennes de Biologie*, 137, 85-100.

Roche-Pézard, A.F. (1979). La peinture Futuriste et le mouvement. *Gazette des Beaux-Arts*, 93, 125-134.

Rowell, M. (1975). Kupka, Duchamp, and Marey. *Studio International*, 189, 48-51.

Schmidt, R.A. (1975). A schema theory of discrete motor skill learning. *Psychological Review*, 82, 225-260.

Shea, C.H., Wulf, G., Whitacre, C.A. & Park, J.H. (2001). Surfing the implicit wave. *Quarterly Journal of Experimental Psychology. Section A : Human Experimental Psychology*, 54 (3), 841-862.

Shepard, R.N. (1984). Ecological constraints on internal representation : resonant kinematics of perceiving, imagining, thinking and dreaming. *Psychological Review*, 91, 417-447.

Shepard, R.N. & Metzler, J. (1971). Mental rotation of three-dimensional objects. *Science*, 171, 701-703.

Singer, R.N., Lidor, R. & Cauraugh, J.H. (1993). To be aware or not aware : What to think about while learning and performing a motor skill. *Sport Psychologist*, 7(1), 19-30.

Smith, C. (1998). Descartes' pineal neuropsychology. *Brain and Cognition*, 36 (1), 57-72.

Suinn, R. (1993). Imagery. In R.N. Singer, M. Murphey & T.L.K. (Eds), *Handbook of Research on Sport Psychology* (p. 492-510.). New York : Macmillan Pub. Comp.

White, A. & Hardy, L. (1995). Use of different imagery perspectives on the learning and performance of different motor skills. *British Journal of Psychology*, 86, 169-180.

Wulf, G., McNevin, N. & Shea, C.H. (2001). The automaticity of complex motor skill learning as a function of attentional focus. *Quarterly Journal of Experimental Psychology. Section a Human Experimental Psychology*, 54(4), 1143-1154.

Wulf, G., Shea, C. & Park, J.H. (2001). Attention and motor performance : Preferences for and advantages of an external focus. *Research Quarterly for Exercise and Sport*, 72(4), 335-344.

Relations entre l'espace du corps en apesanteur et sur terre : quelle représentation du mouvement ?

Kitsou Dubois

Chorégraphe, Docteur en Esthétique, Sciences et technologies des arts, Paris

Ce nouvel espace de l'apesanteur ouvre pour la danse un vaste champ de recherche. Il est transdisciplinaire, et propose un réel terrain d'expérimentation pour une collaboration effective entre un domaine artistique et un univers de pointe des nouvelles technologies et des sciences cognitives, la recherche spatiale.

L'apesanteur est maintenant un lieu d'expérimentation accessible et devient une « matière » à explorer, qui va intervenir de plus en plus dans nos systèmes de représentation.

Le spatial est à la fois un univers appréhendé par le technologique, le scientifique et la sensibilité humaine. Et si l'espace a toujours été le support privilégié de l'imagination et le sujet des représentations humaines, il est devenu, grâce à la science et la technique, un objet et un lieu possible de la création artistique.

C'est un « espace » idéal pour donner matière à cette trajectoire art/science, d'où émergent des questionnements qui font profondément évoluer une approche esthétique concernant la représentation du corps et son fonctionnement.

C'est un espace où le mouvement est fluide et infini, où la chute n'existe pas. Les relations que l'on entretient avec son environnement sont complètement transformées : les objets gardent leur masse, mais n'ont plus de poids, les liquides ont une forme propre, etc.

L'expérience du mouvement dansé, véhicule de la perception, nous semble être au centre des préoccupations de notre époque, pour aborder le lien qui unit le corps à l'œuvre et pour réancrer dans le réel des systèmes de représentation que l'on a tendance à définir comme forme en oubliant le sens.

C'est en tant que chorégraphe et chercheuse en danse que je vais témoigner ici de mon expérience et de mon analyse sur le mouvement dansé en apesanteur. Définir mon parcours me semble une clé importante pour le lecteur.

Celui-ci est marqué par deux préoccupations essentielles :
– une relation systématique du corps et du mental ;
– et une fascination pour l'impact de l'espace sur le mouvement du danseur et pour l'impact du mouvement dansé sur l'espace.

Je me suis installée, petit à petit, dans un processus d'expérimentation autour de ces deux préoccupations, processus qui m'a amené à rencontrer avec ma danse des lieux et des milieux différents.

J'ai ainsi chorégraphié sur scène, mais aussi sur l'eau, dans des usines, sur les façades des bâtiments. J'ai rencontré avec ma danse différents milieux et travaille depuis 12 ans sur la gestuelle en apesanteur.

Ces rencontres ont aussi fait apparaître les différences de langages, de méthodes de travail, d'objectifs de carrière, de réseaux de reconnaissance, et donc des difficultés de communication et d'existence.

Il m'a donc fallu, par nécessité, trouver une parole à ma danse pour qu'elle ne reste pas que dans l'instant partagé. Pour que son rôle essentiel dans la définition de l'homme à un moment donné de notre histoire puisse être reconnu.

Et il est particulièrement important actuellement où nous nous envoyons dans de nouveaux espaces dits «virtuels», où la vitesse de déplacement des corps d'un lieu à un autre s'accélère, que nous prenions le temps de nous poser la question suivante : «De quel homme s'agit-il, qui envoyons-nous? un esprit? un esprit avec un corps? et dans ce cas, de quel corps s'agit-il et de quel esprit?»

L'art de la danse, à travers le corps du danseur, évoque des espaces abstraits à partir de situations corporelles tout à fait concrètes. De ce paradoxe sensible se dégage une matière d'observation particulièrement passionnante si l'œil ou le regard de celui ou celle qui observe peut voir/sentir les mécanismes qui s'en dégagent.

Ce regard se travaille, il est interactif et se situe dans une globalité espace/temps. Il va dépendre autant de celui ou celle qui regarde que de celui ou celle qui danse. Il se situera dans un rapport kinesthésique de corps à corps (corps et mental), et de corps liés à l'environnement qui les entoure.

Si l'on veut tenter un rapprochement arts et sciences, c'est le comportement même du chercheur face au sujet d'expérience et du danseur face à l'analyse de sa danse qui doit se modifier.

Plus le danseur trouvera les mots pour dire la spécificité de son rapport sensible au mouvement, plus il analysera sa perception consciente du mouvement selon la précision scientifique, plus il pourra faire comprendre au chercheur comment le regarder.

Moins le chercheur isolera son sujet d'expérience hors du contexte global, plus il pourra apercevoir de nouvelles pistes dans sa recherche. C'est une attitude préalable qui n'exclut pas de trouver ensuite les protocoles expérimentaux les plus appropriés.

Un artiste ne propose pas de solutions, mais une vision poétique pour ouvrir les esprits et les émotions du public. C'est ainsi qu'il tente de transmettre sa propre compréhension de l'état d'être humain.

DANSE CONTEMPORAINE ET RECHERCHE SPATIALE

La danse contemporaine et la recherche spatiale ont une histoire incroyablement mêlée.

La recherche spatiale trouve ses racines dans l'astronomie. L'astronomie qui est sans doute la plus ancienne des sciences et aussi celle qui a le plus puissamment contribué à l'évolution de la pensée humaine. Elle est née des besoins de la vie quotidienne — mesure du temps, agriculture, navigation, etc. — des craintes de l'homme primitif devant les grands phénomènes naturels et de l'interprétation magique et religieuse.

Tout comme l'astronomie, la danse permettait à l'homme solitaire de se confronter à l'incompréhensible : angoisse, peur, divinités, absolu... Il s'agissait avant tout d'entrer en contact, d'être ensemble. Par le biais des danses sacrées, l'homme rendit donc un culte aux astres pour appeler leurs faveurs sur ses travaux. C'est ainsi qu'il chercha à imiter leurs mouvements circulaires dans l'espace.

« La danse est celle de nos fonctions humaines qu'on peut le plus évidemment qualifier de "divine". Elle est la messe de tous les peuples primitifs et peut-être... un hommage instinctif... à l'ordre de l'univers » (Élie Faure).

Avec le développement de la danse profane, comme manifestation de l'allégresse humaine, activité sociale et divertissement, le corps va devenir peu à peu suspect, et petit à petit cette suspicion participera à une dichotomie du corps et de l'âme. Au XVIe siècle avec le ballet de cour, la danse va devenir instrument politique et moyen privilégié de propagande avec la mise en place du système classique qui favorise la virtuosité technique.

Le ballet va ainsi traverser les grands courants esthétiques du romantisme, du retour à l'antiquité et il faudra attendre le XXe siècle pour que l'art entreprenne un retour vers la nature, mais la nature en mouvement. La danse comme connaissance synthétique et esthétique du monde, connaissance immédiate antérieure au concept et au mot, existe de nouveau.

L'astronomie, elle, va voir son champ s'élargir à partir du XVIIIe siècle. Jusqu'alors limitée aux astres du système solaire, elle va s'étendre au domaine stellaire. Directement dépendante des technologies, c'est grâce à l'emploi généralisé de la photographie stellaire, de la spectrographie astronomique — qui permet d'analyser la lumière jusque dans ses moindres détails — et d'autres découvertes technologiques qu'il serait trop long d'exposer ici, que l'astronomie évolue, et qu'elle va engendrer l'astronautique. Avec l'astronautique apparaît la notion de conquête de l'espace, qui a toujours tenté les hommes, et frappé l'imaginaire collectif. Des écrivains comme Jules Verne et Wells ont beaucoup contribué par leurs œuvres à populariser l'astronautique dans l'esprit du public.

C'est donc au début du XXe siècle, avec l'invention d'une fusée, que le savant russe K.E. Tsiolkovski envisage la navigation spatiale. C'est également à cette époque que s'ébauche la Danse Moderne, à laquelle nous faisons référence ici, danse qui, avec l'expressionnisme d'après-guerre et l'abstraction des années 60, jusqu'à la nouvelle danse actuelle, va s'affirmer avec une vitalité qui n'a d'égale que sa diversité et sa liberté de ton.

A cette époque, la chorégraphie Cunninghamienne[1] pose sa mesure du monde, en procédant à une déshumanisation de la danse. Ainsi, ce que le

---

[1] Merce Cunningham, chorégraphe américain pionner du mouvement abstrait en danse contemporaine.

romantisme avait déjà bien entamé, Cunningham l'achève. À travers la danse, de l'homme, il ne restait plus qu'une image dégagée des contingences terrestres qui, par le principe de l'élévation, pouvait prendre et donner la juste mesure du monde.

Le travail de Merce Cunningham va d'ailleurs inspirer Paul Virilio[2] dans une réflexion sur l'influence des nouvelles technologies dans notre nouvel espace-temps.

«Ici la danse "s'envoie en l'air", non plus dans une perspective ascensionnelle, mais dans un effet de projection sidérale : le danseur est projeté dans l'espace au sens que ce mot prend quand on parle de technologies de l'espace, c'est-à-dire de l'engineering qui sert à nous expédier outre atmosphère...».

Le 12 avril 1961, Youri Gagarine, dans la capsule Vostok 1, passe 108 minutes dans le cosmos, son exploit vient de prouver que l'organisme humain semble capable de supporter un voyage dans l'espace.

Cette année 1961, grâce aux résultats de l'astronautique, laisse à penser que l'intuition de l'artiste va au-delà du fantasme. En envoyant un homme dans l'espace, la science ouvre un nouveau terrain d'investigation, qui est l'adaptation de l'homme en apesanteur.

En danse, le savoir fonctionne sur des expériences pratiques. La fonction d'un système chorégraphique est de prendre et donner la mesure du monde.

Il s'agit pour le danseur de mettre le mouvement en lumière et de concevoir la virtuosité non plus comme une simple accélération mais comme une «surexposition». L'artiste en mouvement se rapproche du mouvement des gens «ordinaires». Ce que l'on appelle la «nouvelle danse», dont je suis issue, utilise des connaissances en kinésiologie, en anatomie, en improvisation, et s'intègre dans un environnement culturel, technologique et politique. Elle va intervenir dans le processus d'adaptation.

La danse contemporaine n'est pas seulement un art, mais un art de vivre.

Elle va permettre à l'homme actuel, qui souffre d'une division profonde de son être, de s'engager totalement corps et esprit. Ce corps va enseigner ce qu'un esprit, qui se veut désincarné, ne connaît pas : la

---

[2] Virilio P., *L'espace critique*, Éd. Bourgeois, Paris.

beauté et la grandeur de l'acte, quand l'homme est tout entier présent à ce qu'il fait.

C'est dans cette relation systématique entre le corps et le mental que l'analyse du mouvement dansé devient un élément clé du processus d'adaptation. Il s'agit ici de partir d'un cas particulier, le danseur, et de mouvements complexes, les mouvements dansés, pour les resituer dans une analyse globale du processus d'adaptation.

« Les propriétés les plus raffinées de la pensée et de la sensibilité humaines sont des processus dynamiques, des relations sans cesse changeantes et adaptatives entre le cerveau, le corps et l'environnement. Pensée et sensibilité ne sont rien d'autre que des états d'activation cérébrale induits par certaines relations entre le monde, le corps, le cerveau hormonal et neural et sa mémoire de millénaires d'acquis culturels. »[3]

Dans le contexte actuel où une fructueuse coopération s'engage de façon irréversible entre psychiatres, neuropsychologues, philosophes, psychologues et neurobiologistes, le corps et le mouvement dansé deviennent un outil à part entière dans l'analyse de la perception de l'espace-temps et dans la nécessité d'établir des repères.

La microgravité[4] devient donc un terrain de rencontre entre la danse et la recherche spatiale.

Mais, au-delà des disciplines, ce sont surtout les corps des danseurs et des astronautes qui vont se rencontrer face à de réels problèmes d'adaptation.

Quand je parle de corps, je fais référence à leur identité corporelle, au sentiment d'habiter leur corps et la représentation qu'ils s'en font. Il s'agit de corps incarnés dans les rapports qu'entretiennent l'esprit et la chair avec l'environnement.

Grâce aux informations fournies par la recherche scientifique sur les sciences de la vie concernant les mécanismes d'équilibration et de posture sur terre, l'observation de la gestuelle des astronautes face aux problèmes d'adaptation en apesanteur, et grâce à mes propres expériences en vol parabolique, j'ai pu élaborer des hypothèses issues de ma profession sur ce monde en mouvement perpétuel et sur les mécanismes de perception du corps propre, de l'espace et du temps en gravité zéro.

---

[3] Berthoz A., *Le sens du mouvement*, Éd. Odile Jacob, 1997, Paris.
[4] On utilise le terme de microgravité car la gravité est rarement égale à zéro dans les stations orbitales comme en vol parabolique, où il y a toujours des frottements.

PRINCIPE D'ÉQUILIBRATION.

La direction de la gravité est perçue chez l'homme et les vertébrés par l'intermédiaire de capteurs. Les capteurs proprioceptifs (les fibres musculaires, les articulations, la pression du poids du corps et ses charges sur la peau), les capteurs otholitiques (qui sont situés dans l'oreille interne et sont constitués de deux cavités qui quantifient toutes les accélérations linéaires et leurs orientations, accélérations que subit le sujet, en particulier celle de la pesanteur qui est permanente) et la vision complètent cet ensemble.

C'est à partir de ces informations que le cerveau va restituer la conscience du monde stable dans lequel nous évoluons et organiser les stratégies d'utilisation des moyens de détections des mouvements, des moyens de poursuite, des moyens de déplacement, y compris d'immobilisation et de préparation au mouvement. Par exemple les images visuelles formées sur la rétine sont recalées en permanence par rapport à la verticale, pour traduire la stabilité de l'environnement.

Il s'agit bien d'un sixième sens, celui de la verticale.

ÉTAT D'APESANTEUR

La réalité de la vie en apesanteur pose des problèmes qui viennent troubler le plaisir de se libérer de la gravité.

C'est dans un univers sensori-moteur et perceptif différent de son milieu habituel de vie, et à travers leurs relations réciproques, que l'individu va devoir s'adapter à cette nouvelle condition.

L'absence de gravité, c'est aussi une disparition de toute référence haut et bas, la notion même de verticale perd toute sa signification. C'est ainsi qu'apparaît le «mal de l'espace», sorte de maladie de l'adaptation. Les manifestations de ce mal sont un sentiment d'inquiétude et d'insécurité avec baisse de vigilance, sensation de fatigue et d'apathie.

Les hypothèses quand à l'origine de ce mal sont :

– les conflits sensoriels : conflits intra-vestibulaires, visuo-vestibulaires, réactualisation du schéma corporel ;

– la modification de la répartition liquidienne ;

– la digestion, à cause de la non-stimulation des mécanorécepteurs de la paroi gastrique ;

– enfin, la fatigue et le stress psychologique peuvent jouer un rôle favorisant.

CONDITIONS DE VOL ET EXPÉRIENCES SCIENTIFIQUES

Le seul moyen de recréer l'apesanteur en dehors d'aller en orbite à bord de la Station Spatiale Internationale, c'est de participer à un vol parabolique réalisé par un avion spécialement équipé pour cette sorte de pilotage. L'avion effectue des paraboles dans le ciel. Au moment où il amorce la chute, toutes les forces qui s'exercent sur lui sont sur la verticale de la gravité. Tout ce qui est à l'intérieur de l'avion est donc en microgravité. Une parabole se déroule de la manière suivante : lorsque l'avion se cabre, il y a 20 secondes de gravité 2 (2G), puis 25 secondes de microgravité (0G), suivies de 20 secondes de gravité 2 lorsque l'avion se récupère. Entre chaque parabole il y a un palier pouvant varier de 1 mn à 3 ou 4 mn en gravité 1. Lors d'un vol, l'avion effectue 30 paraboles.

Les seuls avions au monde qui peuvent faire des vols paraboliques appartiennent aux recherches spatiales française, russe et américaine.

Je travaille depuis 12 ans avec la recherche spatiale sur la gestuelle et les processus d'orientation et de perception en apesanteur. J'ai expérimenté l'apesanteur à bord de 9 vols paraboliques proposés par la recherche spatiale française (CNES) entre 1990 et 1994, d'un vol à la Cité des Étoiles en Russie en septembre 2000, organisé par l'agence art/science Artcatalyst, et 4 vols avec l'Agence Spatiale Européenne (ESA) en 2002/2003 en collaboration avec les scientifiques du «Biodynamic group» de l'Imperial College à Londres.

Mes recherches, mon expérience et ma qualité d'artiste chorégraphique m'ont permis de mettre en place un protocole d'adaptation à l'apesanteur à partir des éléments essentiels des techniques de danse contemporaine :
– notamment l'établissement d'un axe subjectif vertical,
– la connexion des extrémités du corps reliées au centre de gravité,
– la mise en place de mouvements de rotation (buste, bassin, extrémités),
– la reconnaissance de la circulation des mouvements à l'intérieur du corps,
– et l'existence d'un «espace entre», véritable espace de création, frontière entre le dedans et le dehors.

Avec l'introduction des techniques de danse dans l'entraînement des astronautes, j'associe à une haute technicité physique, mentale et environnementale, un autre regard porté sur l'adaptation en apesanteur.

En analysant l'espace du corps du danseur sur terre, en apesanteur et dans des milieux analogues à gravité altérée (eau, trampoline), je tente de faire exister une trajectoire entre la réalité d'un mouvement avec poids jusqu'à celle d'un mouvement sans poids. Un espace poétique s'ouvre alors par le biais du geste artistique.

J'ai donc collaboré avec différentes équipes scientifiques :
- le Laboratoire de neurophysiologie sensorielle du CNRS (Centre National de la Recherche Scientifique) à Paris sous la direction d'Alain Berthoz pour une recherche sur les système d'équilibration lors de tâches complexes;
- le Laboratoire d'éthologie spatiale — Ethospace — avec Carole Tafforin pour une vérification des stratégies spécifiques acquises grâce à l'entraînement des danseurs quant à l'établissement d'une référence à l'axe vertical subjectif en gravité zéro;
- j'ai été artiste en résidence à l'Imperial College à Londres pour une collaboration avec le «Biodynamic group»[5] et notamment avec le neurophysiologue Nick Davey — sur les compensations posturales à partir de mouvements volontaires des membres — comparaison entre danseurs et non-danseurs, en gravité 1 et gravité 0.

Le propos de cet article n'est pas de développer ces recherches. Il me semble néanmoins important de les citer pour montrer la réalité de l'échange art/science grâce à la mise en évidence de la spécificité du travail du danseur.

SPÉCIFICITÉ DU TRAVAIL DU DANSEUR

Il n'y a rien de plus immédiatement concret que le corps du danseur, et pourtant il ne sert à rien. Il n'a pas de fonction autre que le geste et la forme. Son apprentissage consiste à ce qu'il arrive à faire correspondre, grâce à une intégration de toutes les sensations internes (kinesthésiques et autres), les mouvements du corps à ses sensations pures.

Le danseur va donc réaliser une unité du corps dans laquelle le rôle de la conscience des mouvements collabore à un processus d'abstraction.

---

[5] «Bio-dynamic group», un groupe de neurophysiologues et biomécaniciens de l'Imperial College à Londres. L'équipe est composée de : Dr Nicholas Davey, professeur au département de neurosciences de l'Imperial College Londres UK, Dr Olga Rutherford, PhD en physiologie, Prof. Robert Schroter, PhD de biomécanique, Dr Alison McGregor, PhD en Physiothérapie (non clinique), et Dr Anthony Bull, PhD de biomécanique.

Ce corps « abstrait » induit une approche de l'espace et du temps tout à fait particulière qui n'existe qu'en prenant en compte le mouvement.

Ce mouvement qui s'insère dans le corps du danseur, qui a pris naissance avant lui et qui se continue après lui, il est à la fois limité et illimité, fini et infini. Il n'est rien d'autre qu'un déséquilibre entretenu, ou un équilibre instable permanent, puisque son rapport au réel est un rapport de poids.

Le corps abstrait-espace-temps, en danse, développe la perception de soi et permet d'être présent au moment même de l'action. De chaque expérience vécue, le corps garde une trace. Cette trace est un élément de l'imaginaire du danseur qu'il transmet dans la qualité de ses mouvements.

J'ai pu constater toute l'importance de la mémoire du corps terrien en apesanteur, et, quand on revient à la gravité terrestre, la mémoire de l'apesanteur.

Pour ces raisons, le danseur développe des stratégies comportementales spécifiques.

Il semble pertinent de chercher à les faire apparaître grâce à deux niveaux d'études : le premier du point de vue de l'analyse du mouvement du danseur — comment faire apparaître l'intériorité du mouvement à partir de prises d'appui différentes en gravité 1, gravité 0 et en milieu aquatique ? Et l'autre du point du vue de la forme : quelles représentations sont possibles à partir de la reconstruction des changements de poids, de masse et de densité des corps en gravité 1, 0 et milieu aquatique, par des environnements virtuels et par le spectacle vivant.

Du point de vue artistique, l'analyse du mouvement nous permettra de poser la question suivante : de quelle écriture chorégraphique parle-t-on lorsque l'on investit un nouveau champ artistique ? Et que produira le parallèle entre ces corps qui dansent en apesanteur et les univers virtuels qui dotent les corps de possibilités nouvelles d'actions et de réactions par rapport à la gravité ?

EXPÉRIENCE DU VOL

L'expérience du vol est une expérience formidable sur la présence d'un état de danse parfait.

Merveilleuse, parce qu'on se trouve dans un état qui correspond à ces quelques moments magiques ou moments « justes », qui font que le danseur est parfaitement intégré à son environnement et est vraiment dans le « lâcher-prise ».

Ce moment rempli de force poétique pendant lequel le geste retrouve un sens sacré, parce que si proche de sa propre mort.

En apesanteur, ce moment relève d'un sentiment d'éternité. Le rêve de vol est atteint, il devient réalité.

Alors, comment reproduire à l'infini un moment sans le banaliser ? Comment retrouver le sens du sacré que la notion d'éphémère confère au mouvement « juste » du danseur ?

Il faut revaloriser l'instant, déplacer les objectifs, découvrir d'autres motivations.

C'est toute une quête artistique à reformuler. Il faut reconsidérer le temps et l'espace de ce mouvement infini. Le corps est libéré de toute entrave, le sentiment d'accident comme cassure, rupture, chute n'existe plus. Il ne s'agit plus de rendre visible un frémissement insaisissable... tout mouvement échappe à cause de cette sensation intense que tout est mouvement.

C'est un état euphorique où transparaît le plaisir du mouvement vécu en lui-même et pour lui-même, en dehors de toute finalité. Plaisir d'être et d'exister dans la fluidité.

Chaque mouvement en apesanteur induit un déplacement totalement inattendu. Les mouvements sont fluides et infinis. Ils ont pris naissance avant même d'en avoir la sensation, et ils se continuent après avoir existé.

L'équilibre ne se maintient pas en opposition à une force — la gravité — mais le corps peut se laisser porter par l'environnement, au risque de s'y diluer puisqu'il ne subit aucune pression.

L'incessant dialogue que notre cerveau entretient avec les « chairs » qui l'animent s'en trouve nécessairement perturbé.

Il faut organiser autrement l'ensemble des messages corporels dont certains, usuels, cessent de nous parvenir tandis que de nouveaux apparaissent, qu'il faut mettre en place.

Qui agit, mon corps ou l'environnement ? Peut-on toujours se considérer comme résidant de ce corps connu mais non totalement reconnu, ou bien s'agit-il, dans ce cas, d'un corps étranger qu'il va falloir réinvestir et se réapproprier?

Cette désincarnation transitoire n'était-elle pas l'occasion de vérifier la relation de dépendance qui unit le corps à son espace d'action, et qui conditionne de ce fait la connaissance intime que l'on peut en avoir?

Il faut ainsi saisir l'opportunité de vivre l'expérience de l'acquisition d'une nouvelle modalité perceptive en suivant, de l'intérieur du sujet, la façon dont le monde lui apparaît.

L'événement le plus troublant est que l'apesanteur m'a révélé la réalité de mon espace imaginaire de danseuse. Le plaisir de la circulation des mouvements à l'intérieur de soi, l'existence d'un corps impossible où la concrétisation d'autres trajectoires sont des expériences incroyables vécues d'une façon «extraordinaires» sur terre, et d'une façon continue en apesanteur.

Pour maintenir la force de la sensation d'être dans un environnement aussi absorbant, on retrouve les éléments fondamentaux de l'esthétique de la danse sur terre.

Ces éléments sont les fondements d'une structuration du mouvement. Ils vont donner le cadre à l'acte de construire pour créer, sur terre, les tensions pour se libérer de la gravité, et, en apesanteur, les moyens de faire exister les tensions.

Il y a une relation paradoxale entre la perception du corps en apesanteur ou sur terre et les imaginaires reliés à ces deux univers très chargés symboliquement (que ce soit le rêve de vol ou l'enracinement dans le sol).

En apesanteur, le cerveau juxtapose une expérience perceptive imaginaire avec une expérience réelle. Mais il les juxtapose dans un phénomène de «Cue Free Inversion» (pour reprendre les termes de Horst Mittelstaedt), c'est-à-dire d'une manière parfaitement inversée. Il ne s'agit plus de se libérer de la gravité, mais de recréer des tensions. Il ne s'agit plus d'éviter la chute, mais de provoquer une rupture, un arrêt. Il ne s'agit plus d'éviter de se cogner mais de s'accrocher pour ne pas être repoussé.

J'ai maintenant l'étrange sensation en moi que ces deux univers existent simultanément et, bizarrement, c'est comme s'ils avaient toujours existé. Est-ce parce que je suis une danseuse et que mon expérience perceptive est très chargée de la symbolique du vol, ou est-ce tout simplement parce que je suis une terrienne aux origines incertaines?

Ces émotions si fortes se sont inscrites dans ma chair et ont considérablement transformé la conscience et la représentation de ma propre danse sur terre.

QUELLE REPRÉSENTATION DU MOUVEMENT ?
LE PROJET ARTISTIQUE

Cette approche artistique liée à la recherche scientifique permet de revisiter les fondements de la danse à partir de l'expérience vécue en apesanteur.

Les possibilités de vol étant très exceptionnelles, nous avons pu enrichir notre expérience dans des milieux analogues à l'apesanteur où la gravité est altérée : l'eau et le trampoline. Les corps des danseurs sont ainsi soumis à des densités différentes et, suivant les mêmes principes qu'en apesanteur, ils exploitent d'autres manières d'être au monde, liées aux modifications perceptives de leur propre poids.

Il s'agit donc de représenter des tableaux qui sont de véritables laboratoires de recherche et qui proposent des tentatives de réponse à des questions posées par ces expériences en apesanteur et par les recherches menées conjointement avec les sciences cognitives, notamment en neurophysiologie.

Des questions fondamentales comme la perception des limites du corps, les processus d'orientation, la relation à l'objet et à l'autre et la perception de l'espace et du temps, m'ont amené à réunir une équipe singulière où chacun apporte son expérience particulière et sa créativité pour une recherche commune.

Ces différentes phases de recherche dans des environnements où la gravité est altérée interviennent dans le processus même de création. La forme de l'œuvre en est imprégnée.

L'enjeu est de confronter différentes démarches qui toutes déplacent les limites du corps : dans la prise de risque, celles plus abstraites des danseurs et celles plus concrètes des circassiens ; dans l'approche spatiale et temporelle, celles de l'image et de la musique.

La forme de la représentation est définitivement pluridisciplinaire et associe la danse, l'acrobatie et le jonglage, l'image, la musique et les arts plastiques.

L'approche chorégraphique propose aux interprètes des états du corps proches de la sensation de vol et définit un milieu (naturel ou recréé scéniquement) qui va leur offrir les appuis nécessaires à l'émergence de propositions. C'est une écriture chorégraphique qui n'est pas traditionnelle. Elle est atypique et s'apparente à ce que nous appelons une «danse du milieu». De ce va-et-vient constant entre la perception du dedans et du dehors émerge une forme scénique, qui suscitera la sensation d'apesanteur pour le spectateur.

Les lignes de forces qui font exister les tensions nécessaires à la représentation proviennent de situations aléatoires. Elles interviennent constamment à l'intérieur des structures communes issues de l'expérimentation et du travail de recherche sur la perception. Il ne s'agit pas de narration et pourtant nous sommes au seuil de la théâtralité.

Nous interrogeons la forme du spectacle, en nous adaptant à différents lieux scéniques, lieux classiques de représentations comme le plateau du théâtre et autres lieux qui proposent des volumes déjà existants.

La singularité et la subjectivité de chaque expérience apportent une pierre à l'édifice de la perception. Toutes ces approches s'articulent, se mettent en mouvement dans l'espace et dans le temps pour définir petit à petit une œuvre artistique contemporaine pluridisciplinaire, dont les installations vidéo sont des étapes de création très importantes. L'apesanteur contient bien tous les «ingrédients» d'une forme contemporaine multimédia (au sens premier du terme) de création artistique autour de l'incroyable réalité du corps sans poids.

Bibliographie

Berthoz A., *Le sens du mouvement*, Éd. Odile Jacob, 1997, Paris.
Davey Nick J., Romaiguère Patricia, Maskill David W., Ellaway Peter H. (1994). Suppression of voluntary motor activity revealed using transcranial magnetic stimulation of the motor cortex in man. *Journal of Physiology*, 477 (2), 223-235.
Dubois K. (1994). *Dance and Weightlesness : dancer's training and adaptation problems in microgravity*. Leonardo, MIT Press, Berkeley, USA.
Dubois K., Tafforin, C. (1995). «Elaboration of a sensorial and gestural training in microgravity, from dance technics, on earth, on water and on a tilted plane». VIe Jounées internationales d'automne de l'ACAPS Guadeloupe.
Dubois K., Poxxo T., Berthoz A. (1993). Effect of training on postural strategies during complex equilibrium tasks in the frontal plane. Presented at «International Society of Biomechanics XIVth Congress», Paris.
Louppe L. (1997). *Poétique de la danse contemporaine*, Bruxelles, Éd. Contredanse.
Mittelstaedt, H. (1986). Scientific results of the german spacelab mission D1. Proceedings of the Norderney Symposium.
Virilio P. *L'espace critique*, Éd. Bourgois, Paris.

Propositions pour la description automatique des mouvements du corps humain

Philippe Joly

Institut de Recherche en Informatique de Toulouse, CNRS, UPS, INPT, UT1

Ce chapitre ne proposera pas d'éléments de réponse très avancés sur ce sujet dont l'état de l'art montre clairement qu'il n'est pas encore question de méthode académique universellement reconnue pour le traiter. Et c'est parce que précisément ce sujet est encore largement ouvert que nous proposons ici de discuter diverses pistes qui représentent les grands axes des travaux de recherche que nous menons actuellement.

Le principe de base à ces propositions est celui qui consiste à considérer le geste humain comme une information visuelle qui, à ce titre, doit répondre à un ensemble de règles pour atteindre effectivement ce statut informationnel.

Nous allons tout d'abord dresser à grands traits le profil des outils offerts sur l'étal des technologies pour analyser et décrire les mouvements du corps humain.

1. ANALYSE AUTOMATIQUE DU MOUVEMENT DU CORPS HUMAIN

1.1. La mise en scène

Le travail à la base des éléments de résultats qui seront présentés plus loin est celui de l'indexation des documents audiovisuels. Ce domaine de recherche ouvre actuellement de nouvelles voies sur l'analyse des actions menées par des acteurs dans les scènes qui structurent le contenu.

Même si nous sommes encore loin de disposer d'outils suffisamment robustes pour traiter tout type de document (il s'agit pour l'heure de traiter essentiellement des enregistrements d'épreuves sportives), on peut imaginer qu'à terme, nous pourrions disposer d'outils susceptibles de renseigner précisément sur la mise en scène. Celle-ci participe à l'intention de la réalisation. Tout ce qui concerne le déplacement de la caméra, des objets ou des acteurs peut être mûrement réfléchi dans le but de souligner certains des éléments du message à transmettre. C'est donc à ce titre qu'il apparaît judicieux de considérer de près comment un personnage se comporte, quels gestes il effectue afin, le cas échéant, de mettre en évidence l'intervention du metteur en scène, ou pour le moins de souligner la présence d'une intention. Le travail de mise en scène conduit à spécifier de nombreux paramètres incluant non seulement le déplacement des acteurs, mais aussi les expressions du visage, les orientations des regards, le ton de la parole, ainsi qu'un bon nombre de paramètres de l'environnement comme la disposition des accessoires et du décor, les effets d'éclairage et leur évolution, ou encore l'usage fait de la caméra (mouvements, cadrages, filtres et effets d'optique).

Jusqu'à présent, nous ne nous sommes intéressés qu'au mouvement du corps humain. Il s'agit là d'une restriction raisonnable, compte tenu de la complexité du problème, pour aborder l'analyse automatique de la mise en scène.

1.2. Pourquoi est-ce un problème d'indexation?

Du point de vue de l'indexation, le mouvement du corps humain est un sujet potentiellement porteur pour différents types d'applications :

– Pour l'identification de gestes sportifs comme nous l'avons évoqué (il peut s'agir de décomposer l'enregistrement vidéo d'un saut à la perche dans ses différentes phases, d'identifier une phase de dribles, de détecter un salto, un uppercut...). Le vocabulaire sportif est riche de mots désignant des mouvements plus ou moins spécifiques à chaque sport, chacun de ces mouvements représentant le plus souvent une caractéristique spécifique de la technicité liée à ce sport. Ces types de mouvements permettent de désigner des phases bien spécifiques de l'effort pour mieux l'évaluer. Ainsi, le cycliste se mettant «en danseuse» trahit-il la difficulté qu'il éprouve à gravir une côte ou le patineur entreprenant un «triple-axel» attire-t-il l'attention des juges sur la réception qui va suivre. Il n'est pas possible aujourd'hui d'identifier automatiquement tous ces mouvements à l'aide d'un système générique non intrusif, mais il est peut-être possible d'en reconnaître au moins une partie. Sur cette hypothèse, on peut imaginer exploiter cette information pour microsegmenter les différentes étapes d'une action, pour comparer le mouvement en question avec un modèle de celui-ci (pour l'évaluation et l'enseignement), ou tout simplement pour identifier le sport dont il s'agit. Pour le moins, on retiendra de ces exemples qu'il existe un vocabulaire permettant de désigner des gestes précis et potentiellement significatifs dans un cadre d'exécution particulier. Ces gestes étant exécutés sur une certaine durée, il est ainsi possible de déterminer un segment sur lequel leur instance peut être considérée comme valide. Il ne manque donc plus que les mesures numériques sur l'image, voire sur le son, permettant de discriminer ces gestes pour proposer un système d'indexation automatique.

– Dans un contexte d'interaction, on peut parfaitement imaginer que le geste intervient dans la conversation entre un humain et une machine munie d'un système de capture (magnétique ou optique). Pour cela, un certain nombre de gestes élémentaires doivent être identifiés en plus de la sémantique qui doit leur être attribuée. Ce contexte de mise en œuvre peut aussi bien s'appliquer au développement de jeux vidéo proposant de nouvelles modalités d'interaction qu'à l'aide logicielle aux personnes handicapées.

– Ce peut être également un outil de synchronisation dans la réalisation d'un spectacle vivant. La vidéo «surveille» le déroulement d'une performance physique et détecte certains gestes clés qui peuvent servir de repère de transition vers une nouvelle phase d'un spectacle requiérant un nouvel éclairage, un nouveau décor, un nouvel environnement sonore, etc. [GH 02].

– L'indexation peut être utile pour l'apprentissage. Au milieu d'enregistrements successifs, un système performant peut permettre de retrouver des séquences correspondant à un geste spécifique pour le critiquer et/ou pour l'apprendre. Notons ici une spécificité des enregistrements vidéo de créations chorégraphiques. On s'accordera à reconnaître que le geste est un élément de contenu essentiel pour ce type de document. Or, cette information n'est que très rarement utilisée pour l'indexation d'une archive composée de ce type d'enregistrement. Ce type d'indexation ne fait pas sens tant qu'il n'existe pas de mécanismes formels permettant de formuler des requêtes sur des descripteurs de geste.

L'analyse du mouvement du corps humain n'a jusqu'à présent fait l'objet que de deux grandes approches en informatique : la localisation et, de façon assez grossière, le déplacement pour des applications de vidéosurveillance essentiellement, et le suivi précis des mains et l'analyse des expressions du visage pour l'interprétation de la langue des signes. En aucun cas, le mouvement du corps humain n'a été abordé sous l'angle de l'indexation.

1.3. Nature des mouvements traités par vidéo surveillance

Le mouvement du corps humain n'a été exploité dans le domaine de la vidéo surveillance que dans le but de repérer automatiquement des séquences de mouvements supposés suspects. Ces mouvements sont pour l'essentiel de deux catégories :

– la trajectoire suivie n'est pas conforme à la trajectoire attendue (un déplacement latéral dans un couloir longitudinal, un parcours en sens inverse à celui suggéré ou imposé, l'abord d'une zone dont l'accès est interdit),

– la vitesse du mouvement n'est pas conforme à celle qui est attendue (une personne immobile au milieu de nombreuses personnes en déplacement, une personne courant dans un lieu qui ne s'y prête pas).

La mise en œuvre de tels outils ne nécessite pas de développer des méthodes extrêmement sophistiquées pour assurer la fiabilité des résultats. L'information de description produite est purement binaire. Elle identifie sur le flux temporel des segments potentiellement importants dans le sens où ils sont susceptibles d'appartenir à l'une ou l'autre des deux catégories ci-dessus.

1.4. Analyse des gestes dans la langue des signes

À l'opposé, il est un sujet qui reste encore essentiellement un thème de recherche, qui requiert une lecture infiniment plus élaborée du mouvement du corps humain : c'est celui de l'interprétation automatique de la langue des signes. De très nombreux paramètre entrent en jeu pour construire un tel interpréteur. Il ne s'agit pas seulement de suivre l'ensemble des segments de la partie haute du corps humain dans l'espace 3D (ce qui peut être extrêmement complexe à partir d'une seule caméra), il faut également pouvoir prendre en considérations différents paramètres de l'exécution de ces gestes tels que la synchronisation entre les deux mains, l'amplitude et la célérité de l'exécution du signe, l'expression faciale accompagnant les gestes, le contexte, etc.

La description produite du geste analysé est fortement variable d'un système à un autre. Elle peut se traduire par une transcription visuelle de la succession des valeurs mesurée par l'outil de traitement appliqué, ou par la représentation des classes de gestes successivement identifiées par un outil de reconnaissance.

1.5. Capture de mouvement : motion capture

L'animation de personnages en image de synthèse s'est d'abord effectuée selon une description paramétrique du mouvement. Mais le rendu de ce mouvement étant peu réaliste, d'autres démarches ont dû être explorées. Ainsi, aujourd'hui, capture-t-on le mouvement naturel par l'intermédiaire d'un système optique ou magnétique, appliquant ainsi un déplacement mesuré dans le monde réel pour le représenter dans un monde virtuel.

Deux procédés différents dominent aujourd'hui le marché des outils de motion capture :
– Les dispositifs magnétiques requièrent que l'utilisateur revête une combinaison munie d'émetteurs et d'une source d'alimentation. Les gestes doivent être ensuite effectués à proximité d'un capteur qui repère l'évolution de la position en 3 dimensions des segments du corps de l'utilisateur. De nombreux outils de capture magnétique permettent de mesurer à l'aide d'un seul capteur les paramètres de rotations en 3 dimensions.
– Les dispositifs optiques conduisent à placer des supports réfléchissants sur le corps de l'utilisateur. Celui-ci doit ensuite exécuter les gestes au centre du champ croisé de plusieurs caméras. Celles-ci sont associées à un éclairage stroboscopique qui permet de repérer la position des points réfléchissants. Pour une capture optique, trois pastilles sont nécessaires pour définir le plan dans lequel évolue chacun des segments à suivre.

Ces systèmes sont munis d'outils d'étalonnage permettant non seulement de repérer l'espace dans lequel se déplace l'utilisateur, mais également d'adapter les résultats des mesures à la morphologie spécifique de la personne.

Les résultats sont des successions de coordonnées 3D pour chaque point du corps dont l'analyse du déplacement est requise.

2. SYNTHÈSE DU MOUVEMENT

2.1. Modèles informatiques du corps humain

Les outils de capture du mouvement proposent des modèles préconstruits, adaptables au contexte de la capture, à la morphologie de la personne exécutant le mouvement comme nous l'avons indiqué, mais aussi aux caractéristiques du personnage virtuel à animer (lorsque c'est le but de la capture). Il arrive parfois que le modèle soit directement élaboré juste avant la capture. Ces modèles sont comparables à un modèle biomécanique complexe auquel on ajoute ou on enlève des paramètres selon les cas. Il existe des modèles standard liés à un logiciel ou à un consortium de normalisation. C'est le cas du modèle H-Anim qui identifie l'ensemble des segments et des articulations du corps humain. La spécification précise quels sont les éléments minimaux « typiques » pour un rendu d'animation d'avatar. Même si cet aspect n'est pas explicité par cette proposition, une sorte de hiérarchie est induite par cette remarque visant à distinguer des articulations primaires (cou, épaule, coude, poignet, l'articulation sacroiliaque, la hanche, le genoux, la cheville) et des articulations secondaires (vertèbres, clavicules, phalanges, tarses).

2.2. Descriptions par interpolation

Il est fréquent de trouver en informatique des cadres formels permettent de décrire une trajectoire sous la forme d'une interpolation entre des positions successives. La forme de base de cette description consiste à donner les coordonnées 3D successives que prend un point à intervalles de temps régulier. La machine établit ensuite la position du point à n'importe quel instant en calculant ses coordonnées intermédiaires entre la position précédemment occupée et la prochaine position qu'il doit prendre, et ce en fonction du temps écoulé depuis le début du mouvement.

Ce type d'approche présente un premier inconvénient. L'objet de référence est ici un point. Pour pouvoir utiliser cette approche, il convient donc de modéliser le corps humain uniquement sous la forme d'un ensemble de points, ce qui est très réducteur dans le sens où ce type de modèle nous conduit à considérer chaque point indépendamment les uns des autres, engendrant de nombreux calculs inutiles et l'impossibilité de contrôler la cohérence de l'ensemble des points au cours du mouvement. Ainsi, il est évident que le mouvement d'un point de la main n'évolue pas de manière indépendante de celui d'un point de l'avant-bras. Pour cela, en image de synthèse, différentes modélisations ont été proposées pour représenter le corps humain sous la forme d'une structure hiérarchique alternant segments et jointures. L'exemple ci-dessous reprend à grands traits les principaux éléments de ces modèles.

Sont définis dans un premier temps deux types d'éléments qui vont décrire l'architecture du corps :

Type Segment = {Dimensions, Centre de gravité, Jointure_mère}
Type Jointure = {Translation, Rotation, segment_père}

Sur ces deux types de données, un ensemble d'objets vont pouvoir être déclarés, se référençant les uns les autres de façon à définir un modèle biomécanique. Par exemple, la description formelle d'un bras complet sur la base de ces deux types pourrait être :

Jointure Epaule = { 0 0 0, 0 0 0 0, NULL}
Segment Bras = { 4 1 1, 2.5.5, Epaule}
Jointure Coude = { 2 0 0, 90 0 0 1, Bras}
Segment Avant_bras = { 4 1 1, 2.5.5, Coude}
Jointure Poignet = { 2 0 0, 45 0 0 1, Avant_bras}
Segment Main = { 2 1 1, 1.5.5, Poignet}

La description d'un mouvement dans le cas d'une approche par interpolation requiert de définir les repères temporels de celle-ci : le début, la fin et, le cas échéant, le nombre de répétitions de l'animation dans le cas d'un mouvement cyclique (la marche par exemple, qui est une répétition de pas).

Type Horloge = {Début, fin, durée_boucle}
Horloge Chrono1={5, 10}

On doit ensuite disposer d'un « interpolateur », c'est-à-dire d'une fonction indiquant le pourcentage de mouvement déjà effectué à un instant donné.

Fonction interpolation (horloge) : pourcentage

Dans le cadre de cet exemple, si l'animation générale s'exécute depuis 6 secondes, elle est alors gérée par l'horloge Chrono1 depuis 1 seconde et ce pour encore 4 secondes. La fonction Interpolation(Chrono1) renverra alors la valeur 20 %.

Un mouvement est ensuite spécifié par une position de départ, une position d'arrivée, et l'horloge qui va déterminer la durée du mouvement. Dans la pratique, on utilise une fonction (un interpolateur) qui, étant une position de départ, une position d'arrivée et un pourcentage de temps déjà écoulé depuis le début du mouvement, détermine la position intermédiaire correspondante. Par exemple :

Fonction Inter_rotation = (angle de départ, angle d'arrivée, pourcentage) : Rotation

La position à un instant t d'un segment est ensuite affectée à ce segment par l'interpolateur directement :

Coude.Rotation=Inter_rotation(90 0 0 1, 0 90 0 1, interpolation(Chrono1))

La limitation principale de cette approche vient de la nature de l'interpolation elle-même qui est ici purement linéaire. Il en résulte très souvent une représentation du mouvement saccadée du fait de l'indépendance des interpolations entre elles. Dans certains cas, il est possible de faire intervenir d'autres types de calcul d'interpolation (telles que des interpolations du second ordre) qui peuvent rendre compte d'une certaine inertie dans l'exécution d'un mouvement en évitant des changements de position ou d'orientation brutaux.

Pour simplifier la spécification de ce type de mouvement, les logiciels d'animation proposent une interface sur laquelle l'utilisateur peut définir les positions à des instants donnés d'un pantin virtuel respectant la structure du corps humain définie. Cette technique dite de « key framing » ouvre le champ à des procédés de spécification de l'animation plus sophistiqués. En effet, il est dès lors possible de proposer des bibliothèques de positions, et surtout de mouvements, qu'il suffit d'agencer pour générer un mouvement plus ou moins complexe.

Il n'en reste pas moins que cette spécification du mouvement est entièrement synthétique et que sa qualité pour le rendu reste très inférieure à celle que l'on peut obtenir par enregistrement des positions des membres à l'aide d'un système de capture magnétique ou optique. Par contre, les principes de base sont fortement analytiques et peuvent assez aisément être repris dans le cadre d'un système visant à produire automatiquement la description du mouvement d'un corps humain.

3. PROPOSITION D'UN SYSTÈME DE DESCRIPTION AUTOMATIQUE DU MOUVEMENT DU CORPS HUMAIN

3.1. Objectifs

L'objectif est de développer une technique d'analyse d'un flux vidéo présentant un corps humain en mouvement, et d'en tirer une transcription décrivant les mouvements effectués. Cette technique ne doit pas dépendre de conditions de captures contraignantes (on pourra utiliser en entrée aussi bien un caméscope grand public qu'une caméra de vidéosurveillance). La technique doit pouvoir s'adapter à la qualité de l'enregistrement, aux capacités de traitement de la machine, et aux besoins de l'application.

3.2. Proposition 1 : 3 niveaux de description

La réflexion menée pour stabiliser les outils d'indexation, pour les rendre « robustes » et « réutilisables », nous a conduit à définir une sorte

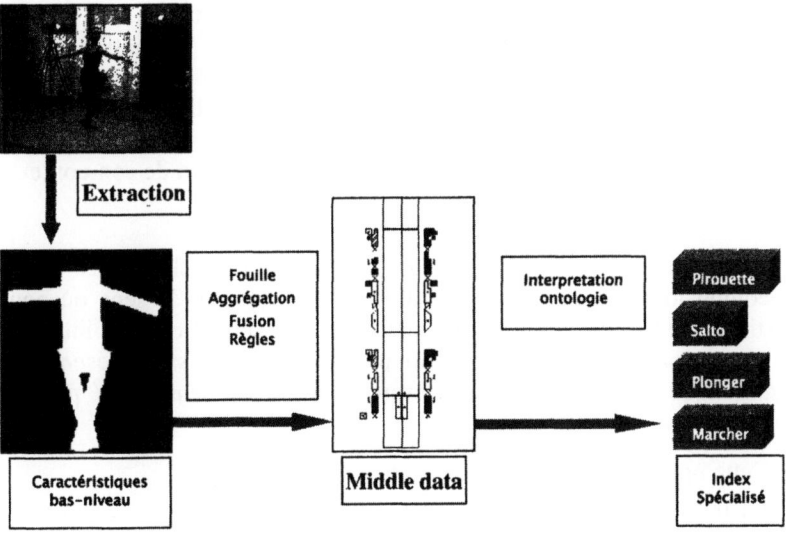

de schéma générique d'une chaîne d'indexation. Le principe général consiste dans un premier temps à effectuer des traitements et des mesures sur le contenu visant à repérer les éléments d'information recherchés. Ces mesures représentent le plus souvent des flots de valeurs numériques encombrants (du type de celles que l'on obtient par la motion capture), elles sont ensuite simplifiées, réduites, agrégées de manière à ne conserver que leur partie fiable et exploitable. Enfin, ces résultats sont passés au crible d'un outil d'interprétation qui leur attribue un sens pour leur exploitation dans un contexte applicatif.

Pour illustrer cette chaîne et pour justifier cette démarche, considérons que l'on dispose d'un système qui permette de localiser les principaux segments du corps humain dans une image et de suivre leur déplacement tout au long d'un enregistrement vidéo. Les informations décrivant les localisations successives — ou le déplacement — de chaque segment dans l'image seront dites de bas niveau (ce que la littérature scientifique a consacré sous le terme «low-level feature»). Cette désignation est certes très vague, mais les chercheurs se sont volontiers accordés sur l'acception de ce terme pour lui associer tout ce qui peut correspondre à des résultats de mesures directes sur le contenu, sans injection de la moindre interprétation. Ces données sont brutes et ne sont exploitables que par la machine — à la rigueur, dans certains cas, un expert peut être en mesure de leur attribuer un sens. Ces données sont plus ou moins fiables, souvent très redondantes, et peu ou pas structurées. À l'opposé de la chaîne de traitement, on trouvera le descripteur sémantique, celui qui renseigne l'utilisateur et lui donne l'information potentiellement attendue. Cette information doit faire sens pour l'utilisateur non seulement en raison de son profil, de ses attentes, du logiciel qu'il utilise ou du document qu'il consulte, mais également en fonction de son contexte de travail.

Cette décomposition rejoint des considérations classiques de la décomposition du signe en sémiotique [MB 01] dans le sens où nous distinguons l'information numérique brute à la source et conjointement sa forme paramétrique issue d'un prétraitement, de sa représentation symbolique intermédiaire non interprétée, et de son sens donné par une interprétation contextualisée.

Cette approche représente un triple avantage :
− La forme symbolique intermédiaire est une représentation compactée et simplifiée des résultats de l'analyse numérique. Cette étape permet de supprimer le bruit et de filtrer potentiellement les erreurs ou l'information inutile. Cette réduction de l'information permet par la suite d'améliorer potentiellement les temps de réponse du système.

− L'externalisation de l'interprétation permet de conserver une base descriptive exploitable dans des environnements multiples. La traduction, ou plus exactement l'interprétation, ne s'effectue qu'à la requête de l'utilisateur. C'est à ce moment, et ce de manière dynamique, que l'information va être modifiée et adaptée pour coïncider avec les attentes potentielles de celui-ci.

− De ce fait, le catalogue descriptif n'est plus figé. Un outil d'interprétation plus performant peut être branché entre la donnée symbolique et l'utilisateur améliorant ainsi la qualité de la réponse à la requête sans remettre en cause complètement l'indexation qui aura pu être faite.

3.3. Proposition 2 : une modélisation hiérarchique

Le procédé développé par Thomas Fourès [FJ 03] consiste à apparier sur l'image filtrée binarisée un modèle graphique 2D déformable du corps humain. Ce modèle propose différents niveaux de précision autorisant une description plus ou moins fine des mouvements. Cette structure hiérarchique a été mise en œuvre initialement pour adapter la finesse de l'analyse (et la quantité de calcul) aux capacités de la machine. Indirectement, cette approche est apparue comme étant une solution pour offrir une description «échelonnable», c'est-à-dire dont le niveau de détail

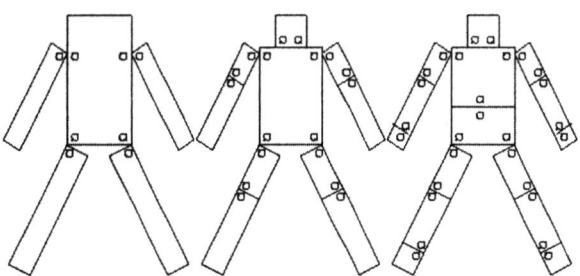

Les trois premiers niveaux du modèle hiérarchique

dépend non seulement des capacités des systèmes impliqués dans l'application, mais également des besoins de l'application elle-même et surtout de l'utilisateur.

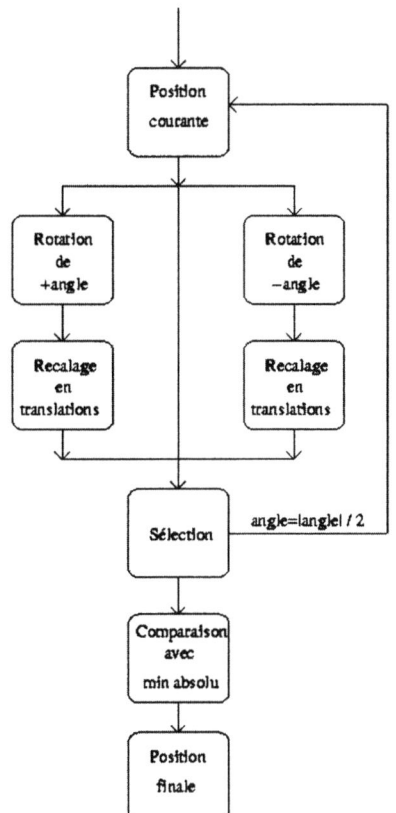

Le modèle peut être entièrement décrit sous une forme paramétrique. Il suffit pour cela de donner pour chaque segment le niveau où il intervient, ses dimensions relatives, et ses points d'articulation avec les autres segments du même niveau. On peut noter ici que si l'articulation définit la position dans une description synthétique (de type H-Anim), nous avons choisi le segment comme unité de base de notre modèle dans la mesure où il structure l'apparence de la posture. Nous partons de l'hypothèse que l'information sur la position d'un segment du corps à un niveau donné informe grossièrement sur la position des sous-segments qui le composent à un niveau inférieur.

La difficulté essentielle réside ici dans la localisation des différents segments. Pour cela, deux procédés sont combinés simultanément dans la phase de recherche d'un segment. Le premier consiste à rechercher le meilleur appariement possible de chaque segment sur l'image capturée à l'intérieur d'une zone de recherche par une succession de translations et de rotations. Le second consiste à définir la zone de recherche de manière à limiter autant que faire se peut les calculs, en intégrant des contraintes sur la connexion spatiale des segments et sur la cohérence des mouvements effectués.

L'algorithme d'appariement suit deux étapes successives. La première consiste à localiser le segment dans la zone de recherche.

Pour cela, on teste plusieurs translations possibles (dans les 8 directions possibles autour de la position courante du segment). Le pas de translation dépend de la dimension de la zone de recherche. La meilleure position est retenue et le processus est itéré en divisant le pas par 2. À l'issue de cette première étape, on dispose d'une information grossière sur la localisation du segment.

La seconde étape va s'attacher à trouver l'orientation du segment et sa position précise. On suit pour cela la même démarche. Trois orientations sont testées : l'orientation courante et celles obtenues par rotation du segment ± un angle donné (dépendant initialement de la dimension de la zone de recherche). Après un éventuel recalage en translation correspondant à l'étape 1 décrite précédemment, la meilleure orientation est retenue et le processus est réitéré avec un angle correspondant à la valeur du précédent divisé par deux.

À l'issue de ce traitement, on connaît le facteur de translation et l'angle de rotation à appliquer à chaque segment correspondant au meilleur appariement. La démarche est directement inspirée de celle de l'appariement hiérarchique de blocs utilisé pour la compression de la vidéo numérique. Si la convergence de cette dernière repose sur une hypothèse de forte autocorrélation spatiale des intensités des pixels situés dans un même voisinage, la convergence de la méthode que nous proposons repose sur l'augmentation du nombre de pixels situés à l'intersection entre les nouvelles positions du modèle et la partie de la silhouette comprise dans la zone de recherche.

Pour juger de la qualité de l'appariement d'un segment à un instant donné, on utilise la mesure suivante : on établit le rapport entre le nombre de pixels approximés par le segment et le nombre de pixels du

$$Q = 2 \times \frac{\text{Nb. de pixels dans la région de l'image réelle inclus dans le segment du modèle apparié}}{\text{Nb. de pixels du segment du modèle}} - 1$$

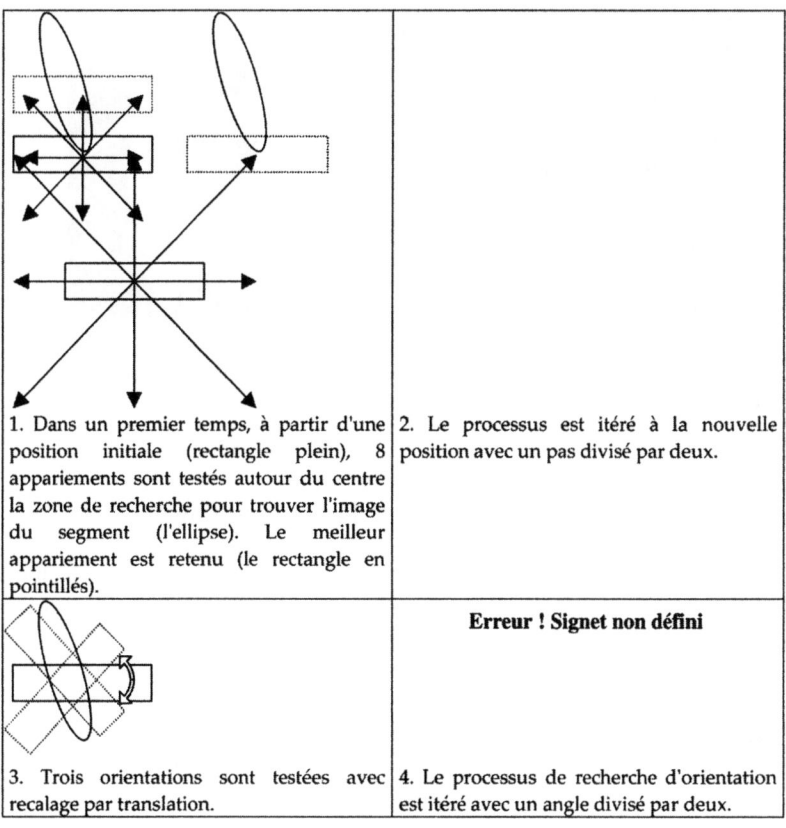

Exemple de déroulement du processus d'appariement pour la localisation des segments

segment. Le résultat est traité de manière à ce que sa valeur soit comprise entre -1 (cas d'une erreur complète de localisation) et 1 (cas d'une localisation parfaite).

Cette mesure est utilisée pour décrire la fiabilité du résultat, et donc du descripteur généré relevant la position du segment considéré. Elle est également utilisée pour répartir les calculs à l'étape ultérieure et requérir éventuellement plus de temps de recherche en cas d'une qualité insuffisante de la localisation.

Exemple de résultats sur la localisation des segments du premier niveau

3.4. Proposition 3 : Expression des résultats selon une transcription XML de la notation Laban

Il reste bien évidemment à transposer ces résultats selon un formalisme descriptif susceptible de conserver les informations extraites automatiquement. Pour cela, nous avons envisagé deux approches possibles, reposant sur un savoir-faire existant et éprouvé. La première est celle qui a été élaborée par les travaux en image de synthèse pour l'animation des avatars et que nous avons brièvement décrite. La seconde a été élaborée dans le domaine artistique de la danse pour offrir un moyen prescriptif ou analytique des œuvres chorégraphiques comme nous le préciserons plus loin.

Le sport, la vidéosurveillance, ou la langue des signes, précédemment évoqués, n'offrent pas d'approche généraliste à la description du mouvement du corps humain. Le domaine du sport est trop spécialisé dans l'exécution des gestes techniques précis, la vidéosurveillance ne s'intéresse pour l'heure qu'à des aspects très généraux liés au mouvement, quant à la langue des signes, celle-ci se concentre uniquement sur les mouvements des bras, des mains et les expressions du visage.

C'est dans le domaine de la danse que l'on va trouver des travaux (rares) visant à proposer une méthode générale et ouverte de description du mouvement du corps humain. Le problème de la notation de la danse s'est posé dès lors qu'il a été question de retransmettre le geste de danse sans le montrer directement (pour l'enseigner ou pour en conserver une transcription en guise d'archive).

À la source de ce travail se trouve celui proposé par Rudolf von Laban qui publia en 1928 la «kinetographie». Ce formalisme de transcription graphique du mouvement du corps humain n'est pas spécifique à la danse, mais c'est dans ce domaine que celui-ci s'est développé [CG 96].

Le principe général est déjà une forme spécialisée des lignes de strate sous leur forme graphique. Celles-ci apparaissent en général verticalement, le temps se déroulant du bas vers le haut. Elles servent de support à la description de chacun des segments du corps humain. À une strate correspond un segment. Des segments par défaut sont prédéfinis. Il s'agit des deux pieds, des deux jambes, des deux bras, du tronc et de la tête. Lorsqu'une information plus précise est requise (comme le mouvement d'une main), il est possible d'ajouter une nouvelle strate.

L'évolution temporelle des gestes est décrite de façon relative : une position de départ est donnée, puis la description indique la succession des gestes effectués. L'inconvénient en est qu'à un instant donné, il est impossible de connaître la posture d'une personne sans dérouler l'ensemble des mouvements réalisés depuis la posture initiale. C'est bien le mouvement qui est à la base de cette description, et non la posture.

Sur ces strates, des symboles graphiques sont disposés selon la dimension temporelle de manière à transcrire le déplacement horizontal d'un segment. Le remplissage d'un symbole renseigne sur le déplacement vertical. La longueur du symbole indique la durée du mouvement de façon proportionnelle à l'intérieur d'une «mesure», celle-ci correspondant à une zone cernée par deux barres horizontales noires successives.

Il existe d'autres formalismes reconnus de notation chorégraphique tels que la notation Benesh. Nous avons retenu la notation de Laban en raison de son adéquation avec la nature de l'analyse et des résultats produits par le système. Par ailleurs, cette notation accepte une transcription aisée en langage XML. Par exemple :

```
<Motion Id = "1">
    <Start_Time>0.5</Start_time>
    <End_Time>1</End_time >
    <Left_Arm vertical="Down"/>
    <Left_Weight vertical = "Center">
    <Right_Weight vertical="Center">
    <Right_Arm vertical="Down"/>
</Motion>
<Motion Id="2">
    <LeftArm vertical = "Center" horizontal = "Front"/>
    <RightArm vertical = "Center" horizontal = "Front"/>
</Motion>
```

3.5. Proposition 4 : Relier structure et intention

Cette dernière proposition consiste à appliquer aux informations descriptives ainsi produites un traitement appliqué par ailleurs sur les données issues de l'analyse d'émissions de télévision. Ce travail consiste à considérer dans leur ensemble les documents d'une même collection. On cherche alors à identifier automatiquement l'ensemble des éléments qui se répètent d'émission en émission. Ces fragments identiques sont relatifs à un style de réalisation, induits par le respect du format de l'émission, ou tout simplement liés à la structure même du document. Le processus de réalisation les utilise pour structurer intentionnellement le contenu. On a ainsi identifié des enchaînements caractéristiques de cadrage dans certaines émission de jeu, détecté automatiquement les génériques des émissions ou les bulletins météo sans avoir eu besoin d'apprendre au système ce qu'étaient ces segments d'information.

Le principe général de la recherche de ces segments qui se répètent et que nous appelons «invariants de production» repose sur un mécanisme

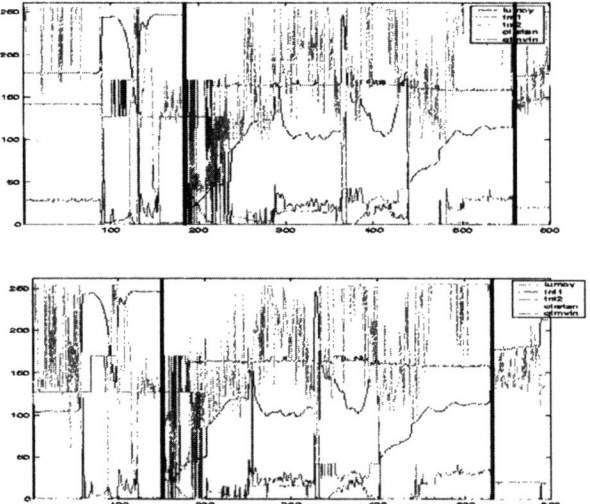

Ces deux graphiques représentent différentes mesures effectuées sur deux émissions différentes d'un même jeu télévisé. Le système repère automatiquement le segment entre les deux barres verticales noires comme étant un invariant de production : il s'agit ici du générique de l'émission. Les mesures des angles de rotation et de translation des segments seront examinées à terme par le même procédé pour identifier des éléments stylistiques ou récurrents des gestes analysés.

d'appariements morphologiques récursifs : on étudie la ressemblance entre des segments de grande taille temporelle. Si aucune ressemblance n'est trouvée, les segments sont coupés en deux et le processus est itéré sur les sous-segments produits [SH 04].

Cette approche sera appliquée à des enregistrements représentant des performances chorégraphiques ou des gestes sportifs. Le premier que nous observerons sur les résultats produits concernera la nature de la segmentation induite : quels segments auront été identifiés comme «se répétant»? Pourra-t-on parler d'«invariant de production du mouvement»? Idéalement, nous espérons ainsi pouvoir détecter automatiquement des règles du type : le «pas» est un invariant de production de la «marche».

Idéalement toujours, nous espérons que ce système nous permettra de capturer des éléments stylistiques qui pourraient transparaître dans la structure. Ce point sera probablement extrêmement complexe à valider, en particulier sur des données de mouvement.

4. PERSPECTIVES

Comme le montre cette dernière proposition, de nombreux sujets restent encore à l'étude.

Du point de vue de l'indexation, rien ne permet pour l'instant d'établir une similarité entre mouvements. Peut-être que l'approche par «invariants de production» nous donnera des embryons de réponse. Mais comment répondre à la question qui nous sera obligatoirement posée au moment de réaliser un système de recherche d'information : «Comment quantifier numériquement la distance entre deux gestes?» La similarité entre deux gestes dépend-elle uniquement de la similarité entre les postures successives?

Avant même d'envisager de répondre à cette question, nous devrons déterminer ce que notre système d'analyse pourra identifier de façon stable comme étant un movème : une unité élémentaire et structurelle du geste. Aurons-nous la possibilité de définir une segmentation fiable et consistante? Les segments produits trouveront-ils une certaine légitimité en tant que résultats d'indexation?

Nous explorons dans un même temps deux autres pistes complémentaires qui pourront à terme rejoindre ces problèmes d'analyse du mouvement. Nous travaillons à l'étiquetage automatique des intervenants dans un contenu visuel [GJ 04], à la détection de musique sur la bande son [JP 03] et à l'analyse de la synchronisation entre les évènements issus des canaux vidéo et audio. Il est trop tôt pour identifier la nature des résultats que le couplage de ces technologies aux travaux cités précédemment nous permettra de produire. Mais elles relèvent d'une démarche identique à travers un couplage dynamique des données extraites au sein d'une même plateforme [BH 04]. Nous espérons que nous serons alors en mesure de pouvoir en tirer un outil offrant des capacités d'analyse stylistique de tout type de contenu, et du mouvement en particulier.

Bibliographie

[GH 02] G. Hutzler, B. Gortais, P. Joly, Y. Orlarey, J.-D. Zucker (2002). J'ai dansé avec machine ou comment repenser les rapports entre l'homme et son environnement. In Proc of JFIADSMA'02, Lille.

[MB 01] Minh Phung Bui Thi, P. Joly (2001). La description du contenu de la vidéo : selon les points de vue de la production audiovisuelle. In Proc. of CIDE 2001, Toulouse, 24-26 octobre 2001.

[FJ 03] Thomas Fourès, P. Joly (2003). A multi-level model for 2D human motion analysis and description. Dans : *Electronic Imaging Science and Technology 2003 - Internet Imaging IV*, Santa Clara, California, USA, 21-22 janvier 2003. SPIE and IS&T, USA, p. 61-71.

[CG 96] Christian Griesbeck (1996). Introduction to Labanotation. http : //www.rz.uni frankfurt.de/~griesbec/LABANE.HTML

[SH 04] Siba Haidar, Philippe Joly, Bilal Chebaro (2004). Audiovisual production invariant searching. Dans : 1re Conférence en Recherche d'Information et Applications (CORIA'04), Toulouse, 10-12 mars 2004. IRIT, ISBN 2-9520326-2-9, p. 333-346.

[GJ 04] Gaël Jaffré, Philippe Joly (2004). Costume : a New Feature for Automatic Video Content Indexing. Dans : RIAO'2004 «Coupling approaches, coupling media and coupling languages for information retrieval», Avignon, 26-28 avril 2004. C.I.D., ISBN 2-905450-09-6, p. 314-325.

[JP 03] Julien Pinquier, Jean-Luc Rouas, Régine André-Obrecht (2003). Fusion de paramètres pour une classification automatique parole/musique robuste. Dans : *Technique et science informatiques (TSI) : Fusion numérique/symbolique*, Hermès, 8, quai du Marché neuf, F-75004 Paris, V. 22, p. 831-852.

[BH 04] Bassem Haidar, Philippe Joly, Jean-Paul Bahsoun (2004). An Open Platform for Dynamic Multimedia Indexing. Dans : *5th Int. Workshop on Image Analysis for Multimedia Interactive Services (WIAMIS'2004)*, Lisboa, Portugal, 21-23 avril 2004. IST/Lisboa-Suvisoft.

Création et perception d'une œuvre de musique contemporaine : *The Angel of Death* de Roger Reynolds

Sandrine Vieillard[1], Stephen McAdams[1,2], Emmanuel Bigand[3] et Roger Reynolds[4]

INTRODUCTION

La musique est une forme libre d'expression artistique qui repose néanmoins sur des systèmes de règles destinés à être subtilement dépassés puis remplacés. Cette extensibilité hors du cadre conventionnel, qui caractérise la création musicale, renseigne sur l'ajustement continu des systèmes cognitifs qui produisent et comprennent des styles musicaux en perpétuelle évolution. La question se pose aujourd'hui de savoir quelles sont les possibilités (plasticité du fonctionnement cognitif) et les limites (capacités de traitement) de la cognition humaine pour apprécier et comprendre une œuvre de musique contemporaine (voir McAdams, 1987, 1989; Bigand, Perruchet & Boyer, 1998). Adressée principalement aux spécialistes de la cognition musicale, cette question ne préoccupe pas moins les compositeurs à la recherche de nouvelles propositions sonores et sensibles (Reynolds, 2002a). Le présent travail se situe dans une problématique fondamentalement d'ordre cognitivo-artistique et vise à actualiser la relation entre l'activité de création musicale et les recherches empiriques sur les potentialités du système cognitif qui la reçoit.

[1] Ircam-CNRS, Paris
[2] Département d'Études Cognitives, École Normale Supérieure, Paris
[3] LEAD-CNRS, Université de Bourgogne, Dijon
[4] Department of Music, University of California at San Diego, La Jolla, California

Une manière de donner corps à cette interaction a consisté à travailler en étroite collaboration avec un compositeur de musique contemporaine. L'objectif de l'étude qui sera développée ici, a été de fournir des éléments de réflexion issus de la démarche empirique sur les questions de la perception et de la compréhension des matériaux musicaux d'une œuvre contemporaine.

Notre contribution concerne à la fois les processus de création et de résolution de problèmes dans la composition musicale et les processus cognitifs impliqués dans le traitement des matériaux de l'œuvre. Elle a d'abord consisté à suivre de très près la conception et la composition de l'œuvre en cours de création en étroite collaboration avec le compositeur. Nous avons ensuite développé trois principaux axes d'investigation. Le premier vise la compréhension des processus de traitement perceptifs et mnésiques des matériaux musicaux. Le second a pour but d'étendre cette compréhension aux processus qui sont impliqués dans le traitement des variations et des transformations de ces matériaux. Le troisième enfin s'emploie à décrire comment l'œuvre entière est perçue et traitée en temps réel. Ces trois directions convergent vers la question fondamentale de l'intégration cognitive de la grande forme en musique contemporaine.

1. LA CRÉATION MUSICALE : *THE ANGEL OF DEATH*

The Angel of Death est un concerto pour piano solo, orchestre de chambre (5 cordes, 4 cuivres, 4 bois, 3 percussions) et sons traités par ordinateur. Cette pièce a été composée par Roger Reynolds pour une commande de l'Institut de Recherche et Coordination Acoustique/Musique (Ircam). Sa création mondiale s'est déroulée en juin 2001 au Centre Pompidou dans le cadre du Festival Agora et sa création nord-américaine s'est faite lors du Time Forms Festival à l'Université de Californie à San Diego en avril 2002.

Compositeur de renommée internationale et professeur de composition musicale à l'Université de Californie à San Diego, Roger Reynolds se distingue par son intérêt actif pour la recherche dans les domaines des technologies musicales et des sciences cognitives. Il a participé notamment au développement des travaux sur le traitement numérique des sons et leur spatialisation sonore. Les divers algorithmes de transformation sonore qu'il a introduit dans *The Angel of Death* en sont une illustration intéressante. Certains des algorithmes produisent une réorganisation temporelle des évènements sonores naturels et viennent ainsi perturber le sens des liens de causalité perçus. Ces transformations électroacoustiques ne font rien de moins que jouer avec les processus perceptifs et bouleverser les attentes des auditeurs.

Du point de vue de sa structure générale, la pièce de Roger Reynolds a été organisée autour de cinq thèmes qui regroupent chacun un ensemble de matériaux thématiques appelés « sections » (voir Reynolds, 2002b). Les sections appartiennent à un réseau de relations qui forment des zones de combinaisons entre deux thèmes ou encore des zones de transitions d'un thème à un autre. L'œuvre a par ailleurs été conçue en deux moitiés inscrites dans le même cadre temporel. Ces deux moitiés se distinguent à la fois par le type d'instrumentation choisie pour chacune d'elles (piano ou orchestre) et par le type de structure sur laquelle elles reposent. On distingue en effet une structure en « sections » bien délimitées et une structure en « domaines » plus diffuse, où les matériaux thématiques se chevauchent et s'interpénètrent de façon organique (Figure 1).

Les sections emblématiques de chaque thème, que Reynolds appelle les « élements noyaux », forment l'ossature de la structure générale de

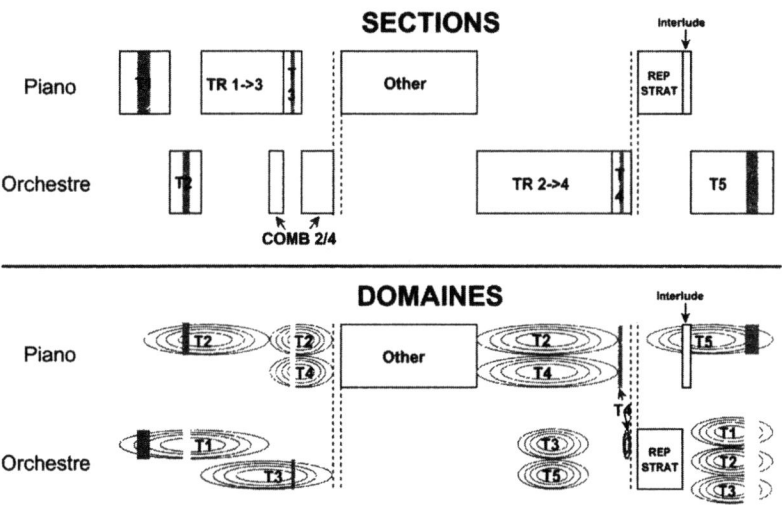

Figure 1 — Structure générale de la pièce *The Angel of Death* présentée dans ses deux moitiés « Sectionnelle » et « Domaniale » comprenant chacune l'ensemble des thèmes (T), ainsi que des zones de combinaison (COMB) et de transition (TR) jouées au piano ou à l'orchestre. D'autres sections de la pièce qui n'ont pas une relation directe avec les matériaux thématiques sont « Other » (« autre » en anglais), une section de strates en ostinati (REP STRAT) et une interlude pour piano.

chaque moitié de l'œuvre. Les noms donnés par le compositeur aux cinq thèmes : «Équilibre in extremis», «Assertion contradictoire», «Incertitude frémissante», «Déchirures déchiquetées» et «Ligne intérieure» sont une bonne illustration de leur conception comme identités distinctes possédant des caractères très différents. Ces thèmes contiennent respectivement 9, 7, 4, 7 et 7 sections. Ces 34 sections, composées à la fois pour piano et pour orchestre de chambre, forment les extraits à partir desquels la partie électroacoustique de l'œuvre et les parties composées pour les instruments sont dérivées. Certaines des expérimentations présentées ci-après ont été réalisées sur ces sections.

Les deux moitiés dites «Sectionnelle» et «Domaniale» peuvent être jouées dans les deux ordres possibles, offrant ainsi deux versions de l'œuvre. Pour chacune des deux versions, une partie électroacoustique accompagne toujours la deuxième moitié, indépendamment de son instrumentation ou de sa structure (Figure 2). Nous verrons plus loin que la structure générale de la pièce a été conçue de telle façon qu'elle puisse répondre aux objectifs de la démarche expérimentale.

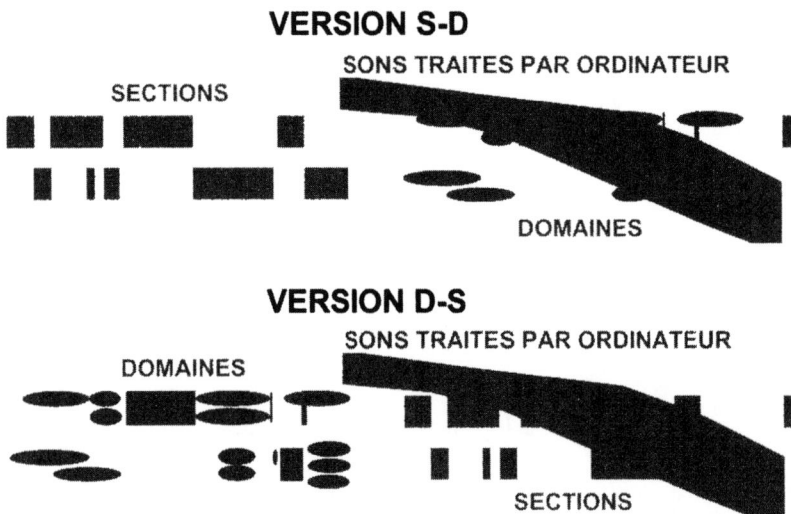

Figure 2 — Représentation macroscopique de la pièce symbolisant les deux ordres d'interprétation possibles des moitiés «Sectionnelle» et «Domaniale», ainsi que l'apparition systématique de la partie électroacoustique en deuxième moitié.

2. LES PROCESSUS DE CRÉATION ET DE RÉSOLUTION DE PROBLÈME DANS LA CRÉATION MUSICALE

Le compositeur a abondamment documenté sa pensée en décrivant la structure de sa pièce grâce à des représentations symboliques accompagnant la notation musicale traditionnelle. Ces descriptions symboliques constituent un ensemble de commentaires, de dessins, de tableaux de durées et de proportions, de références artistiques et scientifiques ou encore des esquisses et des plans de composition. Tous ces éléments font partie intégrante du processus de composition pour Roger Reynolds. Il est possible par exemple de trouver dans ces ressources documentaires une caractérisation verbale des matériaux musicaux ou encore des représentations visuelles des textures et des configurations musicales. Cette somme d'informations est précieuse pour l'étude du processus de composition.

Par exemple, afin d'offrir une caractérisation plus développée des matériaux thématiques de l'œuvre, le compositeur a conçu des cartes de texture représentant la forme et la structure en différentes sections des thèmes (Figure 3) dont les propriétés dramatiques ont été caractérisées verbalement. Chaque thème est envisagé comme un individu possédant

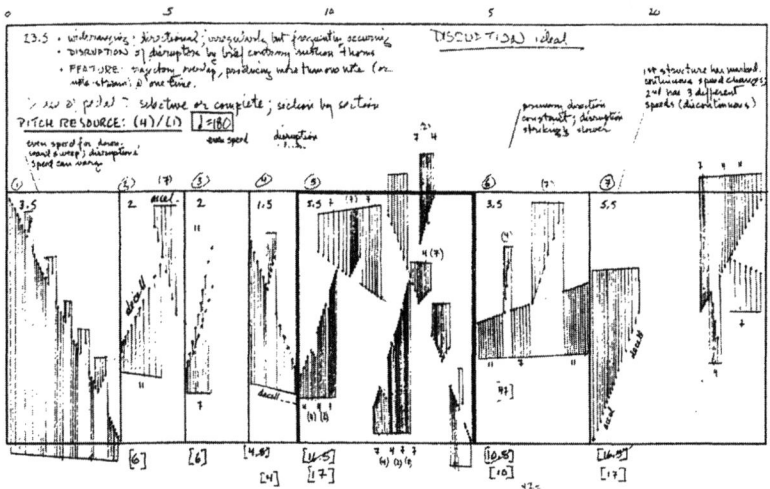

Figure 3 — Exemple d'une carte de texture représentant les 7 sections du quatrième thème de la pièce avec ses caractérisations textuelles. Chaque section est délimitée par un segment vertical. L'élément noyau est l'élément central encadré par des segments plus épais.

ses propres traits de personnalité. De plus, chacun d'eux comporte ce que le compositeur a appelé un «élément noyau», c'est-à-dire une section dont la fonction est de représenter l'essence du thème, son identité centrale.

Le travail de composition a intégré un ensemble de problématiques liées à la spécificité de la démarche expérimentale. Afin de rendre compte au mieux de la dynamique des processus perceptifs et mnésiques impliqués dans la reconnaissance et la compréhension des différents matériaux de l'œuvre, la structure musicale devait offrir des paramètres et des variables suffisamment larges. Par exemple, l'ordre interchangeable des deux moitiés de l'œuvre, possédant chacune une structure (Sectionnelle ou Domaniale) et une instrumentation différente (piano ou orchestre), a permis l'étude des phénomènes d'interaction, en vue d'examiner l'effet de l'écoute préalable d'une moitié de la pièce sur la compréhension de l'autre moitié, et vice versa.

Ces différentes contraintes instrumentales et structurelles, imposées d'emblée par le compositeur, ont posé un certain nombre de problèmes compositionnels qu'il a été amené à résoudre en développant différents types de stratégies (McAdams & Reynolds, 2002). La question de la résolution de problèmes dans la composition musicale est particulièrement intéressante à aborder notamment parce qu'elle n'a pas beaucoup été étudiée dans la littérature (voir néanmoins Sloboda, 1985, chap. 4). Ainsi, une première contrainte a été imposée par la nécessité de composer cinq matériaux thématiques interprétables aussi bien au piano que par un orchestre de chambre, quelle que soit la moitié de la pièce dans laquelle ils apparaissaient. Pour résoudre ce problème, le compositeur a utilisé les contraintes d'exécution imposées par le jeu au piano. Les textures musicales des matériaux ont été imaginées pour être jouées avec deux mains, les timbres de l'orchestre devant alors se déployer à l'intérieur de ce schéma. Toutefois, au piano, il est possible de réaliser des gestes très complexes parfaitement synchronisés et de couvrir une large gamme de hauteurs, alors que pour l'orchestre, les différents instruments sont synchronisés de l'extérieur (chef d'orchestre) et possèdent une gamme de hauteurs très réduite en comparaison avec celle du piano. La solution du compositeur a donc reposé, pour l'orchestre, sur l'utilisation de tempi relativement rapides et sur l'introduction d'enchaînements entre instruments synchronisés sur les temps principaux de la métrique. Cette technique a permis une sorte de tuilage des instruments pour réaliser les grands gestes pianistiques tout en laissant la liberté aux timbres des instruments de l'orchestre de se déployer.

Le cadre temporel identique des deux moitiés de l'œuvre présentait une autre contrainte pour le travail de composition. Pour une moitié de l'œuvre, la structure musicale repose des frontières claires entre les sections (moitié Sectionnelle) pouvant correspondre à un matériau thématique donné, à une combinaison entre matériaux issus de différents thèmes ou encore à des transitions entre deux thèmes. L'autre moitié de la pièce repose au contraire sur une architecture plus floue qui induit une perception plus diffuse des matériaux dont certaines parties superposées créent des champs d'influence d'un thème sur un autre (moitié Domaniale). La conception des deux moitiés de l'œuvre est donc assujettie à l'intégration et à la structuration distinctes de matériaux de base strictement identiques. Autrement dit, la relation entre les matériaux varie d'une moitié à l'autre pour créer deux configurations musicales à la fois parentes et singulières. La stratégie de résolution a reposé sur l'élaboration d'une représentation spatiale commune intégrant des points d'ancrage (les éléments noyaux) situés exactement au même moment dans les deux moitiés. La moitié Sectionnelle a été composée en premier et la structure métrique (une mesure de 4/4 suivie d'une mesure de 3/8, etc.) de cette moitié a été reportée à l'identique à la moitié Domaniale. La métrique identique des partitions et la présence des points d'ancrage offraient ainsi une articulation judicieuse entre les deux moitiés de l'œuvre.

Le fait que la pièce soit jouée dans les deux ordres possibles (S-D versus D-S)[1] a introduit une nouvelle contrainte : la partie électroacoustique de l'œuvre qui apparaît systématiquement en deuxième partie doit être conçue pour accompagner indistinctement les deux moitiés de la pièce. Pour résoudre ce problème, le compositeur a choisi de travailler sur les durées en divisant la partie électroacoustique en une série de régions dont les débuts coïncidaient avec celles de certaines zones instrumentales de la seconde moitié de l'œuvre. L'alliance entre la partie électroacoustique et la partie instrumentale a été possible dans la mesure où les matériaux traités par ordinateur ont été tirés de l'enregistrement des matériaux thématiques originaux joués soit au piano soit à l'orchestre.

La description des stratégies de résolution du compositeur est une manière originale d'approcher l'œuvre. Elle illustre le cheminement de sa pensée musicale pour dévoiler la complexité et la richesse structurelle de la pièce à travers ses matériaux musicaux, leur organisation temporelle et leurs relations réciproques. Ce qui intéresse le psychologue, en plus des processus de création, est de savoir comment les formes musi-

---

[1] D pour moitié Domaniale ; S pour moitié Sectionnelle.

cales ainsi créées sont perçues par l'auditeur néophyte ou adepte de la musique contemporaine. Autrement dit, il s'agit de saisir, du point de vue des processus cognitifs, ce qu'entend, ce que comprend et ce qu'éprouve l'auditeur à l'écoute d'une telle œuvre.

3. LES PROCESSUS PERCEPTIFS ET COGNITIFS IMPLIQUÉS DANS L'APPRÉCIATION ET LA COMPRÉHENSION DE L'ŒUVRE

Trois séries d'expérimentations ont été réalisées pour étudier la perception et la mémorisation des matériaux musicaux ainsi que la compréhension de la structure globale de la pièce. L'ensemble de ces études a été réalisé à la fois avec des auditeurs musiciens professionnels et des auditeurs n'ayant aucune formation musicale. La prise en compte de l'expertise musicale visait à mieux comprendre la nature des connaissances impliquées dans l'activité de perception et de compréhension des matériaux de l'œuvre.

Le travail expérimental a débuté avec l'étude de la perception et du traitement des matériaux thématiques de la pièce. Chronologiquement, ces matériaux ont été les premières composantes disponibles avant que la totalité de la pièce ne soit entièrement écrite. Dans la pièce, ces matériaux sont déclinés en un ensemble de transformations et de variations. Il était donc intéressant d'une part d'examiner comment les auditeurs percevaient ces transformations et, d'autre part, d'évaluer dans quelle mesure ils les reconnaissaient explicitement ou implicitement comme étant reliés aux matériaux originaux. L'étude de la perception et de la compréhension des interactions entre matériaux originaux et transformés a également été réalisée en situation d'écoute en temps réel pour explorer les processus dynamiques impliqués dans les jugements à la fois structuraux et affectifs de la pièce. Ce dernier volet d'expérimentations a constitué une première dans le domaine de l'étude de la perception et du traitement des matériaux en situation d'écoute contextualisée.

3.1. Le traitement des matériaux thématiques de l'œuvre

Les matériaux thématiques correspondent aux différentes sections musicales issues des cinq thèmes de l'œuvre. La particularité de chaque thème réside dans «l'autonomie» de sa musicalité reposant sur l'articulation de sections parfois musicalement différentes mais structurées de telle façon à définir une unité sonore. La première série d'expériences aborde les questions de la perception de la similarité musicale entre les différentes sections, de leur segmentation perceptive et enfin de la perception de leurs relations temporelles.

3.1.1. Percevoir la similarité entre les sections d'un même thème et entre les sections provenant de thèmes différents

L'objectif de ce travail était de spécifier les critères perceptifs et cognitifs utilisés par les auditeurs pour juger la similarité entre les différentes sections de la pièce (Vieillard *et al.*, 2002a). Deux expériences ont été réalisées respectivement sur les versions pour piano et orchestre avec plus d'une centaine d'auditeurs musiciens et non musiciens. Pour chacune des deux versions, les 34 sections thématiques ont été présentées. La tâche des auditeurs consistait à les écouter attentivement pour ensuite les regrouper selon leur «air de famille musical». Cette activité de regroupement correspondait à une tâche de classification libre car aucun critère de catégorisation ni aucune limite de temps n'étaient imposés. Les auditeurs pouvaient donc regrouper autant d'extraits qu'ils le souhaitaient dans autant de classes différentes. Une fois la tâche terminée, ils devaient expliquer verbalement les raisons de leurs regroupements en précisant quels étaient les points communs qui reliaient les extraits au sein d'une même classe.

Les résultats de cette expérience ont tout d'abord montré que le niveau d'expertise musicale n'influençait pas la façon dont les relations de similitude entre les différentes sections des thèmes étaient perçues. Les auditeurs font des regroupements qui coïncident plus ou moins fortement avec l'organisation thématique de la pièce selon la version dans laquelle elle est jouée. Pour la version piano, le nombre et le contenu des classes sont très proches de l'organisation thématique. Ainsi, le pourcentage de sections qui appartiennent au même thème et qui ont été mises dans une même classe atteint respectivement 44 %, 71 %, 75 %, 71 % et 71 % pour les thèmes 1 à 5. Cela suggère que les relations de similarité entre les sections thématiques sont plutôt bien perçues. En revanche, pour la version orchestrée, le degré d'appariement est moins grand. Les auditeurs ont tendance à effectuer plus de classes que de thèmes, et la nature des regroupements ne correspond pas toujours exactement à l'organisation thématique de la pièce. Cette différence n'est guère surprenante dans la mesure où la richesse musicale de la version orchestrée conduit les auditeurs à multiplier le nombre de critères de classification. La disparité des regroupements observée pour la version orchestrée ne signifie pas pour autant que les relations de similarité ne sont pas perçues. Le pourcentage d'appariements est identique à celui de la version piano pour les thèmes 1 et 2 et atteint 50 % pour les thèmes 3, 4 et 5, ce qui correspond à une décroissance d'environ 20 % en comparaison avec la version pour piano. Ainsi, les relations de similitude et de dissemblance entre les sections sont en partie préservées avec le changement d'instrumentation, mais les liens créés par le timbre des instruments dans la version pour orchestre s'imposent parfois comme critère de classification.

Les propriétés musicales impliquées dans la perception de la similarité ont été analysées à partir des verbalisations des auditeurs. Ceci a permis de mettre en évidence une multiplicité de critères perceptifs de classification allant de la prégnance de patrons rythmiques et de hauteurs à des qualités d'atmosphère ou encore des dominances instrumentales (Tableau 1). Ces critères semblent indiquer que, de manière générale, les auditeurs s'attachent préférentiellement aux caractéristiques de surface comme le timbre (en particulier pour la version orchestrée), la dynamique, le tempo et la tonalité pour extraire les indices de similarité entre les matériaux plutôt qu'aux relations structurelles comprenant l'harmonie ou encore les palettes de hauteurs et de durées.

Tableau 1 — Synthèse des verbalisations des auditeurs pour les différentes classes d'extraits réalisées en fonction de leur «air de famille musical».

	Piano	Orchestre
Classe 1	*Suite rapide de notes, mouvements ascendants et descendants.*	*Timbre caractéristique des instruments à cordes avec mouvements rapides, sans directionalité.*
Classe 2	*Caractère disjoint et imprévisible avec réitération d'éléments individuels.*	*Grande directionalité, fluidité et grâce.*
Classe 3	*Jeu rapide, fluide et doux, sans directionalité.*	*Rythme lent, contexte harmonique stable évoquant une atmosphère lyrique.*
Classe 4	*Impression de lenteur et de douceur associées à une vitesse d'exécution fluctuante.*	*Énergie importante avec une dominance de cuivres évoquant un danger.*
Classe 5		*Caractère incongru et capricieux avec réitération d'éléments individuels.*

Pour tester la stabilité de ces critères, une seconde expérience a été réalisée dans laquelle de nouveaux auditeurs ont apparié les 34 extraits de l'œuvre à des portraits verbaux. Ces portraits verbaux étaient tirés des verbalisations associées à chacune des classes créées dans l'expérience de classification libre (Tableau 1). Il s'agissait de vérifier si les appariements confirmeraient les relations observées entre verbalisation et classification. Pour chacune des versions instrumentales, l'analyse de la fréquence des appariements a permis de montrer que les auditeurs n'appariaient pas les extraits aux portraits de manière aléatoire. Les données montrent une consistance de l'organisation des appariements avec celle des classes mises en évidence par la tâche de classification libre. Ainsi, pour la version piano, les extraits d'une même classe sont pour 85 % des cas appariés aux portraits dérivés des verbalisations associées à la classe. Pour la version orchestrée, la consistance est légèrement plus faible, mais demeure relativement bonne si l'on tient compte de la multiplicité des dimensions perceptives utilisées pour apparier les extraits joués à l'orchestre à leurs portraits. Globalement, les portraits verbaux fournissent des critères perceptifs adéquats pour y associer chaque extrait, validant ainsi les critères perceptifs qui ont permis aux auditeurs d'extraire les relations de similarité et de dissemblance entre les sections des différents thèmes de la pièce.

Il apparaît que les auditeurs perçoivent une grande partie des relations de similarité entre les sections des thèmes. Il reste à vérifier s'ils parviennent à percevoir avec autant d'acuité les implications structurelles des matériaux musicaux, sachant que l'organisation en cinq thèmes et la structure interne de chacun d'entre eux reposent sur l'articulation de sections parfois musicalement différentes.

3.1.2. *Percevoir et comprendre les fonctions thématiques des sections musicales*

Une autre formulation de la problématique pourrait être : les auditeurs perçoivent-ils les fonctions thématiques des sections? Si oui, sont-ils en mesure de percevoir leur organisation temporelle à l'intérieur d'un thème donné? Une manière de répondre à ces questions a consisté, dans un premier temps, à demander à des auditeurs musiciens et non musiciens de se familiariser avec les 5 thèmes en portant différents types de jugements perceptifs, esthétiques et sémantiques sur eux (Bigand *et al.*, 2002a). Des paires d'extraits issus des 5 thèmes étaient ensuite présentées. Chacune de ces paires contenait le passage identifié par le compositeur comme étant «l'élément noyau» du thème. La tâche des sujets était double : ils devaient indiquer si les deux extraits de la paire appartenaient au même thème et si oui, préciser lequel des deux apparaissait «avant» l'autre.

Pour l'auditeur, ce type de tâche oblige à évaluer la plausibilité musicale du regroupement des deux extraits dans un même thème et à calculer l'ordre temporel d'apparition des deux extraits. Elle implique par conséquent un effort de compréhension des implications structurelles des extraits car celles-ci ne se confondent pas nécessairement avec les relations de similarité perçues. Deux extraits peuvent être musicalement très différents et pourtant contribuer à définir l'identité d'un même thème. Les résultats ont montré que les sujets parvenaient avec difficulté, mais à des seuils supérieurs au hasard, à réaliser la tâche d'appartenance, y compris les non musiciens. Seuls les musiciens répondent à des taux supérieurs au hasard à la seconde tâche d'ordonnancement temporel. Les données les plus intéressantes concernent les performances remarquables de petits groupes d'auditeurs non musiciens qui, bien que ne connaissant absolument pas ce type de musique, et ne portant pas de jugements esthétiques très favorables, parviennent malgré tout à des performances aussi élevées dans les deux tâches que celles des meilleurs musiciens. Cela signifie que si les fonctions thématiques des matériaux de base de la pièce ne sont pas toujours aisément perçues par tous, elles restent malgré tout perceptibles. À ce stade, l'enjeu de la recherche psychologique sera de préciser les variables différentielles et de mettre en évidence les caractéristiques associées à ces petits groupes qui semblent très bien «comprendre» la structure des matériaux contemporains sans pourtant en être nécessairement familiers.

Au cours de l'exposition des matériaux thématiques de l'œuvre, les auditeurs perçoivent donc clairement leurs relations de similarité et parviennent, pour certains d'entre eux, à comprendre la structure et l'organisation des sections thématiques. Cette capacité est indépendante des connaissances musicales et repose principalement sur l'extraction des éléments les plus saillants de la pièce comme le rythme, le timbre, les moments de tension et de détente.

L'œuvre de Roger Reynolds ne se résume cependant pas aux matériaux thématiques puisque ces derniers se déclinent en un ensemble de transformations et de variations donnant chair à l'œuvre. La structure générale de l'œuvre s'enracine donc à la fois dans les matériaux thématiques originaux et transformés. C'est pourquoi la compréhension de l'œuvre renvoie nécessairement à la perception des matériaux transformés.

3.2. Le traitement des versions transformées des thèmes de l'œuvre

Pour appréhender certains aspects de la structure globale de la pièce, l'auditeur doit comprendre le rapport entre les matériaux originaux et leurs transformations (McAdams & Matzkin, 2002). La démarche du psychologue consiste à tester la perception des matériaux dérivés et à examiner comment les auditeurs les reconnaissent, explicitement ou implicitement, comme étant liés aux matériaux originaux. Parmi les transformations et les variations de l'œuvre, deux catégories ont été étudiées. La première correspond aux changements perceptifs liés à un changement d'instrumentation (piano *versus* orchestre) entre la première et la seconde moitié de la pièce. La seconde concerne les algorithmes de transformation électroacoustique destinés à produire une réorganisation temporelle des événements sonores à l'intérieur des thèmes.

3.2.1. *La reconnaissance des thèmes avec changements d'instrumentation*

Pour comprendre l'impact d'un changement de timbre lié à un changement d'instrumentation sur la mémorisation des extraits musicaux de l'œuvre, il a été demandé à des musiciens et des non musiciens d'écouter et de mémoriser 9 extraits de l'œuvre joués soit au piano soit à l'orchestre (Bigand *et al.*, 2002b). Après cette phase d'apprentissage, un test de mémoire était réalisé. Il consistait à présenter ces 9 extraits parmi 9 nouveaux extraits de l'œuvre. Deux groupes indépendants d'auditeurs ont été testés. Pour le premier groupe, cette tâche était relativement facile puisque le timbre ne changeait pas. En revanche, le second groupe d'auditeurs était informé que les extraits allaient être joués par une autre formation instrumentale et que leur tâche consistait à reconnaître ceux préalablement entendus.

Les données de cette étude ont révélé un très fort effet de la présence du changement de timbre sur les performances de mémoire, indiquant que la constance perceptive des thèmes à travers ce changement de timbre n'est pas une évidence en musique contemporaine. Dans l'ensemble, l'expertise musicale n'entraîne pas de meilleures performances. Mais elle conduit à réagir de façon très différente aux changements de timbre. Ainsi, les musiciens qui ont des performances bien meilleures que les non musiciens en l'absence de changement de timbre ont des performances catastrophiques lorsque ce changement se produit. Ces performances restent au niveau du hasard. De manière surprenante, elles sont pires que celles, supérieures au hasard, des non musiciens. Il apparaît donc que les traits musicaux stockés en mémoire diffèrent en fonction de l'expertise musicale des auditeurs. Chez les non musiciens, le contenu des traces mnésiques serait associé à des caractéristiques indépendantes de la couleur du son et semblerait plutôt être liée au rythme, au contour et à la densité sonore. Chez les musiciens, en revanche, les éléments codés en mémoire seraient très proches de la surface musicale et semblent également inclure les couleurs des sons et la reconnaissance des familles instrumentales. Ce codage différentiel traduit-il des caractéristiques générales du fonctionnement de la mémoire ou renvoie-t-il à des stratégies spécifiques de mémorisation de la musique contemporaine ? Pour répondre à cette question, une expérience identique a été réalisée avec un poème symphonique de Liszt dont il existe une version orchestre et une version pour piano et dont les caractéristiques structurelles étaient par certains points comparables à celles de la pièce contemporaine. Les résultats de cette étude ont montré que pour la musique tonale romantique, la constance perceptive d'un thème à travers des changements de timbre était possible et cela quel que soit le niveau d'expertise musicale.

L'ensemble des données recueillies à partir de deux œuvres très différentes suggère que le système cognitif possède des procédures de représentation des informations musicales différentes selon la familiarité des auditeurs avec les styles des œuvres présentées. Dans le cas d'une œuvre tonale romantique, ces procédures conduisent à construire une représentation des extraits entendus à l'aide de formats relativement abstraits (thèmes, harmonies, etc.) qui sont faiblement affectés par un changement d'instrumentation. Dans le cas de la musique contemporaine, ce niveau d'abstraction semble faire défaut chez des auditeurs experts en musique. Ceci pose donc le problème de la perception de la grande structure de l'œuvre, laquelle repose sur une alternance des expositions thématiques par deux groupes instrumentaux différents. Mais qu'en est-il de la perception et de la mémorisation du lien entre les thèmes et leurs transformations électroacoustiques ?

3.2.2. *L'influence des processus de transformations électroacoustiques sur la mémorisation des matériaux thématiques originaux*

La question de la perception de la similarité entre les matériaux de la pièce se pose aussi tout particulièrement pour la relation entre les matériaux thématiques et leurs transformations électroacoustiques. Deux d'entre elles correspondent à une réorganisation systématique des sections des thèmes selon des algorithmes paramétrés et reposent par conséquent sur une communauté de matériaux avec les thèmes originaux. L'hypothèse sous-jacente au travail du compositeur est que cette communauté de matériaux rend possible la perception d'une relation. En même temps, sur un plan dialectique, la nature de la transformation impose une «signature» à chaque algorithme. Pour l'expérimentateur, l'objectif était d'examiner cette relation du point de vue du traitement mnésique des matériaux à partir de l'hypothèse selon laquelle l'auditeur peut, de manière implicite, mettre en rapport les matériaux thématiques et transformés (Vieillard *et al.*, 2002b). Il s'agissait de savoir si l'écoute préalable d'extraits thématiques favorisait la reconnaissance des transformations appliquées à ces mêmes thèmes. Cette question a été testée à l'aide d'un paradigme d'amorçage dans lequel la présentation préalable d'un stimulus « amorce » doit normalement faciliter le traitement ultérieur d'un stimulus « cible » dont la particularité est d'entretenir une relation perceptive ou sémantique avec « l'amorce ». L'étude a porté sur deux types de transformations produites par des algorithmes de segmentation différents et appliquées aux enregistrements des matériaux thématiques. Ces transformations électroacoustiques, rappelons-le, conservaient la nature des sons originaux à l'intérieur du thème tout en imposant un remaniement de sa structure temporelle (Reynolds, 2002a).

Une première transformation électroacoustique appelée « SPIRLZ » désignait une série de segments contigus de durée identique. Une réorganisation temporelle débutait vers le milieu de la série puis procédait par la concaténation progressive des segments pris de part et d'autre de ceux déjà utilisés. L'algorithme opérait de cette façon sur plusieurs cycles en utilisant des durées de segment de plus en plus petites ou de plus en plus grandes afin de créer une impression d'accélération ou de décélération. D'un point de vue perceptif, l'algorithme produisait une sorte de mouvement en spirale à travers le matériau d'origine. Un second algorithme appelé « SPLITZ » segmentait le matériau musical d'origine et spatialisait les segments pairs et impairs (joués respectivement dans l'oreille droite et gauche pour nos stimuli expérimentaux). Les segments impairs étaient joués dans l'ordre chronologique du matériau d'origine, tandis que les segments pairs étaient joués dans l'ordre inverse. Ces deux séries se superposaient dans le temps avec des enveloppes d'amplitude différente. Ce type de transformation donnait l'impression d'un son très irrégulier et saccadé, avec beaucoup de silences.

Dans l'expérience, des extraits thématiques étaient d'abord présentés aux auditeurs qui avaient pour consigne de simplement écouter les extraits. Dans un second temps, ils devaient mémoriser de nouveaux extraits correspondant à des transformations électroacoustiques dont seule la moitié étaient dérivées des extraits thématiques exposés dans la première phase d'écoute. Dans une phase test, les auditeurs devaient alors reconnaître, parmi de nouvelles transformations électroacoustiques, celles qu'ils avaient mémorisées. Ce plan d'expérience a été conçu de manière à favoriser la construction de traces en mémoire des matériaux thématiques destinés à servir d'amorce pour la mémorisation de leurs transformations dérivées. Il s'agit d'une mémorisation implicite des points communs entre les matériaux, les extraits originaux et leurs transformations algorithmiques. Cette relation, stockée en mémoire, est supposée faciliter la récupération ultérieure de ces mêmes transformations. Les résultats obtenus n'ont toutefois pas permis de mettre en évidence un effet d'amorçage. Pour cette raison, la relation entre thèmes et transformations a été testée une seconde fois à partir d'une tâche de rafraîchissement en mémoire. Le but était de vérifier si le rafraîchissement des transformations par leurs thèmes d'origine pouvait faciliter la reconnaissance ultérieure de ces mêmes transformations présentées parmi d'autres. Les résultats de cette seconde étude ont révélé l'existence d'un effet de rafraîchissement des thèmes sur les transformations de type «SPIRLZ» c'est-à-dire sur des algorithmes qui produisaient une impression de figure sonore en spirale avec un effet d'accélération et de décélération au cours de la séquence. En revanche, aucun effet de rafraîchissement n'a été observé pour les transformations caractérisées par des figures sonores spatialisées dans lesquelles des plages de silence plus ou moins longues étaient introduites («SPLITZ»). Ceci est peut-être lié à la présence de silences susceptibles de faire obstacle à l'encodage et à la formation de traces mnésiques suffisamment saillantes pour la reconnaissance des transformations. La densité d'information inégale entre les deux algorithmes pourrait donc être l'origine de la perception plus ou moins forte d'une relation entre matériaux originaux et transformations algorithmiques. Dans une troisième étude, cette particularité a donc été prise en compte et la densité des événements entre les deux types de transformations a été harmonisée pour obtenir des extraits comparables. La même tâche de rafraîchissement a été proposée à de nouveaux auditeurs. Les résultats obtenus montrent que même si les auditeurs distinguent facilement les anciens des nouveaux extraits transformés, ils ne semblent pas bénéficier d'un quelconque effet de rafraîchissement, ni pour «SPLITZ», ni pour «SPIRLZ».

Il apparaît en définitive que les auditeurs ne profitent pas ou peu des contextes d'amorçage ou de rafraîchissement introduits parmi les phases d'écoute et de reconnaissance des extraits transformés. Cela soulève une question essentielle relative au traitement en mémoire des matériaux de l'œuvre. Les auditeurs bénéficient-ils de suffisamment de traces mnésiques pour encoder les indices de similarité entre les versions originales et transformées d'un même extrait? Une hypothèse, à démontrer, serait que les tâches d'amorçage et de rafraîchissement ne portent que sur des composantes locales de l'œuvre. Un encodage partiel de l'œuvre ne permet sans doute pas d'intégrer l'ensemble des relations entre les différents matériaux. Les traces en mémoire sur leur similarité ne sont donc pas suffisamment élaborées pour être disponibles et opérationnelles. Cette hypothèse mériterait d'être examinée dans une situation d'écoute où l'auditeur a la possibilité d'encoder l'œuvre entière. Une situation d'écoute plus écologique constituerait en effet le meilleur cadre expérimental pour étudier la manière dont les auditeurs appréhendent la structure globale et les aspects esthétiques de l'œuvre. Ce dernier point a donc fait l'objet du troisième volet d'expérimentations développé plus bas.

3.3. La dynamique des processus cognitifs à l'œuvre dans l'écoute contextualisée

La prise en compte du contexte de l'œuvre est une étape nécessaire à l'étude de la cognition musicale parce qu'elle est la seule façon de rendre compte des aspects dynamiques du traitement des informations musicales. Paradoxalement, peu d'études ont abordé les réactions des auditeurs au cours du temps sur les œuvres musicales complètes, notamment en ce qui concerne l'expérience esthétique et affective qui sont des processus essentiels pour la compréhension de la grande forme musicale (voir Fredrickson, 1995; Schubert, 1996; Tillmann & Bigand, 1996; Krumhansl, 1997; Sloboda & Lehmann, 2001). L'expérience émotionnelle induite par la musique est un des principaux ressorts du plaisir de l'auditeur. Elle constitue un accès privilégié à l'œuvre et crée une médiation directe entre la structure musicale et sa perception. De ce point de vue, la compréhension des matériaux sonores engage nécessairement les processus émotionnels. Une hypothèse est que l'émotion induite par une œuvre musicale implique des mécanismes implicites de traitement de la structure musicale (Gabrielsson & Lindström, 2001; Scherer & Zentner, 2001). Ce traitement reposerait sur l'apprentissage implicite des régularités musicales auxquelles tout auditeur est exposé au cours de sa vie. L'acquisition de ces connaissances se doublerait d'une intégration des patterns émotionnels qui leur sont intimement liés. Un tel cadre de pensée permet de rendre compte des expectatives qui se développent chez l'auditeur au cours de l'écoute d'une œuvre classique. En revanche, il s'applique moins facilement aux œuvres contemporaines dont les règles de composition n'appartiennent pas au système tonal. Il apparaît donc crucial de comprendre quelle est la relation entre l'expérience émotionnelle de l'auditeur et la grande forme musicale d'une œuvre contemporaine.

Trois principales approches théoriques de la compréhension de la grande forme en musique ont été développées. Une première approche, issue de la musicologie classique, envisage la grande forme comme une arborescence hiérarchique des différents éléments musicaux (p. ex., Lerdahl & Jackendoff, 1983). Ce modèle purement structurel repose sur l'idée d'une forme «hors temps». Il ne permet donc pas de rendre compte des processus responsables de l'intégration des éléments au cours du temps, puisqu'il ignore les limites de la mémoire humaine. Une approche antagoniste au modèle musicologique postule au contraire l'existence d'un présent perceptif qui pourrait être assimilé à une sorte de fenêtre mobile et temporelle évoluant avec les différents moments de l'œuvre. Cette conception concaténationniste (Levinson, 1997), très intéressante du point de vue des processus dynamiques, rejette cependant toute idée d'intégration et d'expérience d'une grande forme. Une troisième approche alternative consiste donc à tenter de rendre compte à la fois des processus dynamiques mnésiques et attentionnels responsables de l'intégration des différents moments musicaux au cours du temps, et des processus de construction d'une représentation mentale de la structure générale de l'œuvre. Cette approche postule l'existence d'un traitement cognitif des divers aspects structurels et affectifs de l'œuvre et des interactions entre les différents moments musicaux. La forme musicale à grande échelle est donc envisagée ici comme l'expérience dynamique de différents moments de la pièce et de leurs réminiscences pour une intégration progressive de la grande forme (McAdams et al., 2002).

Aborder la dynamique des processus perceptifs, cognitifs et émotionnels nécessite la mesure des réponses comportementales en temps réel. Une troisième grande étude a donc été conduite pour enregistrer en continu les jugements des auditeurs sur les aspects structuraux et affectifs de l'œuvre. Dans ce type de procédure, la mesure en continu des réponses comportementales nécessite une double implication de la part de l'auditeur puisqu'il doit à la fois écouter et réagir à la pièce tout en traduisant son expérience par l'intermédiaire d'une interface d'enregistrement en temps réel. Pour l'étude, les auditeurs ont utilisé un boîtier de réponse[2] doté d'un curseur destiné à être déplacé sur une échelle de jugement continu. Selon que le jugement se rapportait à la structure de l'œuvre ou à l'expérience affective, deux échelles étaient prévues. La première concernait la perception de la familiarité des matériaux musicaux par rapport à ce qui avait été entendu depuis le début de la pièce. Cette échelle explorait la dynamique de la perception de la similarité des

---

[2] Le dispositif de mesure a nécessité l'utilisation de 128 boîtiers, 3.000 m de câblerie, 4 interfaces de conversion et 2 ordinateurs en parallèle (Smith, 2001).

matériaux musicaux et leur reconnaissance dans un contexte musical réel. L'autre échelle concernait la force de l'émotion ressentie pendant l'écoute et visait notamment à explorer les effets de la grande forme sur l'expérience esthétique et affective spontanée.

Lors de la création mondiale de l'œuvre à Paris et de la création nord-américaine à San Diego, des auditeurs volontaires ont utilisé en situation de concert les boîtiers de réponse pour effectuer leurs jugements continus soit sur l'échelle de familiarité soit sur l'échelle de force émotionnelle. Pour le jugement des aspects structurels de l'œuvre, les consignes précisaient que la « familiarité » n'était relative qu'à ce qui avait été entendu depuis le début de la pièce, et cela indépendamment de toute référence musicale antérieure. Les instructions relatives au jugement des aspects conatifs précisaient que des réactions émotionnelles positives ou négatives d'une force équivalente devaient être jugées de façon identique sur l'échelle. Pour les deux concerts parisien et américain, les deux versions de l'œuvre étaient présentées. À Paris, ces deux versions ont d'abord été jouées dans l'ordre D-S puis S-D tandis qu'à San Diego, l'ordre inverse a été joué. Les deux versions étaient séparées par une autre pièce à l'issue de laquelle était prévu un entracte. L'expérience en situation de concert se terminait par un questionnaire sur la formation musicale des auditeurs et sur leurs réactions à chaud face au dispositif d'enregistrement.

L'intérêt principal de l'expérience visait à mettre en relation les réponses structurales et émotives avec la structure musicale de l'œuvre. L'analyse a porté sur le profil moyen des réponses en continu, c'est-à-dire sur la réaction moyenne des auditeurs face aux changements structurels ou émotionnels perçus d'un moment à l'autre de la pièce. Ce profil moyen intégrait les réponses des musiciens et non musiciens car le premier niveau d'analyse n'a pas révélé de différences de réaction structurelle et émotionnelle entre ces auditeurs. Cette similitude entre les réactions spontanées des musiciens et des non musiciens à la première écoute de l'œuvre peut s'expliquer parce que les musiciens possèdent, pour la plupart, une culture musicale classique qui leur vaut, comme les non musiciens, d'être peu familiers avec la musique contemporaine.

3.3.1. *Les jugements de familiarité*

Une première caractéristique importante du profil de réponse moyen est la présence de fonctions en paliers traduisant une réaction subite des auditeurs aux matériaux nouveaux ou déjà entendus depuis le début de la pièce. Lorsque l'on superpose ce profil temporel à la structure globale de la pièce, il apparaît clairement que la succession des réactions de nouveauté et de familiarité des auditeurs aux différents moments de la pièce s'apparie de manière cohérente avec l'exposition et la re-exposition des matériaux. De manière générale, le profil évolue au cours de l'œuvre dans le sens d'un niveau de familiarité plus grand avec les matériaux. Ceci traduit une familiarité accrue, au fil de l'écoute, au style du compositeur et aux matériaux de base utilisés pour sa construction. Lorsque l'examen du profil temporel moyen se situe à un niveau plus local, l'ampleur et la vitesse des réponses de familiarité varient selon la nature des frontières structurales de la pièce. Pour la partie «Sectionnelle» où le début et la fin des thèmes sont clairement délimités, le profil de réponse est plus ample que pour la partie «Domaniale» qui se caractérise par des zones de recouvrement entre thèmes et donc par une perception beaucoup plus floue des frontières.

Rappelons que la structure de l'œuvre est construite sur un principe d'exposition répétée des mêmes matériaux présentés soit à l'identique, soit dans une version transformée. Cette dernière est basée soit sur un changement d'instrumentation soit sur l'introduction d'un algorithme de transformation électroacoustique. La courbe de familiarité montre clairement que l'apparition de matériaux nouveaux ou le retour de matériaux déjà présentés sont souvent reconnus en tant que tels. Plus précisément, 9 frontières[3] structurales ont été choisies dans chaque moitié de la pièce pour décrire plus finement le profil des jugements de familiarité des auditeurs. Les latences des réponses aux frontières ont été prises en compte et la différence de familiarité de part et d'autre de ces frontières a été comparée aux différences calculées pour des périodes temporelles semblables à l'intérieur de chaque section juste avant et juste après la frontière. Des analyses statistiques inférentielles attestent le fait que la sensation de frontières est généralement plus forte pour la moitié Sectionnelle que pour la moitié Domaniale.

Par ailleurs, l'aptitude des auditeurs à reconnaître, dans le contexte musical, les éléments noyaux des thèmes (toujours avec un changement d'instrumentation dans l'œuvre) a été examinée en prenant en compte l'augmentation globale de familiarité décrite précédemment. La mesure a consisté à rapporter systématiquement le niveau de familiarité de l'élément noyau d'un thème aux périodes adjacentes de durée semblable de

---

[3] Ces frontières correspondent aux entrées du thème 2, du thème 3, d'Other, de la région de transition entre T2 et T4 (TR24), du thème 4, de REP STRAT, de l'Interlude, ainsi que la frontière entre l'Interlude et le thème 5, et celle entre le thème 5 et le solo pour ordinateur (section D10 suivant la première moitié et section S7 suivant la deuxième moitié) (voir Fig. 1).

part et d'autre de ce noyau. Pour inférer une reconnaissance du thème, la familiarité devait augmenter davantage pour le noyau que pour les éléments adjacents. Le résultat de ce test indique que seul le thème 1 est reconnu plus loin dans la pièce. Ce type de résultats n'est pas sans rappeler l'absence d'effet d'amorçage ou de rafraîchissement en mémoire ou encore la difficulté de reconnaître un matériau présenté avec un changement d'instrumentation observés dans les études précédentes. Si l'on s'intéresse plus particulièrement à la situation d'écoute en contexte musical, on peut avancer l'hypothèse selon laquelle les auditeurs ont des difficultés à opérer une forme de segmentation des moments musicaux familiers car les grandes plages de développement de ces matériaux génèrent déjà un sentiment diffus de familiarité avec le contexte musical. Du point de vue du compositeur, la saillance perceptive affectée par l'auditeur à un matériau musical pourrait dépendre de sa durée relative. La durée assez courte des éléments noyaux et leur intégration musicale dans le contexte environnant ne constituent peut-être pas la forme d'instantiation la plus dramatique pour les faire émerger en tant que tels.

3.3.2. *Les jugements émotionnels*

D'après les réponses recueillies aux questionnaires de fin d'expérience, il semblerait que cette situation de jugement émotionnel ait permis aux auditeurs d'entrer beaucoup plus facilement dans cette œuvre jusqu'alors étrangère. Ceci suggère que la focalisation de l'auditeur sur les aspects émotionnels de son expérience musicale constitue une médiation efficace pour la compréhension de l'œuvre dans sa globalité. Contrairement à l'idée généralement répandue selon laquelle la musique contemporaine est une musique froide et trop intellectuelle, la mesure des réponses conatives en temps réel témoigne de la force émotionnelle ressentie à l'écoute de l'œuvre et démontre que l'accès à ce style musical emprunte largement les voies de l'expérience sensible, esthétique et affective. Il existe en effet une relation étroite entre la structure de l'œuvre et le profil moyen des réponses émotionnelles. Cette relation s'observe tout particulièrement pour les moments musicaux conçus par le compositeur comme étant les temps émotionnels les plus forts[4].

Un dernier aspect intéressant du profil de réponse est l'effet potentiel de la grande forme musicale sur le jugement émotionnel. Selon que la

---

[4] Il s'agit notamment de deux soli pour ordinateur qui correspondent à l'arrivée de l'ange de la mort et d'une dernière séquence musicale réintroduisant par rappel successif les matériaux thématiques de l'ensemble de la pièce et générant ainsi l'étrange sentiment d'un ultime passage de la pièce «devant» les oreilles de l'auditeur avant l'épilogue pour piano qui symbolise le dénouement final.

moitié Sectionnelle ou Domaniale est jouée en premier ou en second, la forme globale du profil des réponses émotionnelles se révèle être très différente. Ceci pourrait s'expliquer par la différence d'interprétation entre les deux exécutions ou encore par l'apparition de la partie électroacoustique en seconde moitié, susceptible d'affecter les réactions émotionnelles. Une troisième hypothèse est que l'écoute préalable d'une moitié peut moduler la réaction à l'écoute de l'autre et vice versa. Ces hypothèses alternatives sont particulièrement intéressantes et l'objectif des futures investigations sera de tester l'influence de la partie électroacoustique sur les jugements émotionnels en présentant la pièce entière sans l'introduction de cette partie.

CONCLUSION

À la fois commande artistique et scientifique, *The Angel of Death* marque une étape importante pour la compréhension des stratégies de composition et pour la découverte des processus psychologiques impliqués dans l'écoute de la musique contemporaine. L'approche expérimentale qui a représenté la part la plus importante du projet a porté sur le traitement des structures musicales dans des contextes d'écoute très différents de laboratoire ou de concert. La technique d'enregistrement des jugements en temps réel développée à cet effet constitue, par son envergure et son originalité, une première dans le domaine de la cognition musicale.

Les données disponibles à ce jour montrent que les difficultés à percevoir l'identité perceptive des thèmes par-delà leurs transformations s'observent autant en condition d'écoute en laboratoire qu'en situation de concert. Ainsi, quel que soit le contexte, les auditeurs ne semblent pas bénéficier des traces mnésiques héritées de l'exposition préalable aux matériaux thématiques. Cela renseigne sur la nature cognitive des difficultés rencontrées lors de l'appréhension d'une œuvre contemporaine à sa première écoute. La mise en évidence de ces limites ne constitue pourtant pas toute la somme des données recueillies car une partie d'entre elles ont permis de mettre en évidence un certain nombre de potentialités perceptives et cognitives. Par exemple, les auditeurs sont tout à fait capables de percevoir les relations de similarité entre les sections des thèmes et à comprendre globalement les articulations temporelles à l'intérieur de ces thèmes. Ils parviennent à percevoir la structure complexe de l'œuvre, mais sur un laps de temps relativement court. Autrement dit, ils comprennent la façon dont les matériaux sont localement reliés et organisés mais rencontrent des difficultés pour intégrer l'ensemble de ces matériaux. En revanche, les réactions affectives aux matériaux se développent sur un laps de temps beaucoup plus large, comme pourrait le suggérer l'effet potentiel de la grande forme sur les profils émotionnels. Cette potentialité constitue à n'en pas douter une piste de recherche très intéressante pour l'analyse des processus intégrateurs impliqués dans la compréhension de la grande forme musicale.

D'autres pistes se dessinent pour les recherches futures, par exemple sur la question de la compréhension des matériaux de l'œuvre et des contenus lexicaux, sémantiques et imagés des représentations spontanées des auditeurs. L'étude de la relation entre ces contenus de représentations et les intentions du compositeur (documentées sous forme de dessins de texture et descripteurs verbaux) devrait permettre de rendre compte du degré de compréhension de l'œuvre par les auditeurs. Pour tester l'adéquation entre la construction musicale *a priori* du compositeur et les évocations spontanées des auditeurs, ces derniers pourraient effectuer une tâche qui consiste à apparier les dessins et les descripteurs verbaux du compositeur aux thèmes musicaux. Au regard des précédentes données qui indiquent l'attachement des auditeurs aux éléments de surface de la pièce, il est probable que l'appariement soit fortement médiatisé par ces mêmes caractéristiques de surface.

Une analyse musicologique permettrait de caractériser les processus de variation et de transformation des thèmes afin d'évaluer de manière objective le degré de similarité musicale qui subsiste après un processus de transformation. Ces éléments d'analyse devraient compléter l'interprétation des données expérimentales. Par ailleurs, la question des invariants communs entre matériaux originaux et transformés réclame de nouvelles expérimentations pour tester la capacité des auditeurs à abstraire des indices de similarité. Par exemple, une tâche de catégorisation perceptive pourrait être un bon moyen de vérifier comment le degré plus ou moins saillant des propriétés figurales des transformations électroacoustiques permet un recouvrement avec le matériau thématique d'origine. Couplées à une étude en situation d'écoute contextualisée, ces données devraient permettre de spécifier la nature des traces conservées en mémoire, et de mieux comprendre les phénomènes d'oubli et d'interférence résultant de l'interpolation de matériaux entre leur première apparition dans un thème et leur retour sous une forme identique ou transformée.

Les mécanismes mnésiques jouent en effet un rôle particulièrement important dans la perception et la compréhension des matériaux musicaux. La dynamique de ces processus et plus spécifiquement la nature des connaissances impliquées dans le traitement des matériaux d'une œuvre de musique contemporaine et les effets de ces traitements sur la forme temporelle de l'expérience affective seront appelés, dans le futur, à faire l'objet d'investigations systématiques.

Références

Bigand, E., Perruchet, P. & Boyer, M. (1998). Implicit learning of an artificial grammar of musical timbres. *Current Psychology of Cognition*, 17, 577-600.

Bigand, E., D'Adamo, D., Madurell, F. & Poulin, B. (2002a). A preliminary investigation of the perceptual structure of musical materials in The Angel of Death. *Proceedings of the 7th International Conference on Music Perception and Cognition*, Sydney (Eds C. Stevens, D. Burnham, G. McPherson *et al.*), (Causal Productions, Adelaide [CD-ROM], Sydney).

Bigand, E., Vieillard, S., Madurell, F., McAdams, S. & Poulin, B. (2002b). Effects of instrumentation on the memorization of musical materials. *Proceedings of the 7th International Conference on Music Perception and Cognition*, Sydney (Eds C. Stevens, D. Burnham, G. McPherson *et al.*), (Adelaide : Causal Productions [CD-ROM], Sydney).

Frederickson, W.E. (1995). A comparison of perceived musical tension and æsthetic response, *Psychology of Music*, 23, 81-87.

Gabrielsson, A. & Lindström, E. (2001). The influence of musical structure on emotional expression. In *Music and Emotion : Theory and Research* (Eds P. Juslin & J.A. Sloboda), p. 223-248. Oxford : Oxford University Press.

Krumhansl, C.L. (1997). An exploratory study of musical emotions and psychophysiology, *Canadian Journal of Experimental Psychology*, 51, 336-352.

Lerdahl, F. & Jackendoff, R. (1983). *The Generative Theory of Tonal Music*. Cambridge, MA : MIT Press.

Levinson, J. (1997). *Music in the Moment*. Ithaca, NY : Cornell University Press.

McAdams, S. (1987). Music : A science of the mind? *Contemporary Music Review*, 2 (1), 1-61.

McAdams, S. (1989). Psychological constraints on form-bearing dimensions in music, *Contemporary Music Review*, 4 (1), 181-198.

McAdams, S. & Matzkin, D. (2002). The roots of musical variation in perceptual similarity and invariance. In *The Biological Foundations of Music* (Eds I. Peretz & R. Zatorre), p. 80-94. Oxford : Oxford University Press.

McAdams, S. & Reynolds, R. (2002). Problem-solving strategies in the composition of The Angel of Death. *Proceedings of the 7th International Conference on Music Perception and Cognition*, Sydney (Eds C. Stevens, D. Burnham, G. McPherson *et al.*), (Adelaide : Causal Productions [CD-ROM], Sydney).

McAdams, S., Smith, B.K., Vieillard, S., Bigand, E. & Reynolds, R. (2002). Real-time perception of a contemporary musical work in a live concert setting. *Proceedings of the 7th International Conference on Music Perception et Cognition*, Sydney (Eds C. Stevens, D. Burnham, G. McPherson *et al.*), (Causal Productions, Adelaide [CD-ROM], Sydney).

Reynolds, R. (2002a). *Form and Method : Composing Music (The Rothschild Essays)*, (Ed. S. McAdams), New York, Routledge.

Reynolds, R. (2002b). Compositional strategies in The Angel of Death for piano, chamber orchestra and computer processed sound. *Proceedings of the 7th International Conference on Music Perception and Cognition*, Sydney (Eds C. Stevens, D. Burnham, G. McPherson *et al.*), (Causal Productions, Adelaide [CD-ROM], Sydney).

Scherer, K.R. & Zentner, M.R. (2001). Emotional effects of music : Production rules. In *Music and Emotion : Theory and Research* (Eds P. Juslin & J.A. Sloboda), p. 361-392. Oxford : Oxford University Press.

Schubert, E. (1996). *Continuous response to music using a two-dimensional emotion space*. Proceedings of the 4th International Conference on Music Perception and Cognition, Montréal (Eds B. Pennycook & E. Costa-Giomi), p. 263-268, McGill University, Montréal.

Sloboda, J.A. (1985). *The Musical Mind*. Oxford : Oxford University Press.

Sloboda, J.A. & Lehmann, A.C. (2001). Tracking performance correlates of changes in perceived intensity of emotion during different interpretations of a Chopin piano prelude, *Music Perception, 19*, 87-120.

Smith, B.K. (2001). *Experimental setup for The Angel of Death*, http ://www.ircam.fr/pcm/bks/death, Ircam-Centre Pompidou.

Tillmann, B. & Bigand, E. (1996). Does formal musical structure affect perception of musical expressiveness? *Psychology of music, 24*, 3-14.

Vieillard, S., Bigand, E., Madurell, F., McAdams, S. & Reynolds, R. (2002b). Can listening to excerpts of original versions of contemporary musical materials facilitate recognition of their transformed versions? *Proceedings of the 7th International Conference on Music Perception and Cognition*, Sydney (Eds C. Stevens, D. Burnham, G. McPherson *et al.*), (Adelaide : Causal Productions [CD-ROM], Sydney).

Vieillard, S., McAdams, S., Houix, O. & Reynolds, R. (2002a). Perceptual and cognitive criteria used in the categorization of thematic excerpts from a contemporary musical piece. *Proceedings of the 7th International Conference on Music Perception and Cognition*, Sydney (Eds C. Stevens, D. Burnham, G. McPherson *et al.*), (Adelaide : Causal Productions [CD-ROM], Sydney).

Sur la création de formes olfactives

André Holley
Centre Européen des Sciences du Goût, Dijon

INTRODUCTION

Les Industries des Cosmétiques et de la Parfumerie fabriquent une large gamme de produits dont les usages multiples ont en commun de conférer une odeur plaisante à des supports variés, des produits d'entretien aux vêtements et au corps des consommateurs et consommatrices. Parmi ces productions, certaines, les plus nombreuses, limitent leur ambition à satisfaire les attentes des utilisateurs en reproduisant au moindre coût de production des recettes connues qui évoluent au gré de la mode. Une subdivision de cette Industrie, la parfumerie alcoolique, offre des produits de facture plus élaborée, les parfums au sens traditionnel. La plupart d'entre eux ont une durée d'existence limitée malgré le coût élevé de leur lancement et ne laissent pas de postérité. Un tout petit nombre, cependant, paraissent échapper au destin commun et deviennent des références durables qui s'inscrivent comme des étapes marquantes dans une histoire de la Parfumerie — histoire encore courte puisqu'elle n'occupe guère plus d'un siècle.

Quelque chose fait que certaines productions de la parfumerie sortent du lot commun. Notre hypothèse est que ces parfums transcendent les savoir-faire de la profession et sont le résultat d'une activité créatrice qui s'apparente à la création artistique. Nous allons donc tenter de cerner les raisons que nous avons de penser que le sens olfactif peut, comme la vue et l'ouïe, servir de médiateur à la création de formes, même si l'odorat souffre d'un évident discrédit dans notre culture (12).

Puisque le domaine des odeurs n'est pas familier à tout un chacun, notre enquête nous conduira d'abord à rappeler quelques particularités de la perception des odeurs et particulièrement des mélanges complexes que sont les compositions de parfumerie. Nous serons attentifs à relever ensuite, dans la pratique du créateur de parfums, les composantes cognitives de cette activité qui nous paraissent équilibrer ses composantes affectives, celles qui dominent dans les productions courantes et sont, d'une certaine façon, transcendées dans les vraies créations. L'occasion nous sera ainsi donnée de marquer une distinction importante entre l'émotion sensorielle, de l'ordre du plaisir et du déplaisir, qui accompagne peu ou prou toute perception olfactive, et l'émotion esthétique, expérience plus rare que les beaux parfums procurent aux amateurs formés. Nous serons amenés au constat que si la possibilité d'un art du parfum rencontre encore un certain scepticisme, c'est sans doute en raison de la rareté d'un public de vrais connaisseurs et du caractère encore très confidentiel de l'histoire de cet art. Nous verrons enfin quels obstacles s'opposent à une plus grande familiarisation du public avec l'univers des formes olfactives et l'histoire des créations.

LA PERCEPTION DES ODEURS

Les odeurs sont des sensations évoquées par l'action de molécules dites odorantes sur un appareil sensoriel spécialisé dont l'entrée est constitué par un grand nombre de types de macromolécules réceptrices portées par les cellules sensorielles de la muqueuse olfactive (6). En parlant de sensations plutôt que de perceptions, l'aspect subjectif du ressenti qui domine l'expérience olfactive est mis en exergue, mais il ne faut cependant pas sous-estimer la teneur de cette expérience en informations structurées sur l'environnement.

Les attributs traditionnellement reconnus à la sensation olfactive sont la qualité, l'intensité et la tonalité affective ou valence hédonique. La qualité est souvent synonyme d'odeur : ce que l'on sent. Le système olfactif est habile à distinguer, c'est-à-dire discriminer, un très grand nombre de qualités différentes, pourvu que les odeurs à comparer soient présentées en rapide succession. L'intensité est la force subjective de la sensation. Elle est fonction de la concentration des molécules actives qui parviennent à l'organe olfactif pendant une durée définie, c'est-à-dire le flux de ces molécules. Quant à la valence hédonique, elle correspond à la dimension de plaisir ou de déplaisir qui accompagne l'expérience de l'odeur. Nous aurons l'occasion d'y revenir plus en détail.

Ce qui complique la tâche du parfumeur qui combine des odeurs, c'est que les trois types d'attributs ne sont pas indépendants les uns des autres : la qualité change souvent quand varie l'intensité et il en va de même de la valence affective. Il est rare qu'une odeur désagréable à faible intensité devienne agréable à intensité plus forte ; en revanche, il n'est pas exceptionnel que l'odeur intense devienne désagréable, même si elle était agréable à concentration plus faible. Malheureusement, ces interactions, qui ne sont pas d'ordre strictement physique — elles dépendent surtout du système sensoriel — ne suivent pas des lois générales connues.

Une autre propriété des odeurs est qu'elles sont soumises à l'adaptation sensorielle. Après un temps variable, les sujets placés dans une atmosphère enrichie en une odeur cessent de la percevoir, en même temps qu'ils voient souvent leur acuité olfactive réduite pour d'autres odeurs. Dans le premier cas, on parle d'adaptation directe et, dans le second, d'adaptation croisée. La perception d'un parfum est évidemment tributaire de ces phénomènes qui ne sont encore que très mal connus.

Les odeurs naturelles sont souvent, comme les odeurs composées par des parfumeurs, produites par l'accès de nombreux types de substances à la muqueuse olfactive. L'odeur d'un corps chimiquement pur est en général un artefact de laboratoire, un cas limite. Le plus souvent, c'est par dizaines, voire par centaines que se comptent les entités moléculaires qui participent au parfum d'une fleur ou à l'arôme d'un aliment. Dans quelle mesure l'odeur d'un mélange dépend-elle de l'odeur des constituants pris isolément ? Cette question, qui est de première importance pour un compositeur de parfums, ne comporte pas de réponse générale. Elle n'a été étudiée que pour des mélanges formés de quelques éléments (10), généralement deux seulement, et presque exclusivement du point de vue de l'intensité perçue. Pour la qualité, ce qui peut être retenu, c'est que dès que sont assemblées plusieurs substances, leurs odeurs respectives tendent à perdre leur individualité, sauf pour celles qui dominent par leur forte intensité. Un sujet, même entraîné, a de la peine à identifier plus de deux ou trois composantes d'un mélange d'une dizaine (13). Les experts ne font mieux que les sujets naïfs que si la composition a été réalisée selon certaines règles de la profession, ce qui signifie que leur pouvoir d'analyse s'appuie principalement sur des connaissances préalables.

Deux remarques peuvent être faites à propos de la perception des mélanges. La première est que l'aptitude limitée des humains à analyser olfactivement des mélanges d'odeurs paraît très en retrait par rapport aux performances des animaux qui réalisent des exploits en suivant des pistes odorantes dans des environnements très odorés. Sans doute peut-on incriminer une réduction de l'acuité olfactive chez l'homme. Des données récentes sur la non-fonctionnalité de nombreux gènes de récepteurs olfactifs humains, appelés *pseudogènes* (16), peuvent être interprétées en ce sens. Cependant, il faut remarquer que les mélanges étudiés en laboratoire sont souvent des mélanges homogènes dans lesquels les différents constituants sont intimement mêlés, alors que les mélanges naturels auxquels sont confrontés les animaux dans la nature sont faits de substances issues de multiples sources plus ou moins distantes les unes des autres. Dans ces conditions, les animaux utilisent les ressources de l'orientation de la tête et du déplacement du corps pour échantillonner et séparer ces sources, parvenant ainsi à une analyse qui est plus difficile à réaliser sur un mélange homogène.

La seconde remarque se situe dans le prolongement de ces considérations écologiques. Il y a relativement peu de temps que les humains se préoccupent de comparer les qualités respectives des mélanges et de leurs constituants. Dans la vie courante, ils n'ont pas à analyser leurs sensations mais essentiellement à établir des relations entre des perceptions prises globalement et la présence de certains objets ou certains êtres dans leur environnement. Ce sont des préoccupations industrielles, et particulièrement les besoins de l'industrie de la parfumerie, qui ont introduit cette préoccupation d'analyser les relations entre le tout et la partie en perception olfactive.

LA COGNITION OLFACTIVE

Catégorisation

Devant la profusion des diverses qualités olfactives, nombreux sont ceux qui ont tenté d'opérer une réduction de cette diversité par l'établissement de classes. Des classifications nombreuses des odeurs ont été proposées de l'Antiquité à nos jours sans qu'un consensus ait pu être trouvé. Les connaissances nouvelles — encore imparfaites il est vrai — sur les mécanismes de la réception des odeurs n'ont pas permis de mettre en évidence des propriétés biologiques susceptibles de fonder une «catégorisation naturelle» des odeurs (8). Des catégories comme celles de *fruité, floral, animal*..., parfois utilisées, sont évidemment suspectes de reproduire des distinctions d'origine extra-olfactive.

La désignation des odeurs pose des problèmes à tous ceux, et en particulier les professionnels de la parfumerie qui éprouvent le besoin d'échanger à propos des qualités olfactives. Les langues telles que l'anglais et le français, qui ont un vocabulaire plutôt riche pour parler de l'expérience olfactive, ne disposent que d'un tout petit nombre de termes qui désignent des odeurs proprement dites (1). L'odeur est très généralement désignée par un mot ou une expression qui se rapportent à la source émettrice de l'odeur. C'est l'odeur de... Il n'est pas exclu que des cultures plus olfactives que la nôtre disposent de termes spécifiques en plus grand nombre mais rien n'est établi de façon sûre. La conséquence de cet état de choses est que les professionnels doivent établir entre eux, dans leur entreprise ou à plus grande échelle, le « contrat implicite de communication » (5, cité par 3) que la société n'a pas réalisé.

Dans le prolongement de la remarque écologique que nous avons formulée à propos de l'analyse des mélanges olfactifs, nous pouvons observer que la désignation d'une odeur par sa source est parfaitement adaptée à la fonction biologique de l'odorat. Il faut des circonstances nouvelles, l'existence d'odeurs artificiellement composées et détachées de toute source naturelle, les parfums, pour rencontrer le besoin de désigner les qualités elles-mêmes. La culture a créé de nouveaux besoins linguistiques mais le caractère synthétique de la perception olfactive ne facilite pas la tâche analytique de production de descripteurs olfactifs consensuels. Les parfumeurs utilisent bien des termes qu'ils appellent *notes* ou *facettes* pour qualifier les qualités complexes qu'ils perçoivent mais ils ne font pas référence alors à des traits constitutifs et permutables mais désignent plutôt d'autres odeurs présentant des ressemblances avec celle qu'ils analysent (7).

Mémoire

La mémoire des odeurs est une fonction qui joue un rôle essentiel dans l'activité de composition du parfumeur qui doit disposer d'un vaste répertoire mental non seulement des odeurs de corps purs mais de leurs mélanges en différentes proportions. Au plan de la mémoire des odeurs, on distingue couramment l'impression de familiarité, lorsque le sujet a simplement le sentiment d'avoir été exposé à l'odeur, la mémoire de reconnaissance qui suppose un souvenir plus précis que le sentiment de familiarité, et la mémoire d'identification conduisant à la désignation de l'odeur. Les propriétés de la mémoire de reconnaissance des odeurs sont remarquables si on les compare à celles de la mémoire visuelle (4). Assez médiocre à court terme, alors que la reconnaissance des formes visuelles est excellente, cette mémoire est remarquablement résistante aux effets du temps. On estime que cette propriété est la conséquence du caractère global et synthétique de la perception et de l'encodage olfactifs, qui ne donne pas prise à l'interférence entre souvenirs.

Concernant les autres distinctions reconnues dans d'autres modalités sensorielles, la séparation entre mémoire de travail et mémoire à long terme a été peu explorée. On a davantage étudié la forme épisodique de la mémoire olfactive, particulièrement développée et connue pour sa capacité à ramener à la conscience, avec le souvenir olfactif évoqué, les éléments sensoriels et affectifs qui accompagnaient le contexte de la perception initiale. La mémoire sémantique, quant à elle, est handicapée par la relation difficile que les odeurs entretiennent avec leur désignation. La situation dans laquelle l'odeur est incontestablement reconnue sans que sa désignation soit activée est un phénomène fréquent que l'on rencontre également chez les professionnels.

Ajoutons qu'une autre distinction, celle entre la mémoire implicite et la mémoire explicite, est particulièrement pertinente dans le domaine olfactif. Il semble bien que toute mémorisation d'odeurs ne suppose pas une perception consciente préalable. Des sujets exposés à une odeur d'intensité faible mais supérieure au seuil de perception, et dont l'attention n'est pas focalisée sur cette stimulation, sont capables d'encoder l'odeur en mémoire de façon non consciente et de réutiliser ultérieurement l'information mémorisée (2, 9).

LA PRATIQUE DU CRÉATEUR DE PARFUMS

Les produits

Traditionnellement, les parfumeurs ont utilisé un petit nombre de produits d'origine animale (ambre gris, castoreum, civette, musk Tonkin, cire d'abeille et miel) et, en plus grand nombre, des matières premières d'origine végétale (200 environ). Ces substances végétales proviennent de différentes parties des plantes, écorces, racines, tiges, fleurs, fruits, et sont préparées sous forme d'huiles essentielles, de concrètes ou absolues, de résinoïdes, de teintures et d'infusions. La palette s'est ensuite enrichie d'un nombre toujours plus grand de substances synthétiques dont beaucoup sont des constituants des matières premières naturelles. De grands parfums ont eu pour origine l'utilisation de molécules nouvellement synthétisées. Un exemple célèbre est le *Shalimar* de Jacques Guerlain (1925) qui a bénéficié de l'introduction de l'éthylvanilline, nouvellement synthétisée à l'époque; un autre exemple est celui de *L'Eau Sauvage* d'Edmond Roudnistska, diffusée par Dior en 1966, qui tire un très beau parti d'une nouvelle molécule, l'hédione.

La composition

La composition en parfumerie est restée longtemps une activité discrète, fruit d'un savoir-faire fondé sur un long apprentissage et aboutissant à la production de mélanges dont la composition était tenue secrète. Depuis un certain temps déjà, quelques compositeurs ont rompu avec la tradition et présenté leur art d'une façon qui est très révélatrice pour qui s'intéresse à la création olfactive (11, 14, 15).

Nous retiendrons tout d'abord une distinction entre *composition* et *formulation*. Le parfumeur compose avec des odeurs, la formulation venant traduire sous la forme d'une liste de produits la composition d'abord imaginée. La longue étape d'élaboration d'un parfum apparaît comme une préparation mentale qui prend naissance dans un souvenir, une idée, et mûrit lentement, pendant des mois, voire des années, avant de se matérialiser dans une formule sur laquelle figure la liste de quelques dizaines de produits et l'indication de leur concentration. E. Roudnitska, qui a écrit des choses décisives sur son art, s'exprime ainsi à propos de la composition :

> «Aligner vingt-cinq ou trente noms sur une page, se concentrer quelques minutes sur cette liste, commencer à mettre des chiffre en regard des noms, d'abord les plus évidents puis progressivement compléter les blancs en vingt minutes, en sachant d'avance que ça tiendra debout, que tous ces matériaux vont sagement se plier à la discipline qu'on a voulue, que chacun va se porter au poste qu'on lui a prescrit, que telles fusions vont s'opérer, que tel cri va être poussé, à tel moment, que tel horizon, nouveau, va se découvrir, que les choses, enfin, vont se passer comme on l'a décidé, cela, oui, c'est un plaisir rare. Rare, parce que ces vingt minutes, on a mis quarante ans à les préparer.» (14)

Si l'on avait quelque doute sur l'existence d'une imagerie olfactive, le parfumeur lèverait ce doute. La composition n'est pas le résultat d'une opération empirique par essais et erreurs mais la transcription matérielle d'une image mentale. Ce n'est qu'ensuite qu'intervient une phase d'ajustement au cours de laquelle l'examen olfactif guide les ajouts et les retraits qui vont permettre de mieux exprimer l'idée initiale ou, éventuellement, de la faire évoluer.

Des métaphores empruntées à d'autres arts précisent la nature de l'acte de formulation.

«On mettra sur papier les premiers éléments, à la façon du peintre qui établit un croquis», recommande René Laruelle (11). «Ces premiers éléments, poursuit Laruelle, comportent un accord, c'est-à-dire une combinaison équilibrée de quelques notes.» Les deux notions d'accord et de notes sont d'un usage fréquent en parfumerie. Bien que la notion de note fasse référence à une composante élémentaire et soit, pour certains, définie par rapport à un produit chimiquement simple, son usage est plus large et peut s'étendre à une certaine qualité olfactive qui peut être individualisée dans la perception d'un mélange. L'accord, quant à lui, est le plus souvent caractérisé par l'impression d'équilibre qui résulte de la fusion des notes dans un ensemble qui peut apparaître au plan sensoriel comme aussi simple que la qualité d'une substance chimiquement pure.

On peut aisément comprendre l'importance que les parfumeurs accordent à la longue phase d'apprentissage au cours de laquelle des exercices systématiques familiarisent l'apprenti avec les quelques centaines d'odeurs de sa palette et les règles non écrites de leur association. Mais les exigences en connaissances implicites ou explicites du matériau olfactif apparaissent mieux encore quand on réalise que la perception du parfum se réalise dans la durée. Déposée sur un support, tissu ou peau humaine, la solution alcoolique qui contient la fragrance libère ses constituants odorants dans un ordre qui dépend de leur volatilité et les éléments qui restent sur le support voient leur composition évoluer au fil du temps. Le compositeur doit prévoir cette évolution sans quoi l'équilibre harmonieux réalisé au débouché du flacon serait détruit ensuite dans les minutes, voire les heures pendant lesquelles il continue d'être perçu. En évoluant, comme la physique l'y contraint, le parfum doit conserver un équilibre et son identité, ce qui n'est pas une exigence facile à satisfaire.

PLAISIR SENSORIEL ET ÉMOTION ESTHÉTIQUE

Une particularité très marquante de la création en parfumerie réside dans la forte valeur affective qui est attachée au matériau, l'odeur, avant même que l'artiste ne s'en empare pour composer un mélange. Les odeurs, on l'a vu, sont d'emblée plaisantes ou déplaisantes et assez rarement neutres au plan affectif. Il en résulte, pour l'art du parfumeur, une difficulté que l'on n'a certainement pas assez soulignée. Cette difficulté est paradoxale car elle réside dans le fait qu'il est relativement facile pour un praticien un peu habile de composer un parfum agréable, c'est-à-dire un parfum qui sente bon, en combinant avec un certain talent des odeurs intrinsèquement agréables. Le *plaisir sensoriel* peut être obtenu à relativement peu de frais. Il est vrai que les créateurs de parfum se défendent de choisir délibérément des odeurs plaisantes. Leur choix se fait, affirment-ils, en fonction de propriétés olfactives qui ne sont vraiment exprimées que dans la situation de mélanges. Il y a seulement des odeurs qui sont « intéressantes » et d'autres qui ne le sont pas. Il n'empêche que les éléments de la composition sont chargés d'affect avant d'être intégrés à cette composition.

L'émotion esthétique est beaucoup plus exigeante que le simple plaisir sensoriel et ses sources sont certainement plus complexes. Sans une formation suffisante de son jugement, l'amateur peut être trompé et une confusion s'installe, entretenue par l'ambiguïté de la notion de plaisir. La facilité d'accès à l'agréable se révèle alors en réalité un handicap pour la prise en considération de la création olfactive comme activité artistique.

Il nous paraît donc utile d'examiner plus avant la distinction entre l'affect sensoriel et l'émotion artistique. L'affect sensoriel est un sentiment puissant, irrépressible, sur lequel le système cognitif n'a pas de prise. Il prend naissance dans des aires cérébrales que l'on situe dans le «système limbique» et induit soit une attitude d'acceptation et d'approche à l'égard de la source des stimulus, soit une attitude de rejet ou d'éloignement. On peut dire que l'affect est une incitation, adressée à l'organisme, à se comporter de façon appropriée à l'égard du stimulus, compte tenu des expériences antérieures, positives ou négatives, que cet organisme a eues avec ce stimulus. La mémoire et l'apprentissage individuels jouent un rôle très important dans la constitution de l'affect, lequel, de ce fait, n'est pas à proprement parler une propriété universelle de l'odeur mais une propriété singulière de la relation odeur-sujet.

Le plaisir esthétique est aussi du domaine de l'émotion et des sentiments et il n'est sans doute pas exagéré de parler d'émotion pour désigner l'état mental de l'amateur devant une œuvre de grande qualité. Cette émotion est associée à des sentiments tels que le plaisir, la surprise, le sentiment de plénitude et la joie. On dit alors qu'il s'agit d'émotion artistique. Et si on se réfère aux catégories d'émotions dites fondamentales, c'est à la joie qu'il faut sans conteste penser.

On affaiblirait cependant la signification de l'œuvre d'art pour celui qui est à même de l'apprécier en connaisseur si on la réduisait à un simple inducteur d'affects car l'œuvre parle aussi bien à son intelligence qu'à son affectivité. L'émotion artistique fait appel à une perception plus complexe de l'œuvre, une perception réflexive, enrichie de l'expérience artistique de l'amateur capable de confronter son expérience immédiate à un corpus de souvenirs et de traiter le parfum comme un objet cognitif autant qu'affectif. Dans le langage de la psychologie cognitive, nous dirons que l'appréhension de l'œuvre d'art repose à la fois sur des processus cognitifs et des processus émotionnels. Ce serait donc une façon superficielle et incomplète de considérer l'expérience esthétique que de l'interpréter comme un pur ressenti, comme une réaction globale d'adhésion ou de rejet, de l'ordre du sentiment que l'on ne saurait analyser. Nous soutenons, au contraire, qu'apprécier une œuvre fait intervenir des connaissances et des souvenirs, connaissances et souvenirs qui s'acquièrent par la fréquentation des œuvres. Devant une œuvre nouvelle, l'amateur réellement éclairé s'enchante de découvrir les principes de sa construction, de reconnaître des solutions heureuses apportées à des difficultés connues. Il apprécie les audaces et les innovations. Il aime retrouver la filiation de l'œuvre par rapport aux formes dont elle s'inspire comme il se plait à repérer les ruptures. Certes, il n'est pas toujours pleinement conscient de ce qui guide son goût, les justifications cognitives de son plaisir ne sont pas souvent évoquées de façon manifeste mais leur intervention dans la perception éminemment complexe de l'œuvre est néanmoins réelle. Notre conviction est que les œuvres de la parfumerie qui inventent des formes olfactives originales satisfont aux mêmes critères d'association de traits émotionnels et de traits cognitifs que les œuvres qui créent des formes visuelles ou des formes acoustiques.

Avec la création littéraire, la création olfactive présente aussi une similitude. En utilisant un modèle linguistique de la création, on peut dire que le parfumeur est dans la situation d'un écrivain, le poète par exemple, qui a à sa disposition un vocabulaire constitué de mots lourdement chargés de signification émotionnelle. L'écrivain utilise la syntaxe pour infléchir la signification individuelle des mots de son lexique et la contraindre à servir la sémantique de l'œuvre. De la même manière, c'est la composition-syntaxe du *beau* parfum qui crée la sémantique du poème-parfum en lui subordonnant les significations des mots-odeurs individuels.

LES CRÉATEURS, LE PUBLIC ET L'HISTOIRE DES ŒUVRES

Même si l'émotion artistique est l'expérience psychologique privée d'un sujet, elle participe à un processus collectif et suppose l'intégration de connaissances, de jugements, de questionnements, de débats qui font partie d'une culture et conditionnent la formation du goût. Tous les arts reconnus, les arts de l'écrit, les arts plastiques, la musique, le cinéma... s'appuient sur une communauté de créateurs et d'amateurs qui se réfèrent explicitement ou implicitement à l'histoire des œuvres. Pour exister en tant qu'œuvres d'art et pas seulement comme produits de consommation, les créations de la parfumerie, comme toutes les créations, ne peuvent donc se passer d'un public et d'une vie culturelle centrée sur les œuvres. Si le statut des créations olfactives est pour certains problématique, c'est probablement parce qu'elles paraissent dépourvues d'histoire et parce que les rares initiés sont noyés dans la masse des consommateurs de plaisir sensoriel.

Même si la fabrication de senteurs agréables est une activité très ancienne, la parfumerie au sens moderne ne débute guère avant le début du XXe siècle, lorsque les grandes découvertes de la synthèse chimique permettent de réaliser des accords originaux, lorsque la composition prend le relais du bouquet floral. Jusqu'à nos jours, cependant, les créateurs de parfums, y compris ceux des parfums célèbres, sont restés ignorés du public qui ne connaît que les Maisons et les Grands Couturiers qui commercialisent les œuvres. C'est un peu comme si les œuvres musicales ne pouvaient être individualisées que par le nom de la maison de disque qui les diffuse, et les œuvres peintes par l'enseigne de la galerie qui les expose. Cet anonymat des créations révèle un état d'esprit d'un autre âge selon lequel les œuvres sont conçues comme des produits purement artisanaux et les artistes des employés habiles mais interchangeables. Une évolution est apparue assez récemment avec la notion de parfums d'auteurs, distribués sous le nom de leur créateur.

Une autre condition de l'affirmation du statut artistique de la création olfactive est la formation du public. Cette formation passe nécessairement par l'organisation de l'accès aux œuvres importantes. Mais un obstacle considérable s'oppose à la mise à disposition du public d'une large collection d'œuvres du passé, y compris du passé récent. Les parfums, en tant que mélanges de produits chimiques, ne peuvent être conservés indéfiniment ; ils évoluent et se détériorent avec le temps. D'autre part, en raison du secret qui a longtemps entouré la formulation des parfums pour lutter contre les contrefaçons, très peu de formules ont été conservées ou retrouvées. Il faut beaucoup de savoir et de compétence pour recomposer certaines de ces œuvres, comme l'ont fait les animateurs de l'Osmothèque de Versailles, exemple malheureusement trop rare de reconstitution et de conservation d'un patrimoine précieux.

Une importante révolution de la création en parfumerie est en cours, sous l'influence de l'évolution des méthodes de la physique et de la chimie. Elle pourrait avoir des conséquences très importantes sur la question de la conservation des œuvres. Deux faits sont à considérer. Le premier est que les compositeurs de parfums utilisent de plus en plus de substances pures synthétiques et de moins en moins de ces mélanges naturels qui constituaient jadis l'essentiel de la palette du parfumeur. Cette évolution a plusieurs causes : le nombre sans cesse plus grand de molécules « intéressantes » fabriquées par l'industrie chimique, le prix de revient élevé et la qualité inconstante des essences naturelles ainsi que les aléas géopolitiques de leur production.

Le recours, pour la formulation des parfums, à des substances pures parfaitement identifiées facilite évidemment la reproduction à l'identique des œuvres, ce qui est très profitable dans la perspective de la conservation d'un patrimoine olfactif. Mais on voit évidemment surgir une grave difficulté. C'est par le secret jalousement gardé des formulations que la profession a toujours cherché à se protéger, au plan commercial, des copies frauduleuses. Rendre publique la formule d'un parfum, c'est évidemment s'exposer à la voir reproduite par des indélicats qui tireront bénéfice du travail de création. Pourquoi, dira-t-on, ne pas simplement breveter la formule et ainsi la protéger? La parade n'est pas si simple. En effet, comme les pages qui précèdent l'ont laissé entendre, le parfum ne se réduit pas à sa formule. La formule peut être modifiée dans certaines limites, des constituants mineurs peuvent être remplacés par d'autres, sans altérer sur l'essentiel l'idée, la «forme», qui fait l'originalité de la création. Nous y reviendrons bientôt.

Le second fait marquant l'évolution de la pratique de la parfumerie est le développement des instruments de l'analyse chimique. Les chromatographes et autres spectrographes de masse permettent de repérer et de quantifier les substances qui composent un mélange, rendant ainsi illusoire le secret qui entoure la formulation. Cette évolution ne laisse pas d'autre choix aux professionnels de la parfumerie que de rechercher, pour préserver leurs intérêts, des solutions juridiques fondées sur une prise en compte de la nature exacte de l'œuvre olfactive et de son originalité.

LA FORME OLFACTIVE ET LE RÊVE DU PARFUMEUR

Les questions soulevées à propos des relations entre l'art du parfum et les techniques chimiques nous conduisent à examiner le rapport entre la dimension artistique de l'œuvre et la matérialité de son support. Pour tout un chacun, un parfum est un liquide odorant, conservé dans un flacon généralement ouvragé dont la facture recherchée signale la valeur du contenu. C'est aussi, pour le professionnel, une liste de substances naturelles ou synthétiques ainsi que l'indication de leurs proportions respectives. Le créateur, quant à lui, défendra l'idée que son œuvre est une «forme» d'un type particulier, une forme olfactive, qui émerge de la combinaison heureuse et équilibrée des odeurs qui la composent.

Pour ce qui concerne la relation entre la forme et la matérialité de son support, le parfum occupe une position nettement distincte de celle des œuvres littéraires et de la musique en ce qu'il ne dispose pas de la médiation d'un code tel que l'écriture ou la notation musicale. Il paraît plus proche de l'œuvre picturale classique qui n'a pas d'autre représentation que celle de pigments déposés sur une surface matérielle. Il est vrai que la forme picturale n'est pas totalement tributaire de la matérialité de son support. Bien des constituants physiques de l'œuvre graphique peuvent être changés sans que la forme en soit sérieusement dégradée. *A priori*, on ne peut prétendre qu'il en aille de même pour un parfum. On peut certes répondre qu'une formule de parfum peut être habilement modifiée sans que l'impression olfactive ne soit profondément bouleversée, mais les modifications ne doivent porter alors que sur des constituants mineurs. Changer les constituants majeurs détruirait précisément la forme car on ne saurait attendre d'une nouvelle combinaison, si habile qu'elle se veuille, qu'elle restitue la singularité perceptive de la composition primitive. En ce sens, si la forme n'est pas contrainte absolument par la formulation chimique, elle en est fortement dépendante.

Certains créateurs de parfum ont rêvé d'une «écriture» de leur œuvre qui encoderait sa forme, la libérant ainsi de la tyrannie de son support. Cela reviendrait à inventer un système de notation des qualités olfactives indépendant des substances qui évoquent ces qualités pour le cerveau humain. Or, comme l'ont montré toutes les études de la perception des odeurs, les qualités olfactives ne forment pas un ensemble fini et hiérarchisé et le caractère synthétique de la perception olfactive ne se prête pas à une formalisation ou une description exhaustive. Certes, les professionnels sont capables de reconnaître dans l'effet sensoriel de la composition une certaine diversité de sensations, en fonction de la richesse de leur mémoire, mais il ne s'agit pas d'une analyse sensorielle complète. Parce qu'elles réalisent précisément la meilleure fusion possible des odeurs composantes, les créations les plus originales sont probablement celles pour lesquelles les possibilités d'analyse sont les plus restreintes. On ne voit malheureusement pas comment le rêve du parfumeur pourrait devenir réalité car ce n'est pas seulement, à notre avis, l'insuffisance de nos connaissances ou de notre imagination qui y fait obstacle mais, plus fondamentalement, la nature même de l'odeur.

Références

(1) David S. (2002). Linguistic expression for odors in French. In *Olfaction, Taste, and Cognition*, Rouby C. *et al.* (Eds), Cambridge University Press, p. 82-99.

(2) Degel J. & Köster E.P. (1999). Odors : implicit memory and performance effects. *Chemical Senses*, 24 : 317-325.

(3) Dubois D. & Rouby C. (2002). Names and categories for odors : the veridical label. In *Olfaction, Taste, and Cognition*, Rouby C. *et al.* (Eds), Cambridge University Press, p. 47-66.

(4) Engen T. & Ross B.M. (1973). Long-term memory of odors with and without verbal descriptions. *Journal of Experimental Psychology*, 100 : 221-227.

(5) Grossen M. (1989). Le contrat implicite entre l'expérimentateur et l'enfant en situation de test. *Revue Suisse de Psychologie*, 48 : 179-189.

(6) Holley A. (1999). *Éloge de l'odorat*. Éditions Odile Jacob, Paris.

(7) Holley A. (1996). Actualités des recherches sur la perception olfactive. *Psychologie Française*, 41 : 207-215.

(8) Holley A. (1997). Le physiologiste et la catégorisation des odeurs. *Intellectica*, 24 : 21-27.

(9) Köster E.P. (2002). The specific characteristics of the sense of smell. In *Olfaction, Taste, and Cognition*, Rouby C. *et al.* (Eds), Cambridge University Press, p. 27-43.

(10) Laffort P. & Dravnieks A. (1982). Several models of suprathreshold quantitative olfactory interaction in humans applied to binary, ternary and quaternary mixtures. *Chemical Senses*, 7 : 153-174.

(11) Laruelle R. (2000). *Initiation à la formulation des parfums*. Édition Ayrel, Liège, 2ᵉ éd.

(12) Le Guérer A. (2002). *Les pouvoirs de l'odeur*. Éditions Odile Jacob, Paris.

(13) Livermore A. & Laing D.G. (1996). The influence of training and experience on the perception of multicomponent odor mixtures. *Journal of Experimental Psychology*, 22 : 267-277.

(14) Roudnitska E. (1977). *L'Esthétique en question*. Presses Universitaires de France, Paris.

(15) Roudnitska E. (1990). *Le parfum*. Que sais-je? Presses Universitaires de France, Paris.

(16) Rouquier S., Friedman C., Delettre C., van den Engh G., Blancher A., Crouau-Roy B., Trask B.J. & Giorgi D. (1998). A gene recently inactivated in human defines a new olfactory receptor family in mammals. *Human Molecular Genetics*, 7 : 1337-1345.

Le langage, l'architecte et l'automate
Du «*Vocabulaire de l'Architecture*» au calcul des processus créatifs

Mario Borillo
Institut de Recherche en Informatique de Toulouse, CNRS, UPS, INPT, UT1

Jean-Pierre Goulette
LI2A, École d'Architecture de Toulouse

Ce que l'on vise

On se propose d'explorer dans quelle mesure, et sous quelles conditions, il serait ou non possible de permettre à une machine — entendez un ordinateur, un système informatique — d'effectuer l'«équivalent» (dans un sens qui sera précisé plus loin) des opérations mentales par lesquelles sont conçus des objets matériels dont la genèse comporte d'importants degrés de liberté, c'est-à-dire de non-spécification, pour chacune des «dimensions» conceptuelles et/ou sensorielles qui les constituent dans la pensée du concepteur. Au stade initial, toutes leurs caractéristiques souhaitables ne sont donc pas connues par le concepteur lui-même, ce qui signifie que certaines ne seront découvertes que lorsque ces objets seront réalisés ou au cours de leur réalisation. En outre, les objets auxquels on s'intéresse ici sont susceptibles d'être soumis à des jugements venant d'«utilisateurs», de spectateurs ou du concepteur lui-même, jugements qui pourront être portés en fonction de critères de nature extrêmement variée : certains fondés objectivement — par exemple sur des critères d'usage, des critères fonctionnels — mais aussi sur des critères beaucoup plus difficiles à définir, de nature très subjective et plus particulièrement enracinés dans la culture, la sensibilité et l'environnement sociétal de l'observateur — par exemple des critères esthétiques.

On reconnaîtra dans cette esquisse rapide une tentative de définition des objectifs et des conditions d'activité de ce processus mental (et sensible) que l'on appelle par exemple le design.

La nature du jeu, ses règles

Programmer une machine pour accomplir des tâches et atteindre des objectifs qui ne sont pas complètement spécifiés, puisque l'ensemble des informations qui les caractérisent et les procédures pour les atteindre ne sont que partiellement explicitées au départ de notre questionnement, voilà un problème inhabituel, sinon un paradoxe compte tenu de la nature de cette « machine », un automate dont le comportement est exactement régi par les instructions constituant le programme qu'elle doit exécuter. Cette contrainte signifie que ce programme devrait exprimer d'une manière ou d'une autre des éléments du processus de conception visé.

Une des questions que l'on peut alors se poser pour affronter un problème de cette nature consiste à tenter de trouver des voies permettant d'accéder à ces « compétences subjectives », non explicitées à l'origine, dont on connaît mal la nature mais qui se manifestent indiscutablement dans la conception comme dans l'usage ou la contemplation de l'œuvre. En d'autres termes, est-il possible, et comment, de définir et d'implanter sur une machine certaines des ressources cognitives qui permettent au concepteur de parvenir à la réalisation d'un objet qui sera jugé « satisfaisant » au regard de l'ensemble de ses critères, y compris subjectifs, ces ressources étant explicitées et utilisées de telle façon que la machine elle-même parvienne alors à un résultat qui sera également jugé « satisfaisant » par le concepteur. Ajoutons que ceci ne signifie pas qu'un tel résultat sera exactement identique à l'un de ceux auxquels il pourrait aboutir lui-même. On posera donc qu'il existe pour ce type assez particulier de problèmes des classes *de solutions acceptables. Au regard des canons de l'architecture classique par exemple, il existe bien un ensemble, une classe de frontons satisfaisant les mêmes critères perceptuels.*

On peut imaginer deux types de stratégies pour affronter ce challenge inhabituel. L'une, la plus pratiquée, désignée par le terme générique de « Conception Assistée par Ordinateur » (CAO), repose sur l'interaction continue du concepteur avec la machine. Sur leur collaboration tout au long du processus. Elle consiste pour l'essentiel à utiliser la machine comme un instrument d'exploration des possibles ouverts potentiellement par l'exploitation des données initiales disponibles, généralement les plus « objectives ». Le concepteur intervient alors à chaque étape sur les propositions affichées par la machine, de manière à « greffer » sur celles-ci, par réaction à ce qui lui est proposé, ses propres heuristiques, ses éléments d'appréciation au stade considéré. Cette interaction lui permet d'introduire pas à pas l'expression de ses choix subjectifs, donc de conduire à des résultats qui lui permettront en principe, si le système est correctement conçu et utilisé, d'évoluer à partir d'une esquisse initiale pour aboutir *in fine* à la conception d'un objet qui pourra éventuellement être jugé «satisfaisant» au regard de l'ensemble de ses critères, y compris subjectifs.

Le second type de stratégie est beaucoup moins fréquent, et pour cause, puisqu'il se heurte dès l'abord aux limites de nos connaissances scientifiques. En effet, il consiste pour l'essentiel à tenter de donner dès le début à la machine les informations nécessaires à la conception de l'objet, sans envisager d'autre intervention du concepteur au cours du processus. Or, comme nous l'avons remarqué plus haut, c'est là qu'est le problème. Car si les exigences définissant certaines caractéristiques de l'objet, celles qui concernent ses propriétés physiques, par exemple les propriétés mécaniques, relèvent de connaissances inscrites dans le cadre des sciences de la nature, susceptibles d'être représentées formellement et modélisées, donc prises en compte dès le début du processus pour être soumises au calcul, il en va tout autrement de ces autres caractéristiques, très importantes dans des activités comme le design et l'architecture, qui sollicitent de multiples manières la subjectivité, la culture... (par exemple, l'appartenance d'une forme artistique à un style). Pour ces dernières, les connaissances scientifiques qui les concernent et qui permettraient éventuellement d'en donner une représentation formelle susceptible d'être introduite *a priori* dans le calcul qui conduit à l'engendrement de l'objet, ces connaissances sont extrêmement réduites, voire nulles.

Soulignons que notre recherche s'inscrit en principe dans ce second cadre, mais compte tenu de la difficulté des problèmes qu'il implique, des restrictions sévères qui seront évoquées plus loin sont indispensables. En effet, il s'agit plus précisément d'explorer la possibilité de définir et de représenter formellement certaines des «ressources cognitives» mises en jeu intuitivement par le concepteur mais qui n'ont pas encore fait l'objet de descriptions, et en particulier de représentations formelles qui les rendraient utilisables par le calcul. Il s'agit donc d'une recherche sur la mise en évidence de certaines composantes cognitives du processus de conception, sur leur nature, sur leur rôle dans ce processus. Et dans la philosophie computationnelle de la cognition qui est la nôtre, sur des méthodes qui permettraient de les représenter formellement pour, idéalement, les intégrer dans un calcul de la conception entièrement confié à la machine. Précisons qu'on ne traitera pas ici des problèmes «techniques» que soulève ce calcul (Goulette J.P., 1997).

Pour rendre abordable une telle ambition, une double circonscription est évidemment nécessaire. Une première circonscription au sujet des processus de conception que l'on se propose d'analyser : ce seront certains des processus de conception de formes et de structures spatiales qui sous-tendent la composition architecturale. Circonscription aussi quant à la nature des ressources cognitives qui sont mises en jeu dans ces processus, et qui sont bien entendu liées aux moyens que l'on se donne pour y accéder : notre étude porte sur une partie bien définie de celles qui se manifestent pour l'architecture par la voie du langage, ce choix étant fondé sur la conjonction de différents arguments qui lient le langage, ses structures syntaxiques et sémantiques avec celles des représentations mentales de l'espace qui les sous-tendent (Denis M., 1989; Jackendoff R., 1992; Talmy L., 1983; Tversky B., Taylor H. *et al.*, 1997).

En fait, il s'agit très précisément de l'information lexicale puisée dans une source hautement qualifiée, le «*Vocabulaire de l'Architecture*», de Pérouse de Montclos (Pérouse de Montclos J.M., 1972), ouvrage classique qui fait autorité dans le domaine. On peut donc considérer qu'il réunit dans la définition de chacune de ses «entrées», naturellement sous forme discursive et en français dans ce cas, une partie hautement significative de la somme de connaissances associée à chaque terme, connaissances procédant de la pratique architecturale, de son enseignement et de sa culture au cours du temps.

Le «*Vocabulaire de l'architecture*» est donc un vocabulaire technique. Analyser et expliciter le contenu informationnel associé à chaque terme a été le premier de nos objectifs, puisqu'il est évident que la pleine compréhension de chaque définition de ce vocabulaire technique exige de la part du lecteur des connaissances particulières dans le domaine architectural, ne serait-ce que pour la mise au jour de l'implicite auquel fait appel chaque définition et dont la maîtrise est nécessaire pour en comprendre toute la signification, en particulier dans la perspective du rôle que joue l'élément considéré dans la composition architecturale. Si l'interprétation de chaque définition par un expert — un architecte — est donc nécessaire pour en appréhender toute la portée, elle ne constitue pour nous qu'une première étape dans un projet qui vise à explorer le rôle qui peut être assigné au langage et à l'information qu'il véhicule comme voie d'accès à tel processus de composition décrit en français à l'aide d'un certain nombre de termes de ce *Vocabulaire*.

Quelle est en effet l'hypothèse générale, de nature cognitive, que l'on se propose d'examiner ici? Elle se présente sous deux aspects complémentaires dont l'articulation définit l'essentiel de notre démarche. Le premier en constitue la partie que l'on pourrait qualifier d'empirique. Elle porte sur l'observation et la mise en évidence, par l'architecte, de la sémantique complexe des termes du *Vocabulaire* et en particulier de ce qui, dans cette sémantique, contribue à la description des processus de composition dans lesquels entrent les termes (les éléments d'architecture) considérés, pour aboutir à une structure plus complexe, elle-même décrite dans le *Vocabulaire*. La seconde étape s'inscrit dans le prolongement de la première et elle est de nature plus théorique. En effet, elle a pour objet la représentation formelle des «connaissances» isolées et conceptualisées au cours de la première et elle s'inscrit dans une conception symbolique et en principe computationnelle de la cognition. De manière fort schématique — mais on reviendra largement sur ce point —, on pourrait dire que l'hypothèse mise à l'épreuve est celle de la possibilité de définir, par l'analyse du langage de l'architecte, un ensemble de connaissances et de procédures telles que, implantées sur une machine, elles permettraient à celle-ci de «simuler» le processus de composition considéré.

À quelles conditions un tel objectif pourrait-il donc être rendu accessible? Pour passer de l'expérience humaine, saisie dans ses «traces» linguistiques, à sa simulation par une machine? On sait que dans cette perspective, il faut d'abord représenter les informations collectées et structurées au cours de la première étape dans les termes d'un langage formel, de telle manière que soient satisfaites les deux conditions suivantes :

a) La sémantique des termes (les éléments) d'architecture concernés doit être définie formellement en termes logico-mathématiques aptes au calcul, de l'élément de base aux structures architecturales plus complexes dans lesquelles entrent ces éléments et qui sont elles-mêmes définies dans le *Vocabulaire*.

b) L'ensemble des représentations ainsi obtenues constitue une «base de connaissances», telle que le processus de composition architecturale considéré, opérant sur ces représentations, puisse être exprimé par (soit «réductible» à) un ensemble de procédures qui les structure, les compose de manière adéquate, pour satisfaire la définition de l'entité architecturale de «niveau» supérieur.

Nos travaux antérieurs ont montré que la représentation formelle de la sémantique des termes du *Vocabulaire de l'Architecture* est parfaitement réalisable (Goulette J-P., 1997). Elle s'inscrit dans le cadre plus général des travaux sur la sémantique de l'espace dans la langue, dont on indique ici quelques étapes significatives dans la voie de sa conceptualisation et de sa formalisation (Goodman N., 1951; Borillo M., 1991; Aurnague M., Borillo M. *et al.*, 1991; Goulette J.P., 1995; Vieu L., 1997; Borillo

A., 1998). Il faut souligner que ces recherches sont elles mêmes fondées sur une philosophie analytique du langage parfaitement cohérente avec une approche computationnelle de l'interprétation et du traitement des messages linguistiques (Ter Meulen A., 1983 ; Partee B., Ter Meulen A. *et al.*, 1990 ; Van Benthem J., Ter Meulen A., 1997). Dans ce cadre théorique, nous avons mis en évidence que la spécificité de l'espace architectural, saisi à travers la définition des termes du *Vocabulaire* et leur interprétation appuyée sur l'expérience de l'architecte, présente certaines particularités qui exigent l'introduction préliminaire d'un certain nombre de concepts originaux dont on rappelle ci-dessous (§ 1) la nature et la justification. On peut donc conclure que les contraintes «expressives» qui constituent la première partie de l'hypothèse sur laquelle repose cette recherche sont susceptibles d'être satisfaites. Après un rappel nécessaire de ces résultats (§ 2), on s'attachera plus particulièrement ici (§ 3) à décrire et à mettre à l'épreuve le second volet — le processus compositionnel — évoqué plus haut.

1. CARACTÉRISTIQUES DE L'ESPACE ARCHITECTURAL TELLES QUE LES RÉVÈLE L'INTERPRÉTATION DES TERMES DU *VOCABULAIRE DE L'ARCHITECTURE*

La première étape de notre projet concerne la définition d'une sémantique formelle pour le *Vocabulaire de l'Architecture* en tant qu'expression linguistique d'une activité «technique et artistique» : la conception architecturale. Mais cette sémantique lexicale n'est pas conçue ici comme une première étape en vue de l'interprétation de la phrase et du discours, ce qui est le cas dans les théories ayant cette finalité : DRT (Kamp H., Reyle U., 1993) ou SDRT (Asher N., 1993). Elle est surtout considérée dans notre recherche comme une modalité d'expression de la connaissance mise en jeu dans une sphère particulière d'activités. A cet effet, l'examen des relations entre termes du *Vocabulaire* et caractéristiques de l'espace et des objets auxquels ces termes réfèrent met en lumière deux familles de «singularités» propres à cet espace et à cette activité (Borillo M., Goulette J.P., 2002). Le langage formel que l'on tente de définir doit permettre leur représentation puisque leur expression est nécessaire à la compréhension et à la description explicite du processus de composition tel qu'il peut être exprimé dans les termes du *Vocabulaire*.

Premier type de singularités : les différentes entités spatiales associées à chaque terme et qui en « composent » la signification dans le contexte de l'architecture

L'analyse des mécanismes de référence par lesquels se « compose » la signification de chaque terme du *Vocabulaire* nous amène à considérer l'objet architectural désigné par un terme sous trois « points de vue » distincts mais solidaires, dont les caractéristiques sont complémentaires dans la formation de la signification de ce terme. Ils sont désignés par l'*élément d'architecture*, son *référent spatial* et sa *représentation géométrique*.

– L'*élément d'architecture* appartient avant tout au domaine de la représentation mentale. Il désigne un objet cognitif complexe, un objet pour penser, concevoir et communiquer un projet d'architecture, ou encore pour décrire en termes linguistiques une réalisation construite. Sa caractéristique essentielle est de pouvoir être nommé dans le discours, être désigné par un terme spécifique auquel est associé, pour l'architecte, un ensemble multiple de connaissances caractéristiques, fonctionnelles et géométriques, spatiales et non spatiales (comme les rôles et fonctions, la disposition, les proportions, la morphologie...) dont certaines seront spécifiées aux deux « niveaux » suivants.

– Le *référent spatial* d'un élément d'architecture est un objet purement spatial, qui résulte donc d'une « restriction » de l'élément considéré ci-dessus. Il exprime les caractéristiques proprement spatiales (morphologiques, topologiques et géométriques) de l'élément d'architecture, mais il se réfère à un espace « qualitatif », non métrique. À ce niveau, les caractéristiques qui le définissent ne précisent que les « distinctions spatiales » nécessaires à son identification, à sa classification spatiale correcte dans l'ensemble des éléments du *Vocabulaire*.

– La *représentation géométrique* du référent spatial fait un pas de plus dans la définition de cet élément, mais d'une manière qui a peu à voir avec le sens que l'on donne habituellement au mot « représentation géométrique » dans le projet architectural. Ici, elle exprime avant tout, non des critères absolus ou quantitatifs (métriques), mais les traits différentiels des référents tels qu'ils apparaissent à l'observateur, dans les termes d'un langage « symbolique » (i.e. non numérique) que l'on trouvera plus loin (§ 2.3). Il ne s'agit pas d'une spécification métrique qui interdirait toute variation interprétative à l'intérieur d'une représentation formelle, mais bien plutôt de marques de distinction qui permettent à un caractère constitutif d'être reconnu comme tel, tout en laissant une certaine marge d'interprétation à une démarche créative.

Ces particularités marquent les limites à l'intérieur desquelles se situera notre description, essentiellement conceptuelle et symbolique, de la composition architecturale.

Second type de singularités : le système relationnel qui articule les différentes entités désignées par les termes du *Vocabulaire*

Les principes de composition architecturale s'appuient en outre sur un second type de notions particulières, de nature *relationnelle*, qui viennent compléter les précédentes et dont il faudra également trouver la trace dans le langage formel proposé, de telle manière que celui-ci soit en mesure de les exprimer.

– Les relations «partie/tout», ou *relations méréonomiques*, constituent l'une des singularités les plus importantes de l'espace architectural. Elles jouent évidemment un rôle essentiel dans la description des processus compositionnels puisque ces processus ont pour but de regrouper en un tout unitaire (désigné lui aussi par un terme du *Vocabulaire*) un ensemble d'éléments constitutifs distincts. Ces éléments sont donc les composantes d'un tout «identifiable» auquel est associé un nom; cet ensemble lui-même pouvant être à son tour partie d'une unité lexicale d'ordre supérieur dans une étape consécutive d'un processus compositionnel. En fait, l'examen plus détaillé des structures méréonomiques révèle quatre types de méréonomies entre éléments d'architecture ou entre leurs référents spatiaux, méréonomies dont on donne ici une brève définition informelle, avant de les exprimer formellement plus loin (§ 2.1) :

a – *Morceau/Tout* : cette relation concerne un élément dont le référent spatial est un morceau du référent spatial d'un autre élément. Il ne peut donc être dissocié de celui-ci.

b – *Membre/Collection* : nous indiquons par cette relation l'appartenance d'un élément à un ensemble d'éléments, ensemble qui est désigné par un terme du *Vocabulaire*.

c – *Sous-Collection/Collection* : il s'agit d'une collection d'éléments incluse dans une autre collection.

d – *Composant/Assemblage* : il s'agit d'une relation fonctionnelle. Le composant a un rôle défini (*Constructif*, *Utilitaire* ou *Plastique*) par rapport au tout.

Ces relations sont définies formellement sur la base d'une axiomatique qui va également fonder celles de la topologie et de la géométrie données ci-après.

– Les *relations spatiales* entre les éléments d'architecture sont évidemment adaptées à la nature spatiale des entités définies ci-dessus et sur lesquelles elles s'appliquent. Elles font essentiellement appel à des notions topologiques ou « qualitatives » (par exemple des notions de contact, de frontière...) dans la mise en relation de telles entités. Leur fonction est principalement d'exprimer les dispositions spatiales qui organisent ces entités dans l'espace architectural. Il est important de noter qu'elles sont « sous-déterminées » dans le sens que chacune de ces relations peut s'appliquer à une *classe* de dispositions spatiales, équivalentes du point de vue de la composition. Leur fonction essentielle est de permettre d'établir une similarité structurelle entre représentations et classes d'objets associés dans le monde représenté.

– Les *modèles de composition* constituent l'objectif de nos travaux actuels. Il s'agit par conséquent d'établir tout d'abord la description régulière, dans un langage formel exécutable par une machine, de la structure d'une classe d'objets architecturaux complexes à partir de celle de ses éléments constitutifs. Cette description établie, on cherche ensuite à définir des procédures de composition qui permettent de la satisfaire grâce à des règles contrôlant le positionnement et le dimensionnement *relatifs* d'un ensemble d'éléments dans cette disposition unificatrice.

Ces deux types de caractéristiques très particulières de l'espace de l'architecte, telles que les dévoile l'analyse de son langage technique, définissent les contraintes que devra respecter un langage formel dont la sémantique puisse exprimer les caractéristiques des entités, les relations spatiales et les principes de composition qui se dégagent de l'analyse de ce *Vocabulaire* spécifique. De telle manière qu'une assise cognitive, ancrée dans le langage, puisse être légitimement associée au « calcul » d'un processus de composition.

Nous avons choisi de mettre à l'épreuve nos hypothèses sur l'examen d'un élément d'architecture intéressant : la *baie*. En effet, « baie » est un terme générique qui désigne les différents types de percements, aux fonctions diverses, qui sont ménagés dans les murs de nos bâtiments. Il s'agit d'un élément à la fois composé et composant : il regroupe, selon différents schémas, des éléments constitutifs, et intervient de manière privilégiée dans la composition des façades par exemple. L'accent sera mis ici sur une présentation des méthodes formelles qui ont été mises en œuvre à cette fin, mais on trouvera une description complète — et informelle, avec textes et dessins — de la baie, des différents types de baies et des éléments qui entrent dans leur composition dans (Borillo M., Goulette J.P., 2002).

2. UN LANGAGE FORMEL POUR EXPRIMER LES PROPRIÉTÉS CARACTÉRISTIQUES DE L'ESPACE COGNITIF DE L'ARCHITECTE

Comme on le voit avec certaines des relations spatiales qui participent à la définition des éléments d'architecture (*Limiter, Délimiter, Porter, Couvrir...*), ces relations s'interprètent de manière spécifique dans le *Vocabulaire de l'architecture*. Elles possèdent une sémantique particulière, à bien des égards différente de celle du langage courant. Il s'agit donc maintenant de définir les structures formelles susceptibles d'exprimer cette sémantique, de telle manière que les deux types de structures caractéristiques de l'espace architectural et des entités qui y sont immergées (§ 1) soient satisfaites. Après avoir représenté la nature des différentes relations méréonomiques que l'on peut distinguer entre entités architecturales (§ 2.1), on présente quelques éléments d'une topologie construite sur cette méréologie (§ 2.2), puis, en introduisant la notion d'observateur, une géométrie (§ 2.3) qui permet d'orienter l'espace du projet. Les bases de la sémantique ainsi établies, on montre (§ 3) comment elle permet de décrire un certain nombre de processus de composition liés à la baie.

Remarque très importante : le fait que la plupart des éléments d'architecture puissent être considérés tantôt comme des compositions, tantôt comme des composants (par exemple, la baie), conduit à introduire dans cette sémantique la notion de «niveau de composition», notée «n».

Définition de notions préliminaires générales

Ensemble(x) $\equiv_{def}$ Pluriel(x)
Un ensemble d'éléments est référé par un terme pluriel

$\forall$ x, n [Elt-archi(x, n) $\Rightarrow$ ¬ Pluriel(x)]
Un élément d'architecture est référé par un terme singulier

Il est important de relever que nous désignons par x* *le référent spatial* de l'élément d'architecture x.

$\forall$ x [Ensemble(x) $\Rightarrow$ ($\forall$ z [z $\in$ x $\Rightarrow$ P(z*, x*)] $\wedge$
$\forall$ z [P(z, x*) $\Rightarrow$ $\exists$ y [y $\in$ x $\wedge$ O(y*, z)]])]
Tout élément de l'ensemble a un volume qui est une partie du volume de l'ensemble et tout volume qui est une partie du volume de l'ensemble recouvre le volume d'un élément de l'ensemble

L'opérateur A associe un terme singulier à un terme pluriel qui correspond à l'ensemble de ses éléments (les deux termes sont coextensifs sur le plan volumique).

$\forall$ x, y [A(x, y) $\Rightarrow$ ($\neg$ Pluriel(x) $\wedge$ Pluriel(y) $\wedge$
EQ(x*, y*))]

Une collection est un élément d'architecture qui correspond à un ensemble par A et cet ensemble contient au moins un élément; de plus tout élément de l'ensemble est un élément d'architecture pour le niveau d'interprétation donné.

Collection(x) $\equiv_{def}$ $\exists$ n [Elt-archi(x, n) $\wedge$
$\exists$ y [A(x, y) $\wedge$ $\exists$ z [z $\in$ y] $\wedge$
$\forall$ w [w $\in$ y $\Rightarrow$ Elt-archi(w, n)]]]

Nous faisons l'hypothèse que si tous les membres d'une collection font partie d'un tout, autre que la collection elle-même, alors la collection fait aussi partie de ce tout :

$\forall$ x, y [(Collection(x) $\wedge$ x $\neq$ y $\wedge$
$\forall$ z [MC(z, x) $\Rightarrow$ Part(z, y)]) $\Rightarrow$ Part(x, y)]
Si x est une collection, x est différent de y, et si tout membre de x est partie de y, alors x est partie de y (MC est la relation liant un membre à la collection dont il fait partie)

L'information fonctionnelle est maintenant introduite. Le rôle d'un élément est précisé par la relation :

Rôle(x, y, r) : x a le rôle r pour y

(Dans notre sémantique, ce rôle peut être *Constructif, Utilitaire* et *Plastique*.)

Nous prévoyons un mécanisme d'héritage de rôle entre parties :

$\forall$ x, y, z, r [(Part(x, y) $\wedge$ Part(y, z) $\wedge$ Rôle(x, z, r)) $\Rightarrow$ Rôle(y, z, r)]
Un objet hérite du rôle d'une de ses parties par rapport à un objet dont il est une partie (par exemple, le jambage est une partie du piédroit qui est une partie de la baie, le jambage a un rôle Plastique pour la baie et le piédroit hérite de ce rôle Plastique)

Il s'agit maintenant de « traduire » en termes logico-mathématiques les différentes spécificités relevées à propos des objets et de l'espace de l'architecte et concernant la méréonomie, la méréotopologie qui lui est associée, enfin la géométrie projective, toutes nécessaires à la description des entités spatiales particulières qui est ici recherchée.

2.1. Une méréonomie pour l'espace cognitif de l'architecte

On définit ici formellement les 4 types de relations méréonomiques mises en lumière par l'analyse approfondie de la signification des termes du *Vocabulaire*.

Membre/Collection :

$MC(x, y) \equiv_{def}$ Collection(y) $\wedge$
$\quad \exists\, z\, [A(y, z) \wedge x \in z]$
Le membre appartient à l'ensemble correspondant

Sous-Collection/Collection :

$SCC(x, y) \equiv_{def}$ Collection(x) $\wedge$ Collection(y) $\wedge$
$\quad \forall\, z\, [MC(z, x) \Rightarrow MC(z, y)]$
Tout membre du premier est membre du second

Composant/Assemblage :

$CA(x, y, r) \equiv_{def} \exists\, n\, [\text{Elt-archi}(x, n) \wedge$
$\quad \text{Elt-archi}(y, n)] \wedge P(x^*, y^*) \wedge \text{Rôle}(x, y, r)$
Le volume du premier Elt-archi est une partie du volume du second, le premier a le rôle r pour le second

$CA'(x, y) \equiv_{def} \exists\, r\, [CA(x, y, r)]$

Morceau/Tout :

$MT(x, y) \equiv_{def} \exists\, n\, [\text{Elt-archi}(x, n) \wedge$
$\quad \text{Elt-archi}(y, n)] \wedge PP(x^*, y^*) \wedge pm(x^*)$
Le volume du premier Elt-archi est une partie propre du volume du second, le référent spatial du premier est un morceau de volume

Une partie :

$Part(x, y) \equiv_{def} MC(x, y) \vee SCC(x, y) \vee$
$\quad CA'(x, y) \vee MT(x, y)$

Comme on le verra (§ 3), le calcul sur ces définitions permet de déduire un certain nombre de propriétés relatives aux éléments d'architecture et à leurs référents spatiaux, propriétés qui seront utilisées lors du processus de composition.

Collection(x) $\Rightarrow \exists\, y\, MC(y, x)$
Toute collection a au moins un membre

$\forall\, x, y\, [MC(x, y) \Rightarrow P(x^*, y^*)]$
Le référent spatial d'un membre est inclus dans le référent spatial de la collection

$\forall\, x, y\, [SCC(x, y) \Rightarrow P(x^*, y^*)]$
Le référent spatial d'une sous-collection est inclus dans le référent spatial de la collection

$\forall\, x, y\, [Part(x, y) \Rightarrow (\exists\, n\, [\text{Elt-archi}(x, n) \wedge$
$\quad \text{Elt-archi}(y, n)] \wedge P(x^*, y^*))]$
Si x est une partie (méréonomique) de y, alors x et y sont des éléments d'architecture et le référent spatial de x est une partie (volumique) du référent spatial de y

$\forall\, x, y, r\, [(Part(x, y) \wedge \text{Rôle}(x, y, r)) \Rightarrow CA(x, y, r)]$
Si x est une partie de y et a un rôle pour y, alors x est un composant de y

$\forall\, x, y, z, r\, [(Part(x, y) \wedge Part(y, z) \wedge$
$\quad \text{Rôle}(x, z, r)) \Rightarrow (CA(x, z, r) \wedge CA(y, z, r))]$
Si x est une partie de y et y une partie de z, avec x qui a un rôle pour z, alors x et y sont des composants de z

∀ x, y, z, r [(Part(x, y) ∧ Part(y, z) ∧ CA(x, z, r)) ⇒ CA(y, z, r)]
Si x est une partie de y et un composant de z et y une partie de z, alors y est un composant de z

∀ x, y, z [(MT(x, y) ∧ Part(y, z)) ⇒ MT(x, z)]
Tout morceau d'une partie est morceau du tout

∀ x, y, r [(Collection(x) ∧ x ? y ∧
    ∀ z [MC(z, x) ⇒ CA(z, y, r)]) ⇒
    CA(x, y, r)]
Si x est une collection, x est différent de y, et tous les membres de x sont composants de y, alors x est un composant de y

2.2. Une topologie pour l'espace cognitif de l'architecte

La description en termes linguistiques des éléments d'architecture ne réfère pas à un espace absolu, orthonormé. Il s'agit de l'espace de la perception et de l'expérience architecturales, un espace cognitif particulier dont la structure sémantique repose principalement sur les aspects fonctionnels et la contribution symbolique des objets décrits. Cet espace présente pour l'architecte deux caractéristiques majeures dont la prise en compte est indispensable pour exprimer ses particularités : la *délimitation* et le *positionnement relatif*. Ces caractéristiques ne s'accordent pas avec les principes d'une topologie classique, puisqu'en effet celle-ci ne conceptualise pas et n'accorde pas une place explicite à la frontière des objets. Pour étudier et spécifier les mécanismes particuliers de raisonnement dans un tel espace, nous partons des concepts et des représentations « alternatives » de l'espace proposées dans le cadre des travaux attachés à la définition d'une sémantique formelle de l'expression de l'espace dans la langue. Après avoir été longtemps négligées, ces recherches connaissent aujourd'hui, en liaison avec des interrogations de nature plus cognitive, un développement remarquable. Les citer toutes serait fastidieux, on se bornera à indiquer quelques étapes (Leonard H., Goodman N., 1940; Aurnague M., Vieu L., 1993; Asher N., Vieu L., 1995; Borillo M., Pensec H., 1996; Goulette J.P., 1997; Vieu L., 1997; Goulette J.P., 1999; Borillo M., Goulette J.P., 2002).

Les principes les plus significatifs sur lesquels se fonde notre méréotopologie sont :

– Un nombre fini d'individus identifiés et décrits. Seuls existent les individus explicitement introduits par les définitions du *Vocabulaire*. Notre espace n'est pas *a priori* peuplé par une infinité d'entités spatiales.

– Une notion de frontière parfaitement légitime : la notion de frontière des objets est particulièrement importante en architecture. Les objets sont perçus par leurs frontières apparentes, et celles-ci jouent un rôle majeur dans la conception. Notre théorie devra donc faire une place explicite à la notion de frontière; et ceci, évidemment, en prenant garde d'éviter les différentes incohérences que cette «place explicite» génère dans d'autres théories, comme le soulignent (Goodman N., 1951; Goulette J.P., 1995).

– Une notion de partage de frontières différente de celle de partage de parties. On peut partager une frontière sans pour autant partager de partie. Par exemple, un espace habitable et ses murs ont des frontières communes sans pour autant avoir de partie commune : l'un commence où les autres finissent (et vice-versa).

Il est important de noter que la topologie ici définie sur l'univers des entités architecturales est en fait une *méréotopologie*. Et elle est fondée sur deux primitives indépendantes, la relation de *partie* (être une partie d'un tout) et la relation de *frontière* (être la frontière d'un objet).

$P(x, y)$: le volume x est une partie du volume y

Le recouvrement et l'égalité :

$O(x, y) \equiv_{def} \exists z [P(z, x) \wedge P(z, y)]$
x recouvre y : ils ont une partie commune

$EQ(x, y) \equiv_{def} P(x, y) \wedge P(y, x)$
x est égale à y : x est une partie de y et y est une partie de x

Axiome reliant P et O (et imposant les contraintes nécessaires sur P) :

$\forall x, y [P(x, y) \Leftrightarrow \forall z [O(z, x) \Rightarrow O(z, y)]]$
x est une partie de y si et seulement si tout ce qui recouvre x recouvre y

$F(x, y)$: x est en relation de frontière avec y

$pf(x) \equiv_{def} \exists y F(x, y)$
x est une frontière : il existe un individu y avec lequel x est en relation de frontière

$\forall x [pf(x) \Rightarrow F(x, x)]$
Une frontière est en relation de frontière avec elle-même

Partant de ces axiomes et définitions, nous définissons les relations suivantes qui caractérisent les positions relatives des entités spatiales les unes par rapport aux autres :

$C(x, y) \equiv_{def} O(x, y) \vee \exists z [F(z, x) \wedge F(z, y)]$
x est connecté à y : x et y ont une partie ou une frontière commune

$EC(x, y) \equiv_{def} C(x, y) \wedge \neg O(x, y)$
x est extérieurement connecté à y : x et y sont connectés mais ne se recouvrent pas

$DC(x, y) \equiv_{def} \neg C(x, y)$
x n'est pas connecté à y

$PP(x, y) \equiv_{def} P(x, y) \cdot \neg P(y, x)$
x est une partie propre de y

PO(x, y) ≡_{def} O(x, y) ∧ ¬ P(x, y) ∧ ¬ P(y, x)
x recouvre partiellement y

DR(x, y) ≡_{def} ¬ O(x, y)
x est disjoint de y

TPP(x, y) ≡_{def} PP(x, y) ∧ ∃ z [P(z, x) ∧ F(z, y)]
x est une partie propre tangentielle de y : x est une partie propre de y, et il existe une partie de x qui est en relation de frontière avec y

NTPP(x, y) ≡_{def} PP(x, y) ∧
 ¬ ∃ z [P(z, x) ∧ F(z, y]
x est une partie propre non tangentielle de y : x est une partie propre de y, et il n'existe pas de partie de x qui soit en relation de frontière avec y

Nous pouvons alors montrer que les huit relations : DC, EC, PO, TPP, NTPP, EQ, NTTPi (inverse de NTTP) et TPPi (inverse de TPP), constituent un ensemble complet de relations mutuellement exclusives, de telle manière que deux objets spatiaux sont nécessairement connectés par une, et une seule, de ces relations. Cet ensemble, dont on donne la structure de treillis, est nommé RCC-8 dans la théorie RCC développée par (Randell D.A., Cui Z., Cohn A.G., 1992). Toutefois, ces relations sont définies ici dans une axiomatique particulière qui respecte les contraintes de l'espace qualitatif de la composition architecturale. Pour illustrer notre propos, elles peuvent être figurées de la manière suivante :

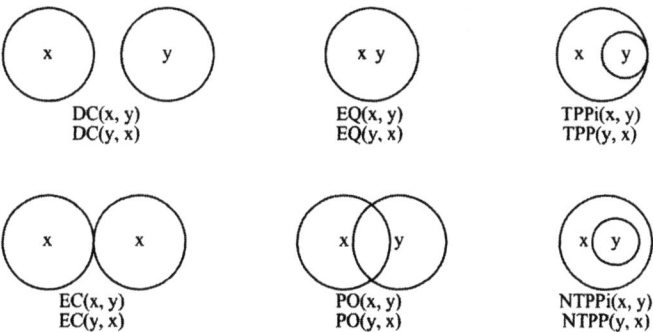

Les relations topologiques de l'ensemble RCC-8

La structure de treillis, qui dénote l'algèbre de ces relations, reçoit quant à elle la représentation graphique ci-dessous :

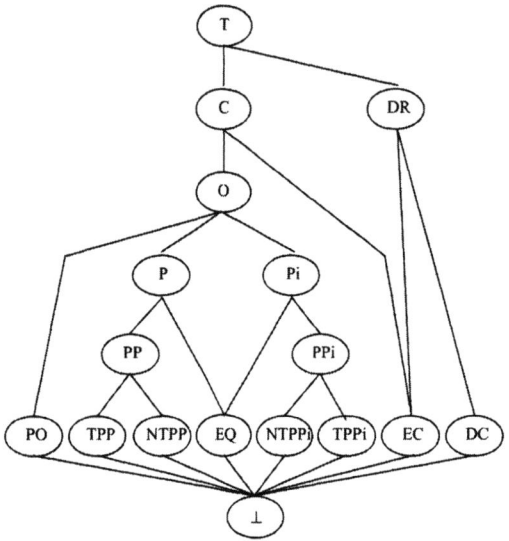

Treillis des 8 relations topologiques

Rappelons que ces résultats formels définissent la nature des relations qui organisent dans l'espace, deux à deux, l'ensemble des *référents spatiaux* associés aux *éléments d'architecture*.

2.3. Une géométrie pour l'espace cognitif de l'architecte : introduction du sujet

Dans cette géométrie, nous retrouvons les notions de *partie* et de *frontière*, mais associées ici à des mécanismes d'orientation et de disposition qui permettent de faire un pas de plus dans la description et la représentation des entités architecturales, en l'occurrence celle des référents spatiaux, en introduisant maintenant, ce qui est évidemment nécessaire pour un espace cognitif, la notion de sujet décrivant, qu'il s'agisse du concepteur dans le cours d'un processus de création ou d'un « observateur » *a posteriori*.

Il s'agit de pouvoir définir « qualitativement », selon des traits descriptifs qui seront définis plus avant, la *morphologie* des éléments ainsi que l'*organisation spatiale* de leurs compositions. On a choisi — intuitivement, mais il y aurait là ample matière à un travail de psychologie cognitive — de faire reposer cette nouvelle aptitude descriptive sur trois principes de définition de la *limite d'un volume dans une direction donnée*. Ces trois principes reposent sur des relations de : *Partie géométrique, Délimitation géométrique, Frontière géométrique*.

Notions préliminaires

Pour la description de la baie, l'orientation de l'espace architectural selon trois axes semble assez naturelle, à savoir : l'axe vertical et deux axes horizontaux, orthogonaux entre eux, i.e. l'axe du mur et l'axe de la baie. L'axe vertical ne pose pas de problème : le bas et le haut sont clairement différenciés par la gravité et sont indépendants de la position de l'observateur. Pour l'axe de la baie (et par conséquent pour l'axe du mur), nous pouvons définir deux sortes de repères : un «repère *absolu*» (et l'axe est orienté de l'intérieur vers l'extérieur) et deux «repères *déictiques*» dépendant de la position de l'observateur. Les deux figures ci-dessous illustrent ce choix, dont les conséquences sur le langage de description de la baie sont données plus loin.

1. *Le «repère déictique» quand l'observateur est placé à l'intérieur : les axes frontal (baie) et latéral (mur) sont similaires à ceux du «repère absolu»* :

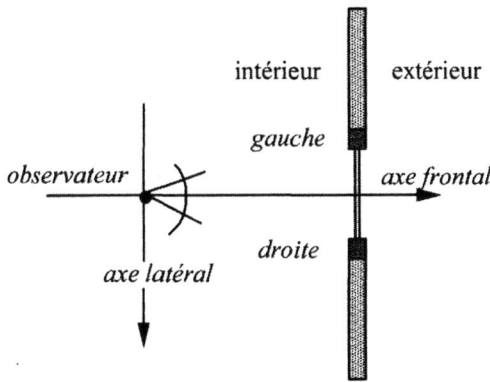

2. *Le «repère déictique» quand l'observateur est placé à l'extérieur : l'axe frontal (baie) et l'axe latéral (mur) sont inversés par rapport à ceux du «repère absolu» :*

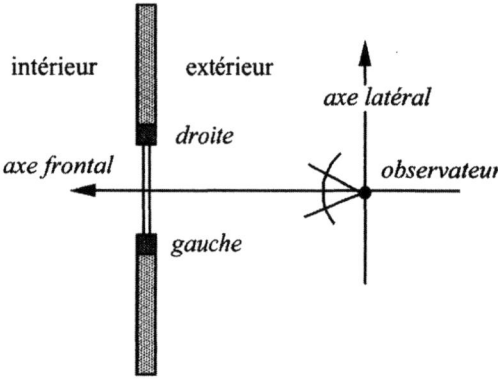

La position relative d'un volume par rapport à un autre peut maintenant être définie d'une manière qualitative. Les concepts introduits ci-dessus ouvrent les trois possibilités : le volume considéré est avant, à peu près à la même position ou après l'autre volume par rapport à un axe, selon un repère.

Position(x, y, pos, ax, rep) : x est à la position *pos* par rapport à y sur l'axe *ax* dans le repère *rep*, avec :
pos $\in$ {-, ±, +}
ax $\in$ {vertical, frontal, latéral}
rep $\in$ {absolu, déictique}

Nous pouvons alors facilement définir A-gauche, A-droite, Au-dessus, En-avant, etc.

A-gauche(x, y) $\equiv_{def}$
    Position(x, y, -, latéral, absolu)
A-droite(x, y) $\equiv_{def}$
    Position(x, y, +, latéral, absolu)
Au-dessous(x, y) $\equiv_{def}$
    Position(x, y, -, vertical, (absolu $\vee$ déictique))
En-avant(x, y) $\equiv_{def}$
    Position(x, y, -, frontal, déictique)
  etc.

Même démarche pour l'inverse d'une position :

Inv-Pos(p) est la position inverse de p, avec :
Inv-Pos(-) = +

Inv-Pos(±) = ±
Inv-Pos(+) = -

Nous avons les axiomes suivants :

∀ x, y, p, a, r [Position(x, y, p, a, r) ⇔ Position(y, x, Inv-Pos(p), a, r)]
Si x est à la position p par rapport à y sur un axe et un repère, alors y est à la position Inv-Pos(p) par rapport à x sur le même axe et dans le même repère

∀ x, a, r Position(x, x, ±, a, r)
Tout volume est à la même position que lui-même

∀ x, y, z, p, a, r [(Position(x, y, p, a, r) ∧ Position(y, z, p, a, r)) ⇒
   Position(x, z, p, a, r)]
«Transitivité» de la relation Position

∀ x, y, z, p, a, r [(Position(x, y, p, a, r) ∧ Position(y, z, ±, a, r)) ⇒
   Position(x, z, p, a, r)]
«Neutralité» de la position ±

∀ x, y, p, a, r [(Position(x, y, p, a, r) ∧ (p = - ∨ p = +)) ⇒
   ∀ z [P(z, x) ⇒ Position(z, y, p, a, r)]]
La position «avant» ou «après» sur un axe et dans un repère peut être «distribuée» aux parties du volume

La notion de «partie géométrique», «Pg», que nous souhaitons définir, doit être différenciée de celle de partie topologique. Tout d'abord, la partie géométrique est relative à un axe d'orientation auquel elle est associée (la partie supérieure, la partie inférieure, la partie latérale...) et sur lequel elle désigne une partie «extrême» de l'élément. Ensuite, la notion de partie géométrique n'est pas nécessairement transitive car elle semble dépendre d'une sorte de «granularité» dans la perception et la dénomination de l'entité considérée : par exemple, la partie supérieure du volume du linteau est le référent spatial de l'arasement; la partie supérieure du volume de la baie est le volume du linteau; pourtant il ne semble pas souhaitable de considérer le référent spatial de l'arasement comme la partie supérieure du volume de la baie, car il y a entre ces deux volumes un «changement de granularité» qui interdit, en quelque sorte, la transitivité de la relation. On voit très précisément ici le rôle que joue l'expérience (empirique) dans le définition inhabituelle du formalisme adéquat et les questions cognitives qu'elle soulève.

Définition de la partie géométrique Pg :

Pg(x, y, pos, ax, rep) : x est la partie géométrique située à la position *pos* de y sur l'axe *ax* dans le repère *rep*, avec :
pos ∈ {-, +}
ax ∈ {vertical, frontal, latéral}
rep ∈ {absolu, déictique}

∀ x, y, p, a, r [Pg(x, y, p, a, r) ⇒ PP(x, y)]
Une partie géométrique est une partie propre topologique

Nous pouvons alors facilement définir Partie-gauche, Partie-inférieure, Partie-avant, Partie-intérieure, etc.

Partie-gauche(x, y) ≡$_{def}$ Pg(x, y, -, latéral, absolu)
Partie-inférieure(x, y) ≡$_{def}$ Pg(x, y, -, vertical, (absolu ∨ déictique))
Partie-avant(x, y) ≡$_{def}$ Pg(x, y, -, frontal, déictique)
Partie-intérieure(x, y) ≡$_{def}$ Pg(x, y, -, frontal, absolu)
 etc.

Nous avons la conséquence logique suivante :

∀ x, y, z, p, q, a, r [(Pg(x, y, p, a, r) ∧ Position(y, z, q, a, r) ∧ (q = - ∨ q = +))) ⇒ Position(x, z, p, a, r)]
La position «avant» ou «après» sur un axe et par rapport à un repère peut être «distribuée» aux parties géométriques du volume

L'axiome suivant établit un lien entre la primitive Pg et la primitive Position :

∀ x, y, z, p, a, r [(Pg(x, z, p, a, r) ∧ Pg(y, z, Inv-Pos(p), a, r)) ⇒ Position(x, y, p, a, r)]
Une partie géométrique située à la position p et à l'opposé, sur le même axe et dans le même repère, d'une deuxième partie géométrique d'un même volume, est à la position p par rapport à cette deuxième partie (par exemple, la «partie gauche» est «à gauche» de la «partie droite»)

La relation de «délimitation géométrique» va nous permettre de préciser que l'extension d'un volume, sur un axe et dans une direction spécifiée, est limitée par un autre volume. Il s'agit donc en quelque sorte d'une notion très grossière de «frontière», où l'élément qui délimite n'est pas nécessairement lui-même une frontière, mais peut être un morceau de volume ou un volume bien délimité. Par exemple, les référents spatiaux des piédroits délimitent latéralement le référent spatial de l'embrasure. Cette primitive sera notée Dlmg (délimitation géométrique) :

Dlmg(x, y, pos, ax, rep) : x délimite y à la position pos, sur l'axe ax dans le repère rep,
avec :
pos ∈ {-, +}
ax ∈ {vertical, frontal, latéral}
rep ∈ {absolu, déictique}

Nous définissons les relations Dlmg- :

Dlmg-gauche(x, y) ≡$_{def}$ Dlmg(x, y, -, latéral, absolu)
Dlmg-inférieure(x, y) ≡$_{def}$ Dlmg(x, y, -, vertical, (absolu ∨ déictique))
Dlmg-avant(x, y) ≡$_{def}$ Dlmg(x, y, -, frontal, déictique)
 etc.

Contrairement à la Partie géométrique, nous voulons que la Délimitation géométrique se fasse «à l'extérieur» du volume (les deux volumes ne se recouvrent pas). C'est ce qu'exprime l'axiome suivant :

∀ x, y, p, a, r [Dlmg(x, y, p, a, r) ⇒ DR(x, y)]
Si x délimite géométriquement y, alors x et y sont disjoints (d'où, par TR2, x et y sont soit extérieurement connectés, soit non connectés)

L'axiome suivant relie les primitives Dlmg et Position :

∀ x, y, p, a, r [Dlmg(x, y, p, a, r) ⇒ Position(x, y, p, a, r)]

Une troisième primitive permet d'introduire la notion de Frontière géométrique dans le langage.

Fg(x, y, pos, ax, rep) : x est la frontière de y à la position *pos*, sur l'axe *ax* et dans le repère *rep*, avec :
pos ∈ {-, +}
ax ∈ {vertical, frontal, latéral}
rep ∈ {absolu, déictique}

Comme précédemment, nous définissons les relations :

Frontière-gauche(x, y) ≡$_{def}$ Fg(x, y, -, latéral, absolu)
Frontière-inférieure(x, y) ≡$_{def}$ Fg(x, y, -, vertical, (absolu ∨ déictique))
Frontière-avant(x, y) ≡$_{def}$ Fg(x, y, -, frontal, déictique)
etc.

La relation de frontière géométrique est plus spécifique que celle de frontière topologique. Une frontière géométrique est aussi une frontière topologique, mais comme on ne fait aucune hypothèse sur la forme des objets, il peut être impossible de spécifier tout élément de frontière topologique en termes de frontière géométrique relativement à un axe (notamment dans le cas de formes concaves). Les axiomes suivants prennent en compte cette limitation :

∀ x, y, p, a, r [Fg(x, y, p, a, r) ⇒ F(x, y)]
Une frontière géométrique est une frontière topologique

∀ x, p, a, r [∃ y Fg(x, y, p, a, r) ⇒ Fg(x, x, p, a, r)]
Une frontière géométrique est sa propre frontière géométrique

L'axiome suivant établit un lien entre la primitive Fg et la primitive Position :

∀ x, y, z, p, a, r [(Fg(x, z, p, a, r) ∧ Fg(y, z, Inv-Pos(p), a, r) ∧ ¬ EQ(x, y)) ⇒ Position(x, y, p, a, r)]
Une frontière géométrique située à la position p et à l'opposé, sur le même axe et dans le même repère, d'une deuxième frontière géométrique d'un même volume, est à la position p par rapport à cette deuxième frontière (par exemple, la «frontière gauche» est «à gauche» de la «frontière droite»; une frontière étant sa propre frontière, on évite le cas EQ(x, y))

Les primitives géométriques Pg, Dlmg, Fg, et le prédicat topologique pf (être une frontière), sont reliés par les axiomes suivants :

∀ x, y, p, a, r [(pf(x) ∧ (Pg(x, y, p, a, r) ∨ Dlmg(x, y, p, a, r))) ⇒ Fg(x, y, p, a, r)]
Si x est une frontière topologique et x est une partie géométrique ou une délimitation géométrique de y, alors x est une frontière géométrique de y

∀ x, y, z, p, a, r [(pf(x) ∧ Pg(x, y, p, a, r) ∧ Dlmg(x, z, Inv-pos(p), a, r)) ⇒ Dlmg(y, z, Inv-pos(p), a, r)]
Si x est une frontière topologique et x est une partie géométrique de y dans une direction donnée et x est une délimitation géométrique de z dans la direction opposée, alors y est une délimitation de z dans cette direction opposée

On peut tirer les conséquences suivantes :

∀ x, y, p, a, r [(Pg(x, y, p, a, r) ∧ pf(x)) ⇒ (F(x, y) ∧ PP(x, y))]
Si x est une partie géométrique de y et x a la qualité de frontière topologique, alors x est une frontière et une partie propre topologique de y

∀ x, y, p, a, r [(Dlmg(x, y, p, a, r) ∧ pf(x)) ⇒ (F(x, y) ∧ ¬ P(x, y))]
Si x est une délimitation géométrique de y et x a la qualité de frontière topologique, alors x est une frontière topologique de y sans en être une partie (y est donc un « morceau » de volume)

Un autre axiome relie Pg et Fg :

∀ x, y, z, p, a, r [(Pg(x, y, p, a, r) ∧ Fg(z, x, p, a, r)) ⇒ Fg(z, y, p, a, r)]
Si x est la partie « p » de y et z est la frontière « p » de x, alors z est la frontière « p » de y (la frontière gauche de la partie gauche est frontière gauche du tout)

Contact :

Contact(x, y, p, a, r) ≡$_{def}$ Dlmg(x, y, p, a, r) ∧ DC(x, y)
Contact-gauche(x, y) ≡$_{def}$ Contact(x, y, -, latéral, absolu)
Contact-bas(x, y) ≡$_{def}$ Contact(x, y, -, vertical, (absolu ∨ déictique))
Contact-avant(x, y) ≡$_{def}$ Contact(x, y, -, frontal, déictique)
etc.

On en déduit la conséquence :

∀ x, y, p, a, r [Contact(x, y, p, a, r) ⇒ Position(x, y, p, a, r)]
Si x est en contact de position p avec y sur un axe et dans un repère, alors x est à la position p par rapport à y sur cet axe et dans ce repère

Pour conclure sur cette mise à nu de la complexité des différents concepts spatiaux et fonctionnels qui interviennent dans la formation — et par conséquent dans l'interprétation — du lexique de l'architecture :

L'analyse de la manière dont se forme pour un expert (i.e. l'architecte) la signification des termes du *Vocabulaire* permet de mettre à nu la diversité des entités et des concepts qui doivent être distingués pour rendre compte de la signification de chaque entrée du *Vocabulaire* et de la complexité des relations qui les articulent les unes par rapport aux autres au sein de l'espace cognitif de l'architecte.

Ainsi, des structures particulières, méréonomiques, méréotopologiques et géométriques se sont avérées nécessaires pour définir les propriétés des différents types d'entités (i.e. les éléments d'architecture, leurs référents spatiaux et leurs traits géométriques très particuliers) reconnues comme caractéristiques dans l'organisation de l'espace mental que le recours au langage suscite — et dénote — chez l'architecte. Ces structures ont également permis de doter ces types d'entités des propriétés mises en jeu non seulement pour les définir elles-mêmes, mais aussi lorsqu'elles sont considérées en association, dans la perspective de leur contribution à un processus de composition architecturale.

Ces structures générales, constitutives de la sémantique des termes du *Vocabulaire* — et à certains égards de la «pragmatique» (de l'intention) qui leur est attachée — fondent un langage du 1er ordre dans lequel devraient maintenant pouvoir être représentés ces éléments particuliers du *Vocabulaire* qui entrent dans la composition de la baie. Ce langage est par hypothèse doté des propriétés expressives nécessaires à la représentation de la place et du rôle joué par chaque élément constitutif dans tel ou tel processus de composition dans lequel il entre et qui est lui aussi décrit à l'aide des termes pertinents du *Vocabulaire*. À la description de la structure de la baie par des mots du *Vocabulaire* devrait pouvoir être associée une description sémantiquement «équivalente» dans les termes du langage formel qui vient d'être défini.

3. LA BAIE ET SES ÉLÉMENTS CONSTITUTIFS : LEUR REPRÉSENTATION FORMELLE DANS LA PERSPECTIVE DE LA COMPOSITION

Il s'agit maintenant de représenter la définition des éléments d'architecture concernés, telle qu'elle est interprétée par l'architecte, dans les termes du langage formel dont on a spécifié les principes d'adéquation expressive. Sans oublier, comme nous l'avons signalé, que les représentations concernées portent non seulement sur les éléments d'architecture proprement dits mais doivent aussi embrasser à différents niveaux plus spécifiques leurs référents spatiaux et certaines caractéristiques géométriques associées à la préhension de l'objet architectural par le concepteur et/ou l'observateur (expert). Il sera également indispensable de reconnaître et de représenter les différents types de relations qui articulent entre elles les entités ci-dessus. Illustrons par quelques exemples la mise en œuvre du langage formel pour la définition des éléments de la baie.

Ainsi, la *baie* (notée «b») est inscrite dans un *mur* (noté «m»), lui-même appartenant à un *bâti*, qui possède une *assise* (notée «a»), une *structure* (notée «s») et une *embrasure* (notée «e»), chacune de ces composantes étant unique. Ce qui est exprimé dans la définition ci-dessous. Mais il est important de noter que la baie est non seulement une composition mais aussi un élément d'architecture puisqu'elle peut à son tour participer à des compositions d'ordre supérieur (des façades par exemple). Ceci impose la prise en considération d'un *niveau d'interprétation* (noté «n») dans la définition de l'élément considéré, selon que l'élément est pris en tant que composant (élément d'architecture) ou en tant que structure composée. Ce qui précède se traduit par l'expression :

Baie(b, m, n) $\equiv_{def}$ ∃ bâti Mur(m, bâti) ∧ Elt-archi(b, n) ∧
∃ ! a, s, e [Assise(a, b, n) ∧ Structure(s, b, n) ∧ Embrasure(e, b, n)]

Bien entendu, la plupart de ces éléments constitutifs de la baie (ici «Assise», «Structure», «Embrasure») se composent eux-mêmes d'éléments de niveau «inférieur», qui sont explicités dans ce cas par une démarche de dé-composition analytique allant du complexe à l'élémentaire. Voici par exemple, parmi la cinquantaine d'éléments constitutifs de la baie, la définition de l'un d'eux, telle qu'elle est donnée par le *Vocabulaire* :

«L'*embrasure* est un élément d'architecture, elle correspond au percement effectué dans un mur et est partie intégrante d'une baie pour laquelle elle a un rôle utilitaire; elle est délimitée par les nus du mur, l'assise de la baie, la sous-face (soffite ou intrados) du couvrement, les faces latérales (tableau et/ou ébrasement) des piédroits.» L'architecte complète cette définition par l'explicitation des propriétés de certains prédicats, par exemple «percé». Ce qui conduit à la définition suivante de l'embrasure :

Embrasure(x, b, n) $\equiv_{def}$ Elt-archi(x, n) ∧ Vide(x) ∧
∃ m [Baie(b, m, n) ∧ Percé(x, m) ∧
Dans-total(x, b) ∧ Rôle(x, b, Utilitaire) ∧
∃ a [Assise(a, b, n) ∧ Délimiter-en-bas(a, x)] ∧
∀ c, s [(Couvrement(c, b, n) ∧ Soffite(s, c, n))
⇒ Délimiter-en-haut(s, x)] ∧
∀ c, i [(Couvrement(c, b, n) ∧ Intrados(i, c, n))
⇒ Délimiter-en-haut(i, x)] ∧
∀ p, t [(Piédroit(p, b, n) ∧ Tableau(t, p, n))
⇒ Délimiter-latéralement(t, x)] ∧
∀ p, e [(Piédroit(p, b, n) ∧ Ebrasement(e, p, n))
⇒ Délimiter-latéralement(e, x)]

On représentera de la même manière (en n'oubliant pas que l'on note «x*» le référent spatial de l'élément «x») un autre élément constitutif, l'assise : «L'*assise* est un élément d'architecture qui limite par le bas une baie, qui a un rôle utilitaire pour la baie, et dont le référent spatial est une frontière». Cette dernière propriété (notée pf(x*)) joue, on le verra, un rôle significatif lorsqu'il s'agira de déterminer, à partir de ces définitions, les relations qui articulent les différentes entités les unes avec les autres dans le processus de composition.

Assise(x, b, n) ≡def Elt-archi(x, n) ∧ PBaie(b, n) ∧ pf(x*) ∧
Limiter-par-le-bas(x, b) ∧ Rôle(x, b, Utilitaire)

On voit sur ces exemples jusqu'où doit être approfondie la démarche de décomposition de toute structure, même fort simple, comme la baie, pour en identifier les éléments constitutifs et les représenter dans le formalisme du langage que l'on a doté auparavant des capacités expressives accordées aux spécificités de l'espace architectural et des entités qui l'occupent dans le langage opératoire de l'architecte.

4. L'ORGANISATION DES ENTITÉS SPATIALES ET LE PROCESSUS DE COMPOSITION

Il ne saurait être question de donner ici *in extenso* les différentes étapes du calcul qui permet d'établir la structure de la baie à partir de la définition formelle de ses éléments constitutifs, ce qui est dans une certaine mesure l'objectif idéal de nos travaux. On se limitera à illustrer par quelques exemples la démarche à suivre. Il faut souligner à cet égard qu'il ne s'agit pas d'établir par le calcul un plan, une représentation de l'objet architectural — la baie, avec ses éléments constitutifs — dans les termes habituels de la géométrie analytique, comportant une description métrique des différents éléments. La composition de la baie, telle que nous l'avons analysée et décrite, est exprimée dans les termes d'un langage relevant de la logique du 1er ordre et de la sémantique qui lui est associée. Un langage symbolique pour une représentation «qualitative» d'un processus qui va mettre en œuvre deux types d'entités, étroitement liées entre elles mais dont le mode d'intervention dans le processus est différent : les référents spatiaux des éléments d'architecture, dont la représentation rend compte des caractéristiques strictement méréotopologiques de ces éléments, et les éléments d'architecture proprement dits, dont la représentation associe à la précédente, à celle de leurs référents spatiaux, un certain nombre d'autres informations (fonctionnelles, esthétiques...) indispensables à la description et à la compréhension de la composition de la baie. On indiquera à grands traits dans ce qui suit les démarches par lesquelles ces deux types de représentations sont produites et comment elles permettent d'obtenir des «états descriptifs» complémentaires pour la définition de la composition recherchée.

4.1. L'organisation *méréotopologique* de la baie : les relations entre les *référents spatiaux* de ses éléments

Pour s'en tenir à l'exemple évoqué ci-dessus, on voit que des définitions de l'embrasure et de l'assise de la baie peut se déduire, par l'axiomatique RCC-8 définie plus haut, la propriété méréotopologique $EC(x^*, y^*)$, qui exprime le fait que les référents spatiaux de x et de y (ici l'assise et l'embrasure) sont connectés extérieurement («externally connected») dans la composition de la baie.

$\forall$ a, e, b, n [(Assise(a, b, n) $\wedge$ Embrasure(e, b, n)) $\Rightarrow$ EC(a*, e*)]
L'assise* et l'embrasure* sont extérieurement connectées

En élargissant les calculs logiques à l'ensemble des définitions des référents spatiaux, et en exploitant comme dans l'exemple ci-dessus les informations «associatives» dont ils sont porteurs (*cf.* les différents types de relations introduites au § 3), on peut montrer que l'organisation des référents spatiaux des éléments de la baie se définit par une structure formelle dont on donne ici une représentation graphique extrêmement simplifiée :

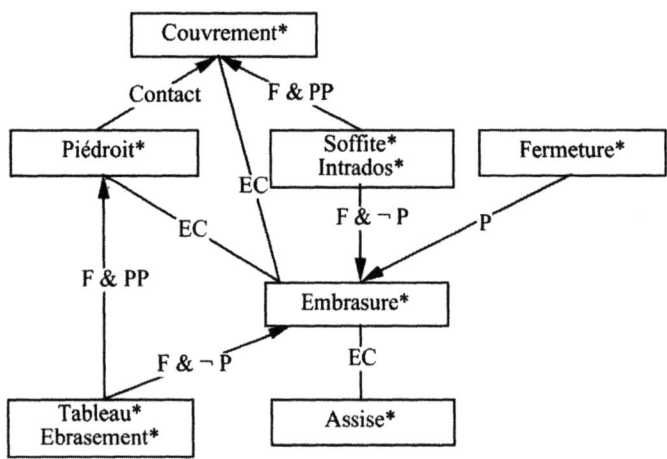

Schéma (partiel) de l'organisation méréotopologique des référents spatiaux de la baie.

Rappel des symboles dénotant les relations méréotopologiques entre référents spatiaux :
P : *partie de*; PP : *partie propre*; EC : *connexion externe*; F : *frontière*; Contact : *contiguïté sans partage de frontière*.

4.2. L'organisation *méréonomique* de la baie : les relations entre ses *éléments d'architecture*

L'étape suivante consiste à considérer maintenant la manière de prendre en compte dans la composition de la baie l'information beaucoup plus riche, complémentaire en quelque sorte de la précédente puisqu'elle donne leur *sens* aux objets spatiaux qui composent la baie. Cette information est apportée par les éléments d'architecture proprement dits, tels qu'ils apparaissent dans leurs définitions complètes tirées du *Vocabulaire*. L'organisation «conceptuelle» de ces éléments doit évidemment, du point de vue de leur configuration spatiale, respecter les contraintes qui viennent d'être définies pour ce qui concerne leurs référents spatiaux. Sur ce socle spatial, la définition des éléments d'architecture apporte un certain nombre d'informations indispensables, de nature différente, qui doivent être à leur tour représentées formellement, de telle sorte que le calcul nécessaire à la composition de la baie puisse leur être appliqué. Ce seront donc maintenant des propriétés et des relations différentes des précédentes (§ 4.1) qui viendront compléter la définition conceptuelle de la baie, considérée elle-même comme élément d'architecture.

Si l'on considère la complexité des structures sémantiques nécessaires à l'expression des spécificités méréonomiques de l'espace architectural (§ 2.1), on imagine la complexité des calculs qu'elles exigent pour déterminer la composition des éléments. Mais on montre que ces calculs sont possibles, ce qui est bien l'objectif théorique de cette étude. On se bornera à illustrer cette approche par un exemple très simple. Deux éléments du *Vocabulaire*, le chambranle et le décor, reçoivent les définitions suivantes, exprimées dans les termes du langage formel précédemment défini :

$\forall$ x, b, n [Décor(x, b, n) $\Rightarrow$ CA(x, b, Plastique)]
Le décor est un composant plastique de la baie

$\forall$ x, y, b, n [(Chambranle(x, b, n) $\wedge$ Décor(y, b, n)) $\Rightarrow$ SCC(x, y)]
Le chambranle est une sous-collection du décor

On voit de ce qui précède que le chambranle va «contribuer», en tant que Sous-Collection du décor, au composant plastique de la baie. De manière plus générale, comme dans cet exemple, les calculs pour déterminer l'organisation (par exemple fonctionnelle), ou le rôle (par exemple esthétique) des différents éléments se fondent maintenant pour l'essentiel sur les relations méréonomiques définies plus haut (§ 2.1) et que l'on rappelle ici, avec leurs symboles, dans une représentation graphique très partielle de l'organisation méréonomique de certains éléments de la baie.

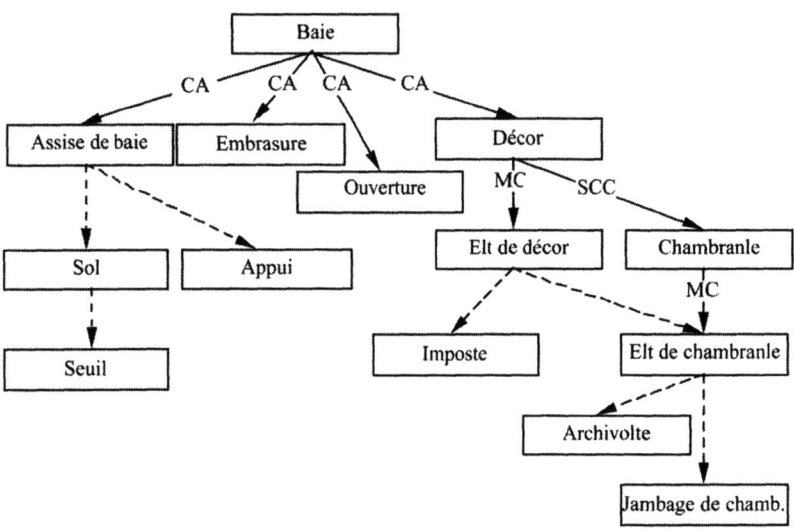

Schéma (partiel) de l'organisation méréonomique de certains éléments d'architecture de la baie.

Rappel des symboles dénotant les relations méréonomiques entre éléments du *Vocabulaire* :
CA : *composant-assemblage*; MT : *morceau-tout*; MC : *membre-collection*; SCC : *(sous-collection)-collection;* ------> : *sorte-de*; : ———> : *partie-de.*

4.3. Deux pas vers la description de la composition de la baie

Rappelons tout d'abord que chacune des deux figures précédentes «visualise» le résultat de calculs logiques portant sur la représentation formelle des entités architecturales considérées, référents spatiaux dans le premier cas, éléments d'architecture dans le second. Le rôle de ces deux figures est en quelque sorte ergonomique dans la mesure où on peut les considérer comme des «codages graphiques» qui rendent plus intelligibles pour l'opérateur humain — et le lecteur — les expressions formelles obtenues par les calculs évoqués plus haut (§ 3). Problème qui ne se pose pas à la machine.

Parvenus à ce point, deux types de questionnements s'ouvrent à notre recherche. Donnons-en une brève présentation. Le premier, méthodologique, concerne la sémantique formelle qui a été construite à partir de l'analyse de l'espace architectural auquel on accède par son *Vocabulaire*. Il porte en quelque sorte sur le contrôle de l'adéquation expressive du langage formel qui a été défini pour représenter les objets, les opérations et les finalités de ce projet. En effet, si les résultats des calculs de composition de tel objet à partir de ses éléments sont conformes à la définition de cet objet composé donnée par le *Vocabulaire* et aux connaissances dont l'architecte dispose à son propos aux différents niveaux où doit s'effectuer l'interprétation du lexique, on pourra soutenir la validité expressive du langage formel et sa pertinence pour la description du processus de composition. Sans apporter une réponse définitive à ces questions, et sans exclure de futurs raffinements, les expériences qui ont déjà été faites ont permis d'établir cette validité expressive qui était le premier de nos objectifs — et le prérequis indispensable à la poursuite de notre interrogation.

On touche là le second problème, celui qui a motivé l'ensemble de cette recherche. Il concerne la possibilité ou non de transférer sur une machine les «aptitudes» de composition architecturale auxquelles donnerait accès l'interprétation des termes du *Vocabulaire*. Dans les limites très strictes qui ont été données au domaine sur lequel porte la recherche (la baie...) et compte-tenu de l'acception particulière donnée au mot «composition», on peut estimer qu'une réponse positive a également été apportée à cette interrogation. En témoignent de manière surprenante, parce qu'inhabituelle par rapport à ce que l'usage associe au terme de «conception architecturale», les deux figures ci-dessus qui expriment les traits conceptuels, «qualitatifs», de l'organisation spatiale, mais aussi la structure fonctionnelle, décorative... des éléments constitutifs de la baie. Le *contenu* de ce que l'architecte a (probablement) à l'esprit quand il pense la conception de la baie même si, bien entendu, la *forme* de ses représentations mentales, certainement beaucoup plus «imagées», diffère du tout au tout des structures formelles traitées par la machine. D'autres informations — métriques, mécaniques... — sont certainement indispensables pour concevoir et dessiner, et faire dessiner par une machine, telle baie particulière. Il n'en reste pas moins que les structures formelles qu'illustrent partiellement les figures ci-dessus sont bien des composantes et des étapes pour la conception d'une baie «générique» telle qu'elle peut être conduite par un automate doté du langage et des connaissances pertinentes qu'il permet d'exprimer.

L'expérience présentée ici n'a nullement l'ambition, qui serait tout à fait déraisonnable, de répondre à la question posée dès le début de cette étude sur la possibilité de donner de certains processus de conception de formes sensibles une représentation formelle qui ouvrirait la voie, théoriquement, à leur exécution par un automate. Mais peut-être peut-on espérer avoir apporté quelques éléments précis pour une réflexion rigoureuse, qui en est seulement à ses débuts, sur les voies de l'exploration cognitive des processus de création.

Références

Asher, N. (1993). *From Discourse to Logic*, Kluwer, Dordrecht.

Asher, N. & Vieu, L. (1995). Toward a geometry of common sense : a semantics and a complete axiomatisation of mereotopology. In *Proceedings of International Joint Conference on Artificial Intelligence*, Montréal, p. 846-852.

Aurnague, M., Borillo, M. & Vieu, L. (1991). A cognitive approach to the semantics of space. In T. Kohonen and F. Fogelman-Soulie (Eds), *Proceedings of Cognitiva 90*, Madrid, Afcet Cognitiva, North Holland, Amsterdam, p. 321-328.

Aurnague, M. & Vieu, L. (1993). Toward a formal representation of space in language : a commonsense reasonning approach. In F. Anger, H.W. Guesgen and J. van Benthem (Eds), *Proceedings of Workshop Spatial and temporal reasonning, International Joint Conference on Artificial Intelligence*, Chambéry, France, p. 123-158.

Borillo, A. (1998). *L'espace et son expression en français*, Ophrys, Paris.

Borillo, M. (1991). Sémantique de l'espace et raisonnement spatial. *Proceedings of ICCS'91*, San-Sebastian.

Borillo, M. & Goulette, J.P. (Eds) (2002). *Cognition et création. Explorations cognitives des processus de conception*, Mardaga, Hayen.

Borillo, M. & Goulette, J.P. (2002). Langage et cognition spatiale dans le processus de conception architecturale. In M. Borillo and J.P. Goulette (Eds), *Cognition et création. Explorations cognitives des processus de conception*, Mardaga, Hayen, p. 287-310.

Borillo, M. & Pensec, H. (1996). Une méthode sémantique d'interprétation d'images numériques. *Proceedings of 10e Congrès Reconnaissance des Formes et Intelligence Artificielle*, RFIA'96, Rennes.

Borillo, M. & Sauvageot, A. (Eds) (1996). *Les cinq sens de la création; art, technologie et sensorialité*, Champ Vallon, Seyssel.

Denis, M. (1989). *Image et cognition*, PUF, Paris.

Gardner, H. (1982). *Art, Mind and Brain. A cognitive Approach to Creativity*, Basic Books.

Goodman, N. (1951). *The structure of appeerance*, Harvard University Press, Cambridge MA.

Goodman, N. (1981). *Ways of Worldmaking*, Hackett Publishing Co (first printing 1978), Indianapolis.

Goulette, J.P. (1995). Meronomies and Composition Models in Architecture. *Proceedings of the 5th International Workshop Time, Space and Movement*, Château de Bonas, 23-27 juin 1995, p. 37-40 (part E).

Goulette, J.P. (1997). *Représentation des connaissances spatiales pour la conception architecturale. Contribution au raisonnement qualitatif.* Thèse de doctorat, Université Paul Sabatier, Toulouse.

Goulette, J.P. (1999). Sémantique formelle de l'espace. Une application au raisonnement spatial qualitatif en architecture. *Revue Intellectica*, 29 : 9-34.

Jackendoff, R. (1992). *Languages of the Mind. Essays on Mental representation*. MIT Press, a Bradford Book, Cambridge, Mass.

Kamp, H. & Reyle, U. (1993). *Reference to abstract objects in discourse*, Kluwer, Dordrecht.

Leonard, H. & Goodman, N. (1940). The calculus of individuals and its uses. *The Journal of Symbolic Logic*, 5 (2).

Parker, H. (1986). *Classic Dictionnary of Architecture*, New Orchard, London.

Partee, B., Ter Meulen, A. & Wall, R.E. (1990). *Mathematical Methods in Linguistics*, Kluwer Academic Publisher, Dordrecht.

Perkins, D. (Ed.). (1977). *Arts and Cognition*. The John Hopkins University Press, Baltimore.

Pérouse de Montclos, J.M. (1972). *Vocabulaire de l'architecture*, Imprimerie Nationale, Paris.

Randell, D.A., Cui, Z. & Cohn, A.G. (1992). A spatial logic based on regions and connection. *Proceedings of KR'92, knowledge representation and reasonning*, Los Altos, Morgan Kaufmann, p. 394-398.

Talmy L. (1983). How language structures space. In *Spatial orientation : Theory research and application*, H.L. Pick and L.P. Acredolo (Eds), Plenum Pub., New York.

Ter Meulen, A. (1983). *Studies in Model Theoretic Semantics*, Foris pub., Groningue.

Tversky, B., Taylor, H. & Mainwaring, S. (1997). Langage et perspective spatiale. In M. Denis (Ed.), *Langage et cognition spatiale*, Masson, Paris, p. 25-50.

Van Benthem, J., Ter Meulen, A. (Eds) (1997). *Handbook of Logic and Language*, Elsevier, Amsterdam.

Varzi, A.C. (1993). *On the boundary between mereology and topology*, Instituto per la Ricerca Scientifica e Tecnologica, Povo (Trento), Italy, août 1993.

Varzi, A.C. (1995). Boundary, continuity and contact, in *Proceedings of the 5th International Workshop Time, Space and Movement*, Château de Bonas, 23-27 juin 1995, p. 79-100.

Vieu, L. (1997). Spatial representation and reasoning in artificial intelligence. In *Spatial and temporal reasoning*, O. Stock, Kluwer, Dordrecht.

Table des matières

Pour entrer dans ce livre... (Mario Borillo) 7

Première partie
BALISES POUR UN TERRITOIRE ÉMERGENT

Les émotions esthétiques (Pierre Livet) 11

Invention plastique et modes de symbolisation (Jacques Morizot) 31

Art et cognition : deux théories (Nicolas Bullot, Roberto Casati, Jérôme Dokic et Pascal Ludwig) 45

Monde(s) et représentation(s) (Henri Prade) 49

Modalités de prise en charge du cognitif dans l'art. Chemins que cela esquisse pour une recherche des sciences de la cognition sur l'expérience esthétique (Jacques Leenhardt) 57

Une culture à la confluence des représentations artistiques et scientifiques. Quelques pas à l'Université Paul-Sabatier (Catherine Gadon) 65

Deuxième partie
EXPLORATIONS COGNITIVES DE PROCESSUS CRÉATIFS

Penser le mouvement (Bernard Thon et Marielle Cadopi) 79

Relation entre l'espace du corps en apesanteur et sur terre : quelle représentation du mouvement ? (Kitsou Dubois) 97

Propositions pour la description automatique des mouvements du corps humain (Philippe Joly) 111

**Création et perception d'une œuvre de musique contemporaine :
« The Angel of Death » de Roger Reynolds** (Sandrine Vieillard,
Stephen McAdams, Emmanuel Bigand et Roger Reynolds) 129

Sur la création de formes olfactives (André Holley) 155

**Le langage, l'architecte et l'automate.
Du « Vocabulaire de l'Architecture » au calcul des processus créatifs**
(Mario Borillo et Jean-Pierre Goulette) 169

PHILOSOPHIE ET LANGAGE

Ouvrages déjà parus dans la même collection

ADAM : Éléments de linguistique textuelle
ANDLER *et al.* : Philosophie et cognition – Colloque de Cerisy
ANSCOMBRE / DUCROT : L'argumentation dans la langue
AUROUX : Histoire des idées linguistiques – Tome 1
AUROUX : Histoire des idées linguistiques – Tome 2
AUROUX : Histoire des idées linguistiques – Tome 3
AUROUX : La révolution technologique de la grammatisation
BESSIERE : Dire le littéraire
BORILLO : Approches cognitives de la création artistique
BORILLO : Informatique pour les sciences de l'homme
CASEBEER : Hermann Hesse
CAUSSAT : La langue source de la Nation
CHIROLLET : Esthétique et technoscience
COMETTI : Musil
COUTURE : Éthique et rationalité
DECROSSE : L'esprit de société
DOMINICY : La naissance de la grammaire moderne
DUFAYS : Stéréotype et lecture – Essai sur la réception littéraire
EVERAERT-DESMEDT : Le Processus interprétatif – Introduction à la sémiotique de Ch. S. Peirce
FONTANILLE-ZILBERBERG : Tension et signification
FORMIGARI : La sémiotique empirique face au kantisme
GAUTHIER : Morale et contrat
GELVEN : Etre et temps de Heidegger
GUILHAUMOU-MALDIDIER-ROBIN : Discours et archive. Expérimentation en analyse du discours
HAARSCHER : La raison du plus fort
HEYNDELS : La pensée fragmentée
HINTIKKA : Investigations sur Wittgenstein
ISER : L'acte de lecture
JACOB : Anthropologie du langage
KIBEDI-VARGA : Discours, récit, image
KREMER-MARIETTI : Les racines philosophiques de la science moderne
KREMER-MARIETTI : Sociologie de la science
LAMIZET : Les lieux de la communication
LARUELLE : Philosophie et non-philosophie
LATRAVERSE : La pragmatique
LAUDAN : Dynamique de la science
LAURIER : Introduction à la philosophie du langage
LEMPEREUR : L'argumentation – Colloque de Cerisy
MAINGUENEAU : Genèse du discours
MARTIN : Langage et croyance
MEYER : De la problématologie
MOUREY : Borges, vérité et univers fictionnels
NEUBERG : Théorie de l'action
PARRET : Les passions

PARRET : La communauté en paroles
RODRIGUEZ : Le pacte lyrique
ROSIER-DEFAYS : Approches du discours comique
SAMSON : Le «tissu poétique» de Philippe Jaccottet
SCHLIEBEN-LANGE : Idéologie, révolution et uniformité de la langue
SHERIDAN : Discours, sexualité et pouvoir (Michel Foucault)
STANCATI, CHIRICO, VERCILLO : Henri Bergson : esprit et langage
STUART MILL : Système de logique
TRABANT : Humboldt ou le sens du langage
VANDERVEKEN : Les actes de discours
VECK : Francis Ponge ou le refus de l'absolu littéraire